中欧陆家嘴国际金融研究院
中东欧经济研究所

欧洲区域经济研究报告
2021—2022（中东欧卷）

REGIONAL ECONOMIC RESEARCH REPORT
FOR EUROPE 2021—2022 (CENTRAL AND EASTERN EUROPE)

主 编 姜建清 汪 泓　　副主编 赵欣舸 陈 飞 刘功润

中国金融出版社

责任编辑：张菊香
责任校对：孙　蕊
责任印制：张也男

图书在版编目（CIP）数据

欧洲区域经济研究报告.2021—2022.中东欧卷/姜建清，汪泓主编.—北京：中国金融出版社，2022.12

ISBN 978 - 7 - 5220 - 1810 - 2

Ⅰ.①欧…　Ⅱ.①姜…②汪…　Ⅲ.①欧洲经济—研究报告—中欧—2021 - 2022②欧洲经济—研究报告—东欧—2021 - 2022　Ⅳ.①F15

中国版本图书馆 CIP 数据核字（2022）第 210293 号

欧洲区域经济研究报告.2021—2022.中东欧卷
OUZHOU QUYU JINGJI YANJIU BAOGAO.2021—2022.ZHONG - DONG'OU JUAN

出版发行	中国金融出版社
社址	北京市丰台区益泽路2号
市场开发部	（010）66024766，63805472，63439533（传真）
网上书店	www.cfph.cn
	（010）66024766，63372837（传真）
读者服务部	（010）66070833，62568380
邮编	100071
经销	新华书店
印刷	保利达印务有限公司
尺寸	185毫米×260毫米
印张	16.25
字数	290千
版次	2022年12月第1版
印次	2022年12月第1次印刷
定价	69.00元

ISBN 978 - 7 - 5220 - 1810 - 2

如出现印装错误本社负责调换　联系电话（010）63263947

编辑部邮箱：jiaocaiyibu@126.com

前　言

《欧洲区域经济研究报告 2021—2022（中东欧卷）》是中欧陆家嘴国际金融研究院、中东欧经济研究所和中国—中东欧基金的投资管理机构世福资本管理有限公司携手合作完成的第五版研究报告。新版报告延续了第四版《中东欧经济研究报告 2020—2021》的架构，仍然分为四篇，依序为，第一篇"中东欧地区经济发展回顾与展望"、第二篇"中东欧地区绿色经济专题研究"、第三篇"中国与中东欧地区、欧盟合作近况及其对比"和第四篇"中东欧地区国别报告"。

作为研究中东欧经济的系列丛书之一，《欧洲区域经济研究报告 2021—2022（中东欧卷）》在此前建立特色的基础上一以贯之。一方面，本报告保持其作为中东欧经济研究年度文献的资料属性，持续更新了中东欧国家 2020—2021 年各项宏观经济指标，以及中国—中东欧合作在贸易、投资、金融等领域的最新数据和动态，可作为中东欧经济年鉴比较收录。另一方面，《欧洲区域经济研究报告 2021—2022（中东欧卷）》仍然保持了其专业领域的研究属性。首先，本年度报告推出多个与中东欧地区经济发展相关的研究专题，如疫情对中东欧国家参与全球价值链的影响、为西巴尔干地区建立公正过渡基金的可能路径、中国与中东欧国家农产品贸易近况分析、后疫情时代中欧班列推动中国—中东欧国家合作的作用及前景展望。其次，本年度报告在特别设立的专题研究章节中深度分析了中东欧地区在绿色和可持续经济领域的发展近况以及该地区绿色转型所面临的机遇与挑战。

基于前四版研究报告的方法和思路，《欧洲区域经济研究报告 2021—2022（中东欧卷）》依然通过多个视角来剖析中东欧地区经济发展趋势。从整体视角来看，本报告沿用既往的分组类比分析法，回顾了中东欧四个次区域，即维谢格拉德地区、波罗的海地区、东南欧地区和西巴尔干地区在 2021 的宏观经济表现、重点领域发展共性和特性，跟踪更新了中国—中东欧合作在贸易、投资、金融以及基建领域的最新数据，动态对比了在中欧合作背景下，中国—中东欧与中国—欧洲发达国家在上述领域的合作近况。从国别视角来看，本报告主要梳理了中东欧地区国家 2021 年的宏观环境、国家经济发展战略、重大经济方针政策和改革、重要政治事件和外交活动，以及中国与中东欧国家双边经贸合作的最新统计数据。

全球在继续与新冠肺炎疫情抗争的同时，也在反思和审视经济发展与环境的关系：如何将此次危机转化为改善生计、实现可持续发展的机遇，如何获取更高韧性和更高包容度的经济复苏新动力已成为世界主要经济体最重要的议题。目前来看，全球所达成的共识是以"绿色复苏"为主要目标来制定行动方案，更加审慎全面地考虑经济、社会和环境的平衡发展，实现人与自然高度和谐共存的复苏模式。从全球范围来看，自 20 世纪 90 年代以来，欧盟便将绿色和可持续经济转型作为其发展的优先事项，与之相关的政策框架制定、技术创新以及意识形态建设始终走在世界前列。疫情重创之下，除了继续推进 2019 年 12 月发布的绿色旗舰计划——"欧盟绿色新政"之外，欧盟还迅速推出了"欧盟下一代"复兴计划，全力支持欧盟成员国更有效地从数字和绿色转型中获益并恢复增长。在此背景下，鉴于欧盟所制定的政策体系对中东欧国家经济在后疫情时代发展规划的重要性，继 2021 年"中东欧地区数字经济专题研究"之后，本年度报告又推出了"中东欧地区绿色经济专题研究"，分别从中东欧地区绿色经济发展概况以及该地区绿色转型所面临的机遇与挑战两个方面来深度分析。

自新冠肺炎疫情全球暴发以来，中国和欧盟均以自己的模式"危中寻机"，在努力推动经济恢复并维持经济韧性和可持续性的同时，双方多个领域的合作始终保持着良好的发展势头。中欧建交 46 年以来，双边经贸关系稳中有进，继 2020 年中国首次成为欧盟最大贸易伙伴之后，2021 年中国与欧盟进出口总值达 8281.1 亿美元，创历史新高；在《中欧地理标志协定》生效一周年之际，中国已是欧盟地理标志产品第二大出口目的地；中欧都坚持绿色和低碳的可持续发展路线，绿色合作正成为中欧经贸关系中的亮点，基于双边产业的互补性，新能源市场为中欧企业提供了巨大的发展空间。作为中欧合作框架下最重要的跨区域合作平台，中国—中东欧国家合作同样经受住了疫情的考验，展现出蓬勃活力和强大韧性。中国与中东欧地区双边贸易总额在 2021 年突破 1300 亿美元；2021 年是中国—中东欧国家合作绿色发展和环境保护年，中国企业在中东欧地区的风电、光伏、新能源汽车等领域累计投资已超过 40 亿欧元。

2022 年是中国—中东欧国家合作机制建立十周年。在过去十年，双方在尊重对方核心利益、互利共赢、共谋发展的基础上，务实合作，建立起以领导人会晤机制为引领，涵盖经贸、文化、教育等多领域的合作架构，成为跨区域合作机制的典范。然而，在2022年之初，席卷全球的疫情尚未褪去之时，俄乌冲突的爆发再度给欧盟和中东欧地区经济的复苏前景蒙上一层阴影。在现今复杂多变的国际形势下，中国—中东欧合作更应秉承既有优势，在巩固传统合作领域的基础上，进一步挖掘在数字化和绿色产业方面的合作潜力，共同应对经济下行风险。

目　　录

第一篇　中东欧地区经济发展回顾与展望

第一章　中东欧地区经济宏观回顾 3
第一节　宏观经济环境 3
第二节　贸易和投资 11
第三节　银行和保险市场 21

第二章　中东欧地区经济前景展望 35
第一节　全球宏观环境展望 35
第二节　中东欧地区经济短期展望 43
第三节　国际三大评级机构对中东欧地区评级及展望 54

第二篇　中东欧地区绿色经济专题研究 65

第三章　中东欧地区绿色经济发展概况 67
第一节　绿色经济发展的宏观环境 67
第二节　欧盟和中东欧国家可持续发展近况 78

第四章　中东欧地区绿色转型的机遇与挑战 89
第一节　欧盟可持续投资计划为中东欧国家绿色转型提供的机遇 89
第二节　中东欧—欧盟国家能源转型发展近况及挑战 101

第三篇　中国与中东欧地区、欧盟合作近况及其对比 ………… 115

第五章　贸易合作 ……………………………………………… 117
第一节　中国与中东欧地区合作近况 …………………………… 117
第二节　中国与原欧盟 28 国合作近况 ………………………… 121
第三节　中国与中东欧、欧盟主要国家合作近况对比分析 …… 125

第六章　投资与金融合作 ………………………………………… 137
第一节　中国与中东欧地区投资合作近况 ……………………… 137
第二节　中国与欧盟投资合作近况 ……………………………… 142
第三节　中国与中东欧、欧盟主要国家投资合作近况对比分析 … 146
第四节　中国与中东欧地区、欧洲发达国家金融合作近况对比分析 … 150

第七章　基础设施建设合作 ……………………………………… 168
第一节　中国与中东欧地区合作近况 …………………………… 168
第二节　中国与欧盟合作近况 …………………………………… 170
第三节　中国与中东欧、欧盟主要国家合作近况对比分析 …… 173

第四篇　中东欧地区国别报告 …………………………………… 185

第八章　中东欧—欧盟国家 ……………………………………… 187
第一节　保加利亚 ………………………………………………… 187
第二节　克罗地亚 ………………………………………………… 190
第三节　捷克 ……………………………………………………… 193
第四节　爱沙尼亚 ………………………………………………… 196
第五节　希腊 ……………………………………………………… 198
第六节　匈牙利 …………………………………………………… 201
第七节　拉脱维亚 ………………………………………………… 204
第八节　波兰 ……………………………………………………… 207
第九节　罗马尼亚 ………………………………………………… 210
第十节　斯洛伐克 ………………………………………………… 213
第十一节　斯洛文尼亚 …………………………………………… 216

第九章　中东欧—非欧盟国家 …………………………………… 219
第一节　阿尔巴尼亚 ……………………………………………… 219

第二节 波黑 ………………………………………………… 222
第三节 黑山 ………………………………………………… 225
第四节 北马其顿 …………………………………………… 227
第五节 塞尔维亚 …………………………………………… 230

参考文献 ………………………………………………………… 235

后记 ……………………………………………………………… 243

图录

图 1-1 2020—2021 年中东欧国家经济增速 ……………………………… 6
图 1-2 2020—2021 年欧元区和部分中东欧—非欧元国家消费者
物价调和指数年变化率 …………………………………………… 7
图 1-3 2020—2021 年欧元区和部分中东欧—非欧元国家央行
基准利率 …………………………………………………………… 8
图 1-4 2019—2021 年中东欧国家失业率变化趋势 ……………………… 8
图 1-5 2019—2021 年中东欧国家财政赤字率 ………………………… 10
图 1-6 2019—2021 年中东欧国家政府债务率 ………………………… 11
图 1-7 2020—2021 年中东欧国家货物贸易总额和增速 ……………… 12
图 1-8 2020—2021 年中东欧国家服务贸易总额和增速 ……………… 12
图 1-9 2021 年全球 FDI 复苏极度不均衡 ……………………………… 16
图 1-10 2020—2021 年中东欧地区并购交易数量、交易额以及
涉及的行业分布 ………………………………………………… 19
图 1-11 2016—2021 年部分中东欧地区银行不良贷款率 ……………… 22
图 1-12 2015—2021 年部分中东欧地区银行股本回报率 ……………… 22
图 1-13 2016—2021 年中东欧国家银行并购交易数量 ………………… 24
图 1-14 2019—2021 年中东欧部分国家/地区银行并购交易数量 …… 24
图 1-15 2020—2021 年中东欧国家保险市场保费总额及增速 ………… 27
图 1-16 2017—2021 年中东欧国家保险并购交易数量 ………………… 27
图 1-17 2019—2021 年中东欧部分国家/地区保险并购交易数量 …… 28
图 1-18 2017—2021 年欧洲专利申请数量发展趋势 …………………… 33
图 1-19 2021 年欧洲专利局专利申请的来源国或地区 ………………… 33

图 2-1　2019 年 1 月至 2022 年 4 月全球和欧元区 PMI 指数变化趋势 …… 39
图 2-2　2019 年 1 月至 2022 年 4 月欧盟和欧元区经济景气指数
　　　　及其 5 个市场信心指数变化趋势 …………………………………… 41
图 2-3　2019 年 1 月至 2022 年 4 月欧盟和欧元区就业预期指数
　　　　变化趋势 ………………………………………………………………… 41
图 2-4　2021 年 1 月至 2022 年 4 月欧盟主要经济体经济景气指数
　　　　变化趋势 ………………………………………………………………… 42
图 2-5　2019 年 1 月至 2022 年 4 月欧盟和欧元区经济不确定指数
　　　　变化趋势 ………………………………………………………………… 42
图 2-6　2022 年中东欧国家 GDP 增速预测值修订程度 …………………… 45
图 2-7　2022 年流入欧洲的难民人数急剧上升 ……………………………… 46
图 2-8　2021—2022 年中东欧国家通货膨胀率 …………………………… 48
图 2-9　2019 年 1 月至 2022 年 4 月维谢格拉德地区 3 个市场信心
　　　　指数变化趋势 …………………………………………………………… 49
图 2-10　"欧盟下一代"复兴计划 7500 亿欧元资金分配方案 …………… 50
图 2-11　获得"经济复苏和恢复社会秩序"资金的评估流程 ……………… 51
图 2-12　中东欧国家申请与获批的"经济复苏和恢复社会秩序"
　　　　　资金对比 ………………………………………………………………… 52
图 2-13　中东欧国家复苏和恢复计划用于数字化和绿色转型的
　　　　　资金比例及其目标 ……………………………………………………… 53
图 3-1　"欧盟绿色新政"框架 ………………………………………………… 70
图 3-2　2019—2021 年中东欧—欧盟国家 SDG 指数分值 ………………… 82
图 3-3　中东欧国家可持续发展目标 7 的分项评估指标 …………………… 84
图 3-4　2021 年中东欧国家可持续发展目标 8 的分项评估指标 ………… 85
图 3-5　2021 年中东欧国家可持续发展目标 9 的分项评估指标 ………… 86
图 3-6　2021 年中东欧国家可持续发展目标 13 的分项评估指标 ………… 88
图 4-1　欧盟绿色新政可持续投资计划 ……………………………………… 90
图 4-2　欧盟绿色新政可持续投资计划资金来源结构 ……………………… 92
图 4-3　欧盟公正过渡机制框架下来自欧盟多年期财政预算的公正
　　　　过渡基金预先分配金额（2018 年价格，按国别） ………………… 95
图 4-4　欧盟公正过渡机制框架下欧盟成员国所获资金分配方案
　　　　（现价，按国别） ……………………………………………………… 96
图 4-5　2020 年西巴尔干 5 国能源结构 …………………………………… 99

图 4-6 1990—2020 年欧盟可再生能源和化石燃料发电量占总发电量比重变化趋势 …………………………………………………………… 103

图 4-7 1990—2020 年欧盟三类主要可再生能源发电量变化趋势 ………… 104

图 4-8 2015—2030 年欧盟成员国可再生能源装机总容量发展趋势 ……… 105

图 4-9 1990—2020 年中东欧 6 国可再生能源和化石燃料发电量占本国总发电量比重的变化趋势 …………………………………… 107

图 4-10 2020 年中东欧 6 国可再生能源和三类化石燃料发电量占总发电量比重 ………………………………………………………… 107

图 4-11 2020 年中东欧 6 国四类可再生能源发电量占可再生能源发电总量比重 ……………………………………………………… 109

图 4-12 2020 年欧盟及成员国可再生能源在最终能源消耗中的占比及 2020 年预定目标值 ……………………………………………… 110

图 4-13 2005—2020 年中东欧—欧盟地区可再生能源在最终能源消耗中的占比增长趋势 ……………………………………………… 111

图 4-14 2010—2018 年波兰、罗马尼亚和绿色经济发达国家电子废弃物回收利用率 ………………………………………………… 112

图 4-15 2020 年中东欧国家从俄罗斯进口的天然气占本国天然气进口总量的比重 ……………………………………………………… 114

图 5-1 2011—2021 年中国对中东欧国家贸易情况 ………………………… 118

图 5-2 2011—2021 年中国对中东欧 6 国贸易情况 ………………………… 121

图 5-3 2011—2021 年中国对原欧盟 28 国贸易情况 ……………………… 122

图 5-4 2021 年中国对欧盟出口前十大商品品类 …………………………… 123

图 5-5 2021 年中国自欧盟进口前十大商品品类 …………………………… 123

图 5-6 2011—2021 年中国对欧洲 6 国贸易情况 …………………………… 125

图 5-7 2009—2021 年中国与中东欧国家、原欧盟 28 国贸易规模比较 … 126

图 5-8 2009—2021 年中国对中东欧 6 国与中国对欧洲 6 国进出口贸易规模对比 ……………………………………………………… 126

图 5-9 2015 年 3 月至 2021 年 12 月中国—中东欧国家贸易指数及 STI 指数情况 ……………………………………………………… 127

图 5-10 2012—2021 年中国与中东欧国家农产品贸易规模 ……………… 128

图 5-11 2012—2021 年中国与中东欧国家农产品贸易国别结构 ………… 129

图 5-12 中国与中东欧国家农产品贸易差额对比 …………………………… 130

图 6-1 2010—2020 年中国对中东欧国家直接投资流量、存量及增速 …… 137

图 6-2　2019 年和 2020 年中国对中东欧各国直接投资流量 …………… 138
图 6-3　截至 2020 年底中国对中东欧各国直接投资存量及增速 ………… 139
图 6-4　2020 年中东欧部分国家对中国直接投资流量及增速 …………… 139
图 6-5　截至 2020 年底中东欧部分国家对中国累计直接投资总额及增速 … 140
图 6-6　2010—2020 年中国对原欧盟 28 国直接投资流量、存量及增速 … 142
图 6-7　2019—2020 年部分欧洲发达国家对中国直接投资流量 ………… 143
图 6-8　2020 年中国对欧盟直接投资（流量）按行业分布 ……………… 144
图 6-9　2019—2020 年中国对外直接投资流量地区分布（占比）……… 145
图 6-10　2010—2020 年中国对原欧盟 28 国、中东欧国家直接投资
　　　　流量及增速 ………………………………………………………… 147
图 6-11　2020 年原欧盟 28 国、中东欧 17 国中对中国投资额（流量）
　　　　前三大国比较 ……………………………………………………… 148
图 6-12　中国对欧盟及中东欧国家投资的前五大领域比较 ……………… 149
图 6-13　41 家外资银行股东地区分布 ……………………………………… 153
图 6-14　2015—2020 年中东欧—OECD 国家医疗支出 ………………… 158
图 6-15　2015—2020 年中东欧—OECD 国家和欧洲核心 5 国医疗
　　　　支出水平对比 ……………………………………………………… 159
图 6-16　2018—2021 年中东欧境内医疗健康及制药领域并购交易量 …… 160
图 6-17　2020 年中东欧—欧盟国家医药市场总收入 …………………… 161
图 7-1　2012—2020 年中国对欧承包工程完成营业额及占比 …………… 172
图 7-2　2012—2020 年中国对欧承包工程新签合同额及同比 …………… 172
图 7-3　2012—2020 年中国对欧盟及中东欧国家承包工程营业额情况 …… 173
图 8-1　2010—2021 年中保双边贸易概况 ………………………………… 189
图 8-2　2010—2021 年中克双边贸易概况 ………………………………… 192
图 8-3　2010—2021 年中捷双边贸易概况 ………………………………… 195
图 8-4　2010—2021 年中爱双边贸易概况 ………………………………… 197
图 8-5　2010—2021 年中希双边贸易概况 ………………………………… 200
图 8-6　2010—2021 年中匈双边贸易概况 ………………………………… 203
图 8-7　2010—2021 年中拉双边贸易概况 ………………………………… 206
图 8-8　2010—2021 年中波双边贸易概况 ………………………………… 209
图 8-9　2010—2021 年中罗双边贸易概况 ………………………………… 212
图 8-10　2010—2021 年中斯双边贸易概况 ………………………………… 215
图 8-11　2010—2021 年中斯双边贸易概况 ………………………………… 218

图 9-1 2010—2021 年中阿双边贸易概况 ………………………………… 221
图 9-2 2010—2021 年中波双边贸易概况 ………………………………… 224
图 9-3 2010—2021 年中黑双边贸易概况 ………………………………… 227
图 9-4 2010—2021 年中北马双边贸易概况 ……………………………… 230
图 9-5 2010—2021 年中塞双边贸易概况 ………………………………… 233

表录

表 1-1 2019—2021 年全球主要国家/地区经济增速 ……………………… 3
表 1-2 2019—2021 年中东欧国家经济增速 ……………………………… 4
表 1-3 2019—2021 年中东欧国家失业率 ………………………………… 9
表 1-4 2020—2021 年中东欧国家货物贸易规模及增速 ………………… 14
表 1-5 2020—2021 年中东欧国家服务贸易规模及增速 ………………… 15
表 1-6 2019—2021 年全球主要经济体 FDI 流量和跨国并购交易净值 … 17
表 1-7 2019—2021 年全球主要经济体绿地投资和国际项目融资交易 … 17
表 1-8 2021 年中东欧地区交易额排名前八的并购交易 ………………… 20
表 1-9 2021 年中东欧地区部分国家银行并购交易 ……………………… 25
表 1-10 2017—2021 年中东欧地区保险市场最活跃的买方公司和
卖方公司 …………………………………………………………… 29
表 1-11 2011—2017 年平均创新实力国家分类 …………………………… 32
表 2-1 2021—2023 年中东欧和全球主要地区/国家 GDP 增速预测 …… 37
表 2-2 2021—2023 年中东欧国家 GDP 增速预测 ……………………… 44
表 2-3 2021—2024 年中东欧和全球主要地区/国家通货膨胀率预测值 … 47
表 2-4 中东欧国家"经济复苏和恢复社会秩序"资金申请批准
进展情况 …………………………………………………………… 52
表 2-5 2020—2022 年穆迪对中东欧国家主权信用评级结果 …………… 55
表 2-6 2020—2022 年标普对中东欧国家主权信用评级结果 …………… 57
表 2-7 2020—2022 年惠誉对中东欧国家主权信用评级结果 …………… 60
表 3-1 "欧盟绿色新政"及其相关重要政策出台时间轴 ………………… 72
表 3-2 欧盟"Fit for 55"一揽子气候计划概览 …………………………… 73
表 3-3 联合国 17 项可持续发展目标 ……………………………………… 79

表 3-4 联合国可持续发展目标 7、目标 8、目标 9 和目标 13 的分项
　　　　评估指标 ··· 80
表 3-5 2021 年欧盟成员国 SDG 指数分值及欧洲排名 ··············· 81
表 3-6 2021 年中东欧国家 SDG 指数分值及欧洲排名 ··············· 83
表 4-1 欧盟公正过渡机制资金来源构成 ····································· 94
表 4-2 2020 年欧盟与西巴尔干 5 国燃煤发电总量及占比 ········· 100
表 4-3 欧盟可再生能源指令 ·· 102
表 4-4 2005—2020 年欧盟及其成员国可再生能源在最终能源消耗
　　　　的占比 ··· 105
表 5-1 2021 年中国主要进口中东欧农产品情况 ························ 132
表 5-2 2021 年中国主要出口中东欧农产品情况 ························ 132
表 5-3 主要中东欧伙伴国农产品贸易竞争力与主要输华农产品对比 ····· 134
表 6-1 中国人民银行与欧洲国家/地区中央银行或货币当局签署
　　　　双边本币互换一览表 ·· 151
表 6-2 欧洲法人银行的注册地与外资背景 ································ 153
表 6-3 来自欧洲的外资银行分行名单 ·· 154
表 6-4 1996—2021 年中国证监会与欧洲地区证券（期货）监管
　　　　机构签署备忘录一览表 ·· 155
表 6-5 2004—2021 年中国银保监会与欧洲主要国家监管机构签署
　　　　的双边监管合作谅解备忘录和监管合作协议 ·············· 156
表 6-6 2019—2021 年欧盟中国商会营商环境调研评分 ············ 165
表 7-1 2012—2020 年中国在部分欧洲国家对外承包工程完成营业额 ······ 174

信息专题目录

信息专题 1 欧盟对西巴尔干地区疫情后经济复苏的支持计划 ············· 62
信息专题 2 欧盟发起和参与的总体框架性气候政策一览 ············· 74
信息专题 3 欧盟碳边境调节机制简介 ·· 76
信息专题 4 中资企业对欧盟营商环境评价 ······································ 164
信息专题 5 2021 年中国与西巴尔干地区合作项目一览 ··············· 180

研究专题目录

研究专题 1　新冠肺炎疫情对中东欧国家参与全球价值链的影响 …………… 29
研究专题 2　"欧盟下一代"复兴计划进展情况跟踪分析 ………………………… 50
研究专题 3　为西巴尔干地区建立公正过渡基金的可能路径 ………………… 99
研究专题 4　中国与中东欧国家农产品贸易近况分析 …………………………… 127
研究专题 5　中东欧国家医疗健康领域投资发展潜力及合作机遇 ………… 157
研究专题 6　后疫情时代中欧班列推动中国—中东欧国家合作的
　　　　　　作用及前景展望 ……………………………………………………… 175

第一篇

中东欧地区经济发展回顾与展望

第一章　中东欧地区经济宏观回顾

第一节　宏观经济环境

在新冠肺炎疫情暴发一年之后，得益于各国疫情常态化措施的稳定实施、大规模推广新冠肺炎病毒疫苗接种以及积极的货币政策和大规模财政刺激政策，全球经济逐渐走出衰退阴霾，在2021年呈现显著的复苏态势。根据国际货币基金组织（International Monetary Fund，IMF）2022年4月的统计数据，在2020年全球经济下滑3.1%之后，2021年全球GDP增速反弹至6.1%，恢复到疫情前水平。然而，从全球范围来看，各经济体表现有相当大的落差，以中国和美国为代表的少数主要经济体的强劲复苏是本轮全球经济反弹的重要推动力；由于疫苗接种率、疫情控制情形以及政府推出的纾困和刺激政策程度不一，其他经济体/区域恢复的步伐并不一致，大部分仍未获得全面的复苏（见表1-1）。

表1-1　　　　2019—2021年全球主要国家/地区经济增速　　　　单位：%

国别/地区	2019年	2020年	2021年
中东欧地区	3.5	-5.2	6.7
欧盟	2.0	-5.9	5.4
欧元区	1.6	-6.4	5.3
新兴市场和发展中经济体	3.7	-2.0	6.8
亚洲新兴市场和发展中经济体	5.3	-0.8	7.3
中国	6.0	2.2	8.1
印度	3.7	-6.6	8.9
东盟5国	4.8	-3.4	3.4

续表

国别/地区	2019年	2020年	2021年
欧洲新兴市场和发展中经济体	2.5	-1.8	6.7
俄罗斯	2.2	-2.7	4.7
全球发达经济体	1.7	-4.5	5.2
全球	2.9	-3.1	6.1

注：该表中2020年和2021年数据为2022年4月IMF修订后的最终值。

资料来源：国际货币基金组织。

作为欧洲主要经济推动力之一，在经历了2020年严重的经济衰退之后，中东欧地区①经济在2021年展现出强劲的复苏势头，这主要有两方面原因。一方面，通过过去一年的政策调整，中东欧地区经济发展已逐渐适应了疫情大流行，企业和居民随着疫情的发展来调整其社会和经济活动，例如转向远程办公、数字购物等②；另一方面，中东欧地区各国政府对各类经济活动的限制措施越来越少，减轻了经济发展的负担，使其反弹有更大上升空间。IMF的统计显示，整个中东欧地区2021年GDP增速已恢复至6.7%，高于欧盟5.4%和欧元区5.3%的平均水平。从中东欧的4个次区域来看，此前受冲击最大的西巴尔干地区和东南欧地区在2021年的反弹程度也最大，分别达到7.6%和7.4%；其次是波罗的海地区，两国经济在原本就未大幅下滑（-3.4%）的基础上实现了6.5%的增速；维谢格拉德地区表现欠佳，2021年增速虽然达到4.8%，但是该水平却低于欧盟5.4%的平均值（见表1-2）。

表1-2　　　　　　2019—2021年中东欧国家经济增速　　　　　单位：%

国别/地区	2019年	2020年	2021年
波兰	4.7	-2.5	5.7
匈牙利	4.6	-4.7	7.1
捷克	3.0	-5.8	3.3
斯洛伐克	2.6	-4.4	3.0

---

① 本报告所指中东欧地区或中东欧国家均以中国—中东欧国家合作机制成员国为限，成员数量其间有所变化，以本报告完成时间2022年6月为准，即波兰、捷克、匈牙利、斯洛伐克、爱沙尼亚、拉脱维亚、保加利亚、罗马尼亚、克罗地亚、斯洛文尼亚、希腊、阿尔巴尼亚、波黑、北马其顿、黑山和塞尔维亚；中东欧的四个次区域分别为维谢格拉德地区（波兰、捷克、匈牙利和斯洛伐克）、波罗的海地区（爱沙尼亚和拉脱维亚）、东南欧地区（保加利亚、罗马尼亚、克罗地亚、斯洛文尼亚和希腊）以及西巴尔干地区（阿尔巴尼亚、波黑、北马其顿、黑山和塞尔维亚）。

② 《中东欧经济研究报告2020—2021》第二篇中东欧地区数字经济专题研究对其进行了详细的阐述，更多信息请参考：姜建清.中东欧经济研究报告2020—2021［M］.北京：中国金融出版社，2021.

续表

国别/地区	2019 年	2020 年	2021 年
爱沙尼亚	4.1	-3.0	8.3
拉脱维亚	2.5	-3.8	4.7
罗马尼亚	4.2	-3.7	5.9
保加利亚	4.0	-4.4	4.2
克罗地亚	3.5	-8.1	10.4
斯洛文尼亚	3.3	-4.2	8.1
希腊	1.8	-9.0	8.3
塞尔维亚	4.3	-0.9	7.4
波黑	2.8	-3.1	5.8
阿尔巴尼亚	2.1	-3.5	8.5
北马其顿	3.9	-6.1	4.0
黑山	4.1	-15.3	12.4
维谢格拉德地区	3.7	-4.4	4.8
波罗的海地区	3.3	-3.4	6.5
东南欧地区	3.4	-5.9	7.4
西巴尔干地区	3.4	-5.8	7.6
中东欧地区	3.5	-5.2	6.7
欧盟	2.0	-5.9	5.4
全球	2.9	-3.1	6.1

注：该表中 2020 年和 2021 年数据为 2022 年 4 月 IMF 修订后的最终值。

资料来源：国际货币基金组织。

再从具体国别来看，受 2020 年基数较低因素的影响，中东欧地区大部分国家在 2021 年都实现了较高速的增长，有些甚至达到了两位数的增长率，如黑山（12.4%）和克罗地亚（10.4%），另外，该地区还有阿尔巴尼亚（8.5%）、爱沙尼亚（8.3%）、希腊（8.3%）、斯洛文尼亚（8.1%）、塞尔维亚（7.4%）和匈牙利（7.1%）6 国的 GDP 增速超过了全球的平均水平（6.1%）。

事实上，维也纳国际经济比较研究所（WIIW）的统计数据显示，中东欧地区绝大部分国家 2021 年第二季度实际 GDP 增速就已经超过了 2019 年第二季度的水平，表明了该地区经济的迅速复苏不仅仅是从大流行衰退中的反弹，也是自身在 2021 年进一步提升的结果。[①] 以爱沙尼亚为例，无论从中东欧地区，还是从整个欧盟地区来看，该国均是数字经济领域的"领航者"。早在新冠肺炎疫情暴发

---

① WIIW. Recovery Beating Expectation, Forecast Reports. AUTUMN 2021.

前，爱沙尼亚就已经建立了全世界最先进的数字社会之一，其倡导的"电子爱沙尼亚"（e-Estonia）是一项通过数字解决方案促进公民与国家互动的行动计划。在这一举措下爱沙尼亚创建的数字服务包括数字银行服务、数字内阁、网络投票、电子税收委员会、电子商务、在线教育、电子政务学院以及若干移动应用。新冠肺炎疫情暴发之后，爱沙尼亚所建立的"数字社会"顺理成章地成为大封锁阴霾中的希望。① 不仅如此，爱沙尼亚还充分利用这一优势，吸引了大量外国投资，进一步夯实了本国的发展基础，成为中东欧地区经济最具韧性的国家之一。

与之相比，2021年经济增速最快的黑山和克罗地亚的强劲复苏基本可以由基数效应来解释。由于黑山和克罗地亚的旅游业均是本国经济的重要支柱，在GDP中所占份额较高，疫情大流行对两国经济造成了较大的冲击，进入2021年之后，随着欧洲各国边境的逐步开放，大量游客在旅游季涌入，这在一定程度上助力两国在2021年分别实现了12.4%和10.4%的高增长（见图1-1）。②

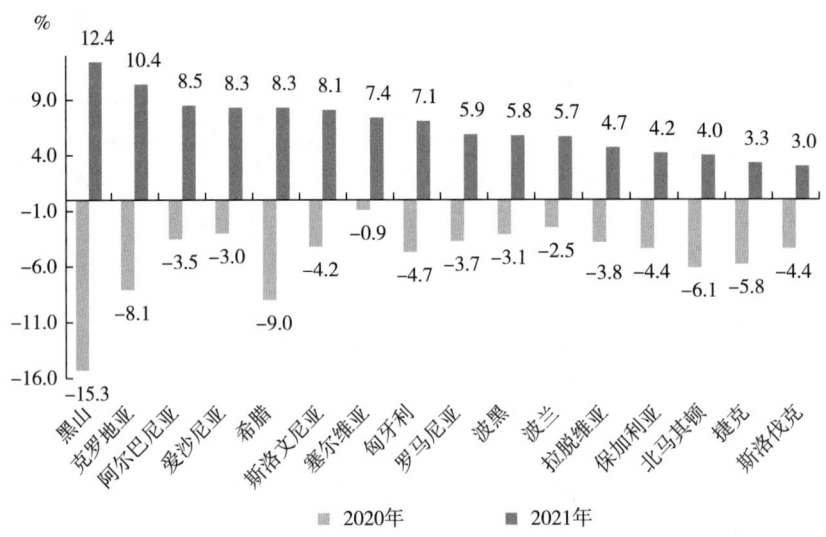

图1-1　2020—2021年中东欧国家经济增速

（资料来源：国际货币基金组织）

总体来看，2021年中东欧地区的通胀压力显著增加，特别是非欧元区的中东欧国家。在新冠肺炎疫情暴发后，由于市场对许多商品和服务的需求大幅下降以及能源价格的暴跌，2020年中东欧部分地区的消费者物价调和指数（Harmonized

---

① 《中东欧经济研究报告2020—2021》第二篇中东欧地区数字经济专题研究中对爱沙尼亚数字经济的发展进行了详细的分析，更多信息请参考：姜建清.中东欧经济研究报告2020—2021 [M].北京：中国金融出版社，2021.

② WIIW. Forecast Reports. Recovery Beating Expectation, AUTUMN 2021.

Index of Consumer Prices，HICP）同比增速跌至一个较低的水平。随着疫情限制措施逐步放松，国内需求也随之上升，然而，由于供应端开始受限，自 2021 年初以来，通胀已开始显现。值得注意的是，由于使用欧洲单一货币，在 2020 年，以欧元计价的商品价格的增长相对稳定，这使得中东欧—欧元区国家①的通货膨胀程度较中东欧—非欧元国家要低（见图 1-2）。

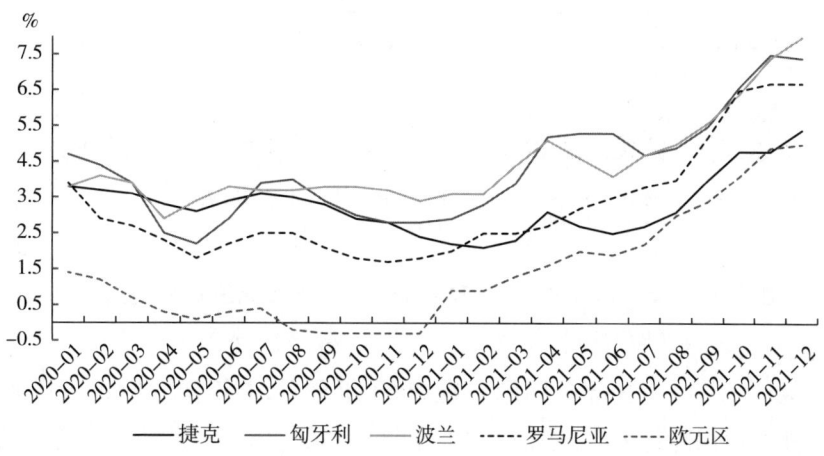

图 1-2 2020—2021 年欧元区和部分中东欧—非欧元国家消费者物价调和指数年变化率
（资料来源：欧盟统计局）

为了抑制通货膨胀，包括捷克、匈牙利、波兰、罗马尼亚在内的许多中东欧—非欧元国家的央行已开始逐步地收紧货币政策，其政策利率自 2021 年 5 月前后开始上升，其中，捷克尤为明显，截至 2021 年 12 月，该国央行基准利率已上调至 3.75%，较 2021 年 1 月（0.25%）上升了 3.5 个百分点（见图 1-3）。然而，由于利率上调通常滞后于通货膨胀的上升，大多数中东欧国家的实际利率已经下降。截至 2021 年 8 月，中东欧国家的实际利率已处于负值，波兰和爱沙尼亚甚至低至 -4.7%。②

2021 年，在中东欧地区经济强劲的复苏势头下，其劳动力需求也在逐渐恢复。根据欧盟统计局和 WIIW 的统计数据，克罗地亚、拉脱维亚、匈牙利、波兰、斯洛文尼亚、塞尔维亚等中东欧国家的就业人数在 2021 年第二季度就已达到（甚至超过）2019 年同期水平。截至 2021 年底，波兰（3.4%）、保加利亚（5.3%）、斯洛文尼亚（4.8%）、希腊（14.7%）、塞尔维亚（11.1%）、阿尔巴尼亚（11.4%）和北马其顿（16%）7 国的失业率已基本接近甚至低于其 2019 年

---

① 中东欧—欧元区国家包括希腊、斯洛伐克、斯洛文尼亚、爱沙尼亚和拉脱维亚。希腊早在 2000 年便达到加入欧元区的标准，并于次年 1 月 1 日正式加入；斯洛伐克和斯洛文尼亚均于 2007 年加入欧元区；爱沙尼亚和拉脱维亚分别于 2011 年和 2014 年加入欧元区。

② WIIW. Forecast Reports. Recovery Beating Expectation，AUTUMN 2021.

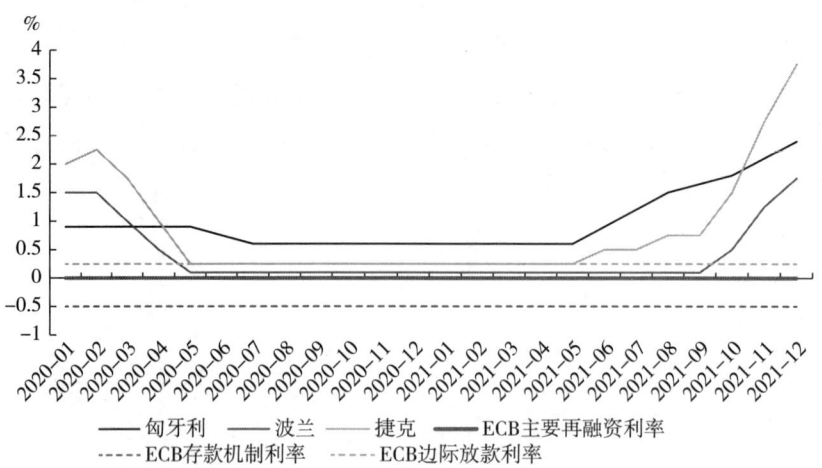

图1-3 2020—2021年欧元区和部分中东欧—非欧元国家央行基准利率

(资料来源：匈牙利央行、波兰央行、捷克央行、欧洲央行)

的水平（见图1-4）。这部分归因于在2020年至2021年初的封锁阶段中东欧国家实施各种就业保障计划，包括短时工作制[①]、无薪休假、薪资补贴等。WIIW统计数据还显示，2021年初中东欧地区的疫情封锁措施较2020年已略有放松，各国政府就业保障措施的力度虽然有所减弱，但中东欧—欧盟地区受政府支持的工

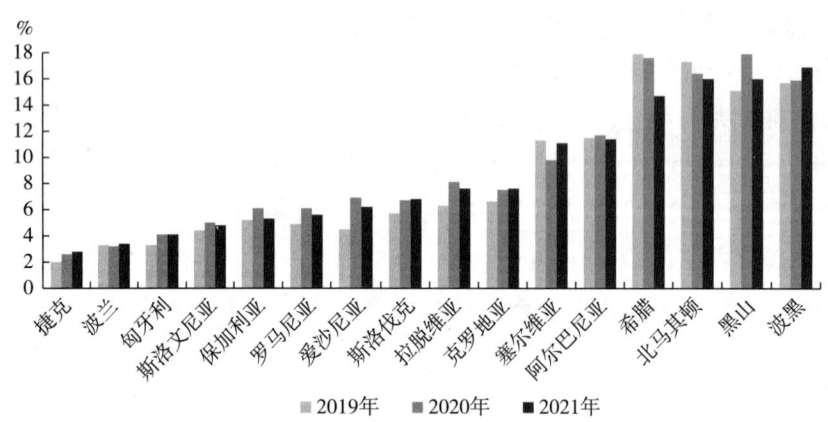

注：阿尔巴尼亚、波黑、北马其顿和黑山的数据来自维也纳国际经济比较研究所，其余均来自欧盟统计局。

图1-4 2019—2021年中东欧国家失业率变化趋势

(资料来源：欧盟统计局、维也纳国际经济比较研究所)

[①] 《中东欧经济研究报告2020—2021》第七章信息专题7对短时工作制进行了简要介绍，更多信息请参考：姜建清. 中东欧经济研究报告2020—2021 [M]. 北京：中国金融出版社，2021。

作岗位平均占比仍保持在7%左右。其中，这一比值在克罗地亚始终处于一个较高的水平，其主要原因是旅游业为该国的支柱产业之一，高达34%的劳动力从事旅游业，鉴于新冠肺炎疫情大流行对旅游业的巨大冲击，克罗地亚政府不得不加大对本国劳动力市场的保障力度，截至2021年6月，克罗地亚依然有将近10%的工作岗位由政府援助。

与此同时，我们还注意到虽然2021年该地区劳动力市场有所恢复，但大部分国家的失业率仍然居高不下（见表1-3），例如西巴尔干地区的平均失业率高达14.3%，分别高出中东欧地区和欧盟平均值5.5个和7.3个百分点；在中东欧—欧盟地区，同样有斯洛伐克（6.8%）、拉脱维亚（7.6%）、克罗地亚（7.6%）和希腊（14.7%）4国的失业率高于该地区6.3%的平均水平，由此反映出中东欧地区劳动力市场依然整体疲软的态势。对此，WIIW分析指出，除了失业人数居高不下之外，可能还有三个因素影响了中东欧劳动力市场的需求端，即：（1）未就业的兼职人员的人数，（2）希望工作但未能及时找到工作的人数，（3）希望工作但未积极寻找工作的人数。①

表1-3　　　　　2019—2021年中东欧国家失业率　　　　　单位：%

国别/地区	2019年	2020年	2021年
波兰	3.3	3.2	3.4
匈牙利	3.3	4.1	4.1
捷克	2	2.6	2.8
斯洛伐克	5.7	6.7	6.8
爱沙尼亚	4.5	6.9	6.2
拉脱维亚	6.3	8.1	7.6
罗马尼亚	4.9	6.1	5.3
保加利亚	5.2	6.1	5.3
克罗地亚	6.6	7.5	7.6
斯洛文尼亚	4.4	5	4.8
希腊	17.9	17.6	14.7
塞尔维亚	11.3	9.8	11.1
波黑	15.7	15.9	16.9
阿尔巴尼亚	11.5	11.7	11.4
北马其顿	17.3	16.4	16
黑山	15.1	17.9	16

---

① WIIW. Forecast Reports. Recovery Beating Expectation, AUTUMN 2021.

续表

国别/地区	2019年	2020年	2021年
维谢格拉德地区	3.6	4.2	4.3
波罗的海地区	5.4	7.5	6.9
东南欧地区	7.8	8.5	7.6
西巴尔干地区	14.2	14.3	14.3
中东欧—欧盟地区	5.8	6.7	6.3
中东欧地区	8.4	9.1	8.8
欧盟	6.8	7.2	7

注：阿尔巴尼亚、波黑、北马其顿和黑山的数据来自维也纳国际经济比较研究所，其余数据均来自欧盟统计局。

资料来源：欧盟统计局、维也纳国际经济比较研究所。

正如《中东欧经济研究报告2020—2021》所述，在新冠肺炎疫情全球大暴发之后，各国政府和央行在2020年均采取了积极的财政政策和宽松的货币政策以应对全球经济的急剧衰退。中东欧各国政府同样对受疫情影响的行业和家庭提供了大规模的财政支持，且较往年损失了很大一部分税收收入，这使得政府赤字和债务也不断膨胀，据欧盟统计局和WIIW统计数据，该地区2020年平均财政赤字率（占GDP比重）高达7.1%。然而随着经济的复苏，中东欧国家财政状况整体得到了一定的改善，截至2021年底，该地区平均财政赤字率（占GDP比重）已缩减到4.6%，但仍有部分国家的公共赤字居高不下，其中希腊（7.4%）、拉脱维亚（7.3%）和罗马尼亚（7.1%）是赤字率最高的三个中东欧国家（见图1-5）。

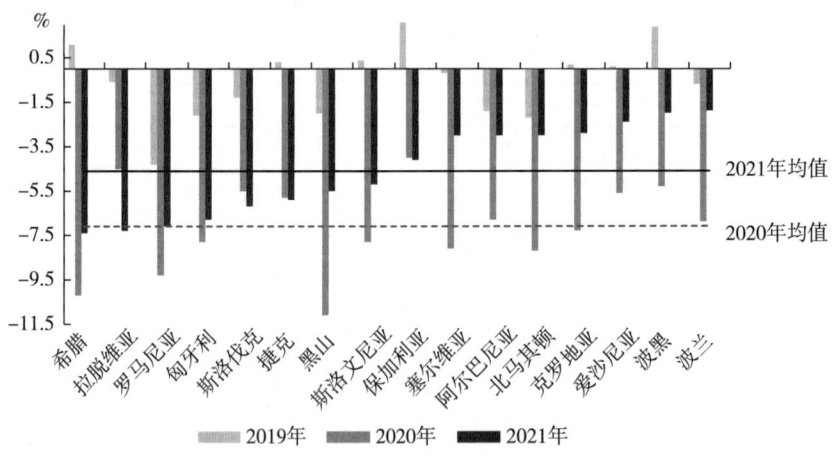

注：塞尔维亚、阿尔巴尼亚、波黑、北马其顿和黑山的数据来自维也纳国际经济比较研究所，其余数据均来自欧盟统计局。

图1-5 2019—2021年中东欧国家财政赤字率

（资料来源：欧盟统计局、维也纳国际经济比较研究所）

值得注意的是，在新冠肺炎疫情暴发之前，希腊政府就经历了严重的债务危机，其政府债务占 GDP 比重始终在攀升，严重阻碍了该国经济的稳定发展。2007—2009 年的国际金融危机导致希腊公共债务和外债比率飙升，自此希腊经济受紧缩政策的影响，GDP 增速基本都低于欧盟的平均水平。尽管政府缩小了支出的规模，但是其债务率仍未得到有效的控制，截至 2018 年底，希腊政府债务占 GDP 比重仍然高达 181.2%；2020 年为缓解新冠危机，希腊政府的各项缓解措施导致其公共债务又进一步增加（占 GDP 比重 206.3%）；不过，随着 2021 年经济的逐步恢复，希腊债务率从 2020 年的 206.3% 下降至 2021 年的 193.3%，但该值在中东欧地区依然是"鹤立鸡群"（见图 1-6）。

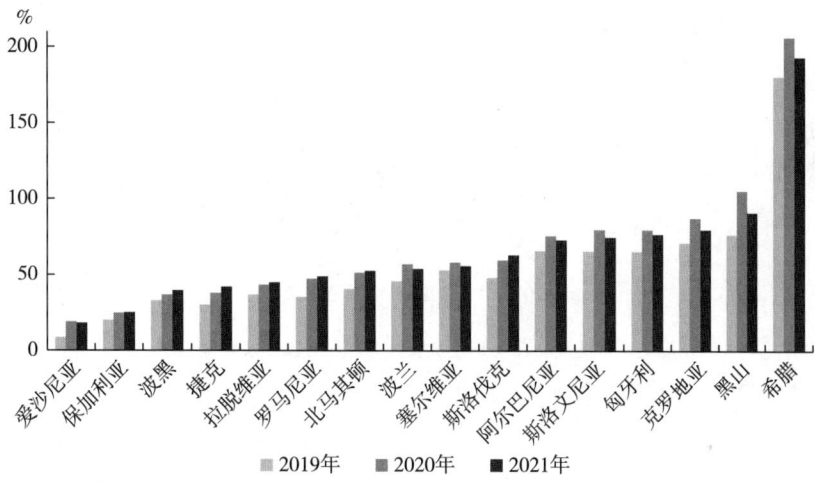

注：塞尔维亚、阿尔巴尼亚、波黑、北马其顿和黑山的数据来自维也纳国际经济比较研究所，其余数据均来自欧盟统计局。

图 1-6　2019—2021 年中东欧国家政府债务率

（资料来源：欧盟统计局、维也纳国际经济比较研究所）

第二节　贸易和投资

一、贸易

全球货物和服务贸易在经历了 2020 年的骤降之后，2021 年开始逐渐复苏，中东欧地区也不例外。整体来看，2021 年中东欧国家的货物和服务贸易均得到了显著的改善。根据欧盟统计局和维也纳国际经济比较研究所的统计数据，2021 年中东欧国家货物贸易规模已超过 2020 年，且大部分国家已恢复到疫情前水平，实现了两位数的增长，其中，希腊（30.7%）、爱沙尼亚（29.7%）、斯洛文尼亚（27.4%）、拉脱维亚

（26.2%）、保加利亚（25.9%）、克罗地亚（25.7%）、波兰（22.3%）和罗马尼亚（21.1%）8国的货物贸易年增长率均在20%以上（见图1-7）；遭受新冠肺炎疫情重创的服务贸易虽然整体增速不及货物贸易，但同样在2021年呈现复苏态势，除了匈牙利（-1.4%）以外，其余的中东欧国家服务贸易已恢复了正增长，其中，希腊（48.4%）、阿尔巴尼亚（23.5%）、黑山（23.5%）、爱沙尼亚（18.4%）、保加利亚（16.9%）5国的服务贸易年增长率均在15%以上（见图1-8）。

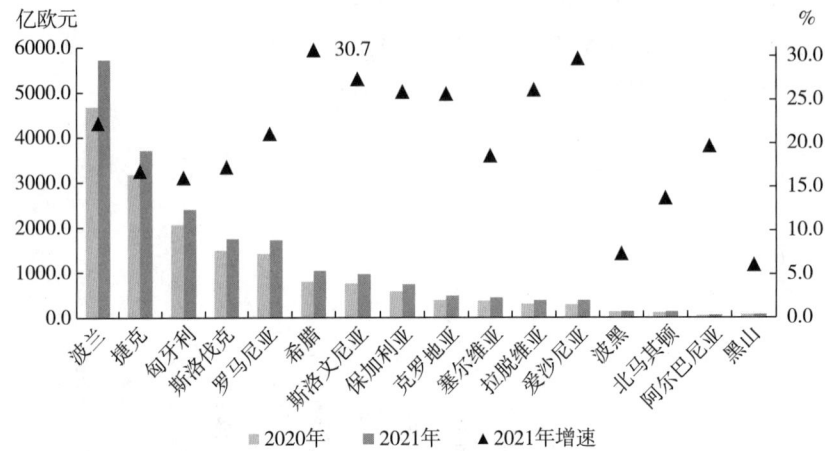

注：塞尔维亚、阿尔巴尼亚、波黑、北马其顿和黑山货物贸易数据来自维也纳国际经济比较研究所，其余国家货物贸易数据均来自欧盟统计局。

图1-7　2020—2021年中东欧国家货物贸易总额和增速

（资料来源：欧盟统计局、维也纳国际经济比较研究所）

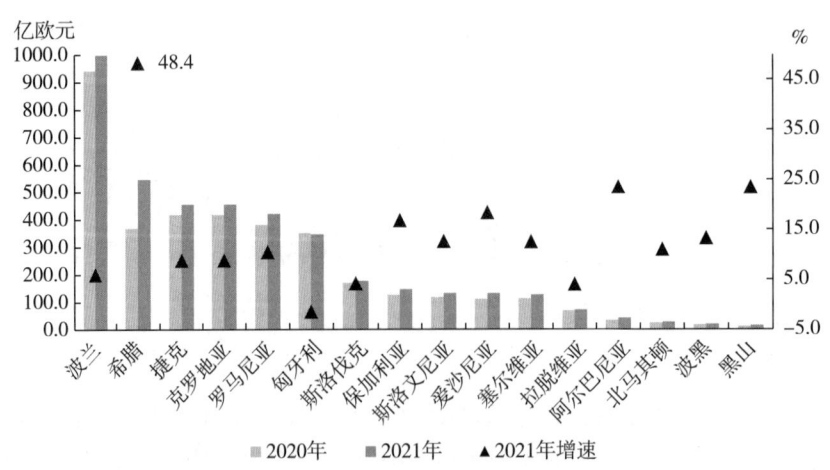

注：希腊的服务贸易数据来自希腊统计局，其余国家服务贸易数据均来自维也纳国际经济比较研究所。

图1-8　2020—2021年中东欧国家服务贸易总额和增速

（资料来源：维也纳国际经济比较研究所、希腊统计局）

整体来看，中东欧地区货物和服务贸易在2021年的高速增长基于两方面的因素：一方面是受2020年基数较低的影响；另一方面则得益于中东欧地区的主要贸易伙伴（欧盟国家）经济活动的强劲复苏，该地区对外贸易获得了更多的动力。其中，贸易表现尤为突出的中东欧国家大致分为两类：一类是本国经济严重依赖服务业（如旅游业）的国家，由于2020年新冠肺炎疫情的全球暴发对服务业的致命打击拖累了其经济的增长，进入2021年之后随着疫苗接种率的提高、各类疫情限制措施的放松，服务业呈现出强劲的反弹，如希腊、黑山；另一类是本国本身具有较强的经济基础、经济结构多样化，在新冠肺炎疫情大流行期间表现出极强的韧性，如爱沙尼亚（见表1-4和表1-5）。

希腊服务出口的复苏在很大程度上取决于旅游业和主要贸易伙伴的表现。据SchengenVisInfo的统计数据，截至2021年11月，希腊国际入境游客人数较2020年同期高出96.8%，共接待游客1430万人次，单次旅行的平均支出同比增加22.6%，使得2021年前11个月旅游总收入达到178亿欧元，占2019年收入的58.5%。2021年1—11月，希腊机场的游客流量较2020年增加了约106.7%，公路过境处到达的游客增加了66.5%。这些游客大部分来自欧盟成员国，其中，来自德国游客人数排在首位，约有290万人，较2020年增长了95.2%，其相应的收入约为24亿欧元（增幅达108.5%）；紧随其后的是法国游客，约有120万人，较2020年增长了148.6%，带来的收入约为9.91亿欧元（增幅达170.7%）。除了欧盟境内，欧盟之外的大量游客也涌向了希腊，增幅达到91.5%，其中，来自英国的游客人数最多，约为150万人；另外，据美国国际贸易署（ITA）统计，2021年前往希腊的美国游客约为38.2万人，增幅高达266%，为希腊带来约5.96亿欧元的收入（增幅高达603.4%）。此外，西巴尔干地区2021年冬季的旅游季同样迎来了大批游客，SchengenVisInfo统计数据显示，11月该地区入境游客人数约为56.1万人，同比增长219.3%，机场的游客流量增长了249.6%，公路过境处的游客流量增长了197.9%；旅游总收入从2020年11月的7000万欧元跃升至2021年同期的2.87亿欧元，涨幅达308.2%。[①]

随着欧盟大环境的逐渐向好、外部需求增加、供应链复苏以及疫情限制措施的大范围取消，2021年第二季度爱沙尼亚的对外贸易已开始复苏。据WIIW的统计数据，2021年上半年，爱沙尼亚货物和服务进出口均出现大幅上升，其中货物出口同比增长了36.5%，爱沙尼亚的服务出口由于在2020年受到的冲击要远高于其他波罗的海和北欧国家，鉴于基数效应，2021年上半年其出口同比增速高达

---

① 更多信息请参考：https://www.schengenvisainfo.com/news/greece-welcomed-14-3-million-passengers-during-the-first-11-months-of-2021-96-8-more-than-in-2020/。

46.2%；爱沙尼亚货物和服务进口也出现了反弹，后者主要是受大众集团一项与其运营相关的电脑服务的巨额采购所推动。截至2021年底，2021年爱沙尼亚货物出口和进口规模分别为182.17亿欧元和199.86亿欧元，同比分别增长了27.5%和31.9%。爱沙尼亚统计局数据显示，2021年爱沙尼亚向186个国家出口商品，并从151个国家进口商品，其中，欧盟成员国是其主要的贸易伙伴，在出口和进口的占比分别为67%和73%（见表1-4和表1-5）。①

表1-4　　　　2020—2021年中东欧国家货物贸易规模及增速

国别/地区	出口（亿欧元）		增速（%）		进口（亿欧元）		增速（%）	
	2020年	2021年	2020年	2021年	2020年	2021年	2020年	2021年
波兰	2392.14	2858.32	0.4	19.5	2286.52	2864.09	-3.5	25.3
匈牙利	1054.29	1199.85	-4.7	13.8	1014.17	1201.01	-5.9	18.4
捷克	1675.97	1916.38	-5.8	14.3	1495.65	1788.35	-6.5	19.6
斯洛伐克	755.86	875.62	-5.5	15.8	737.00	875.15	-8.3	18.7
爱沙尼亚	142.92	182.17	-0.6	27.5	151.57	199.86	-5.9	31.9
拉脱维亚	142.66	176.87	1.6	24.0	161.03	206.27	-5.0	28.1
罗马尼亚	617.76	739.20	-10.0	19.7	804.82	983.57	-6.7	22.2
保加利亚	279.67	347.01	-6.1	24.1	306.49	391.15	-8.9	27.6
克罗地亚	150.23	192.47	-2.1	28.1	234.78	291.46	-6.7	24.1
斯洛文尼亚	392.47	482.91	-2.2	23.0	369.14	487.24	-6.1	32.0
希腊	307.86	399.26	-9.1	29.7	489.12	642.43	-12.2	31.3
塞尔维亚	160.79	196.00	-2	22	212.80	247.00	-3.4	16
波黑	48.18	52.40	-7.4	8.7	80.34	85.60	-13.4	6.5
阿尔巴尼亚	7.94	10.10	-12.5	27	37.76	44.60	-6.8	18
北马其顿	48.17	54.90	-9.9	14	66.22	75.20	-9.2	13.5
黑山	4.09	4.80	-12.2	18	20.51	21.30	-19	4
维谢格拉德地区	1469.56	1712.54	-3.87	15.87	1383.33	1682.15	-6.05	20.50
波罗的海地区	142.79	179.52	0.51	25.72	156.30	203.07	-5.41	29.98
东南欧地区	349.60	432.17	-5.92	24.92	440.87	559.17	-8.12	27.46
西巴尔干地区	53.83	851.82	-8.80	21.77	83.53	902.78	-10.36	25.39
中东欧—欧盟地区	719.26	851.82	-4.01	21.77	731.84	902.78	-6.88	25.39
中东欧地区	511.31	605.52	-5.51	20.58	529.24	650.27	-7.97	21.08

注：塞尔维亚、阿尔巴尼亚、波黑、北马其顿和黑山货物贸易数据来自维也纳国际经济比较研究所，其余国家货物贸易数据均来自欧盟统计局。

资料来源：欧盟统计局、维也纳国际经济比较研究所。

---

① 更多信息请参考：https://www.stat.ee/en/node/258574。

第一章 中东欧地区经济宏观回顾

表 1-5   2020—2021 年中东欧国家服务贸易规模及增速

国别/地区	出口（亿欧元） 2020年	2021年	增速（%） 2020年	2021年	进口（亿欧元） 2020年	2021年	增速（%） 2020年	2021年
波兰	588.15	620.00	-5.9	5.5	352.89	378.00	-9.1	7
匈牙利	194.09	192.00	-27.9	-1	156.68	154.00	-21	-2
捷克	228.78	247.00	-15.9	8	189.05	208.00	-18.1	10
斯洛伐克	90.32	91.00	-17.8	1	79.44	86.00	-18.6	8
爱沙尼亚	57.13	70.00	-20.6	22.5	54.36	62.00	6.3	14.1
拉脱维亚	43.75	44.00	-21.6	0.6	25.41	28.00	-19.4	10.2
罗马尼亚	237.68	261.00	-12.2	10	143.21	160.00	-22.2	12
保加利亚	89.38	108.00	-41.9	21	36.42	39.00	-28.2	8
克罗地亚	228.78	247.00	-15.9	8	189.05	208.00	-18.1	10
斯洛文尼亚	69.00	78.40	-20.3	13.6	49.04	54.60	-14.7	11.3
希腊	228.59	352.04	-43.4	54.0	139.21	193.67	-18.2	39.1
塞尔维亚	61.91	72.00	-10.7	16	50.90	55.00	-14.1	8
波黑	12.29	13.80	-42	12.5	4.57	5.30	-33.7	16
阿尔巴尼亚	22.26	28.50	-34.6	28	11.74	13.50	-45.1	15
北马其顿	14.47	16.10	-10.9	11	10.21	11.30	-20.8	10.5
黑山	6.79	9.20	-60.2	35.5	5.03	5.40	-26.8	7
维谢格拉德地区	275.34	287.50	-16.88	3.38	194.52	206.50	-16.70	5.75
波罗的海地区	50.44	57.00	-21.10	11.55	39.89	45.00	-6.55	12.15
东南欧地区	170.69	209.29	-26.75	21.32	111.39	131.05	-20.31	16.08
西巴尔干地区	23.54	210.04	-31.68	13.02	16.49	142.84	-28.10	11.61
中东欧—欧盟地区	186.88	210.04	-22.13	13.02	128.61	142.84	-16.50	11.61
中东欧地区	135.84	153.13	-25.11	15.39	93.58	103.86	-20.12	11.51

注：希腊的服务贸易数据来自希腊统计局，其余国家服务贸易数据均来自维也纳国际经济比较研究所。
资料来源：维也纳国际经济比较研究所、希腊统计局。

二、投资

根据联合国贸发会议（UNCTAD）2022年1月发布的《全球投资趋势监测报告》（*Investment Trends Monitor*），全球外国直接投资（FDI）流量在2021年强劲反弹，从2020年的9290亿美元上升至2021年的16470亿美元，累计增长了7180亿美元，增幅达77%。虽然该值已超过了新冠肺炎疫情前的水平，但全球FDI复苏极度不平衡，主要体现在：（1）流入发达经济体的FDI增幅最大，2021年增长5170亿美元，占全球FDI增量的72%；（2）流入发展中经济体的FDI增长2010亿美元，增幅为30%，复苏程度相对温和；（3）流入最不发达经济体的FDI复苏增长趋势最为缓慢，增幅仅为19%（见图1-9分图1）。从行业来看，全球投资者对基础设施建设的信心最强，这是基于以下三个因素，即有利的长期融资条件、复苏刺激方案的支持以及海外投资计划的支持。2021年全球针对基础设施领域的国际项目融资数量增长53%，融资规模上涨91%，超过了疫情前水平，其中，增加最多的基建项目是可再生能源和工业不动产（见图1-9分图2）。相比之下，投资者对制造业和全球价值链的信心仍然不足，这导致了全球价值链密集型行业，如电子行业的投资项目数量有进一步下降的趋势；除了信息和通信行业（ICT）以外，其余行业FDI的平均水平较疫情之前仍然低30%左右。①

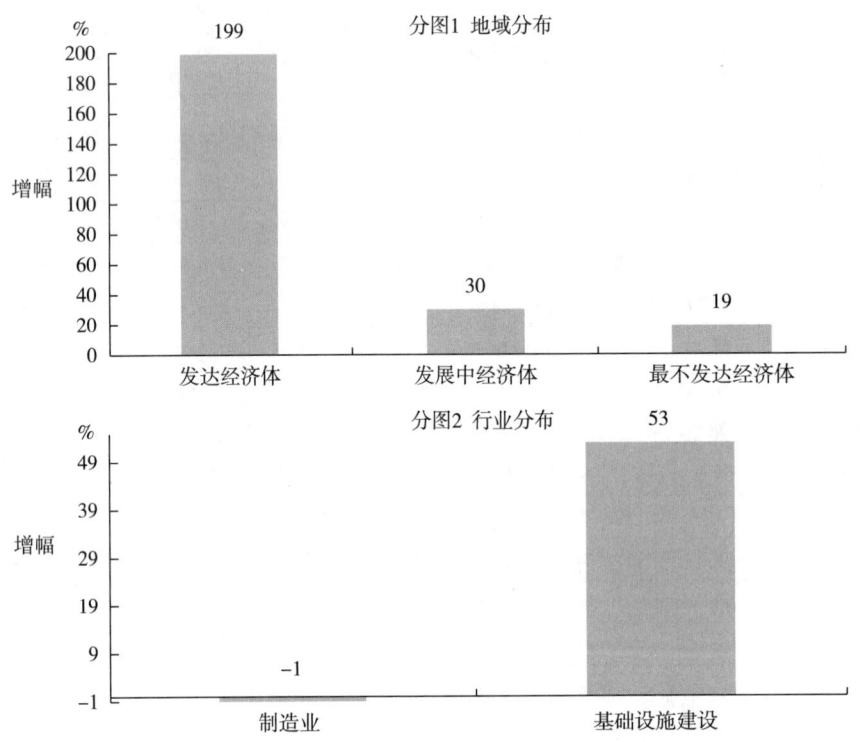

图1-9　2021年全球FDI复苏极度不均衡

（资料来源：联合国贸发会议）

从全球主要经济体来看，2021年美国成为全球最大的FDI目的国，流入的FDI达3230亿美元，增幅高达114%，其主要推动力来自跨国并购的激增，联合国贸发会议统计数据显示，美国跨国并购规模同比增长了近两倍，达2850亿美元；与之对比，2021年欧盟FDI流量仅为1650亿美元，虽然较2020年增长了8%，但仍然远

---

① UNCTAD. Investment Trends Monitor. January 2022.

低于其疫情前水平（4510亿美元）；受服务业外资强劲增长的影响，2021年流入中国的FDI高达1790亿美元，较2020年增长了20%（见表1-6和表1-7）。①

表1-6　2019—2021年全球主要经济体FDI流量和跨国并购交易净值

地区	FDI 流量（亿美元）			2021年增速（%）	跨国并购交易净值 净值（亿美元）			2021年增速（%）
	2019年	2020年	2021年		2019年	2020年	2021年	
全球	14730	9290	16470	77	5070	4750	7100	49
发达经济体	7520	260	7770	199	4280	3890	6140	58
发展中经济体	7210	6690	8700	30	790	860	960	11
最不发达经济体	240	240	280	19	0	0	-20	N/A
北美	2750	1740	3830	120	1870	1100	3130	185
欧盟	4510	1530	1650	8	1140	1880	1390	-26

注：联合国贸发会议"Investment Trends Monitor"报告中的"全球"包括非洲、美洲、亚洲、大洋洲和欧洲。此外，联合国贸发会议还单独统计了"发达经济体、发展中经济体和最不发达经济体"的相关数据。详细内容请参考：https://unctad.org/system/files/official-document/diaeiainf2021d3_en.pdf。

资料来源：联合国贸发会议。

表1-7　2019—2021年全球主要经济体绿地投资和国际项目融资交易

地区	绿地投资 数量			2021年增速（%）	国际项目融资交易 数量			2021年增速（%）
	2019年	2020年	2021年		2019年	2020年	2021年	
全球	18261	13219	13049	-1	1260	1199	1840	53
发达经济体	10976	8972	8624	-4	659	699	1110	59
发展中经济体	7285	4247	4426	4	601	500	730	46
最不发达经济体	368	190	146	-23	119	74	63	-15
北美	2412	1966	2042	4	223	191	276	45
欧盟	5376	4748	4275	-10	305	338	493	46

注：联合国贸发会议"Investment Trends Monitor"报告中的"全球"包括非洲、美洲、亚洲、大洋洲和欧洲。此外，联合国贸发会议还单独统计了"发达经济体、发展中经济体和最不发达经济体"的相关数据。详细内容请参考：https://unctad.org/system/files/official-document/diaeiainf2021d3_en.pdf。

资料来源：联合国贸发会议。

与欧盟FDI整体发展趋势较为类似，中东欧地区FDI在经历了2020年的大幅下降之后，除了ICT和能源行业之外，大多数领域2021年的复苏表现仍然疲软。然而基于中东欧地区国家经济基础和结构差异较大，中东欧—欧盟成员国的表现差异较大，例如中东欧地区最大经济体——波兰在2021年成功吸引了35亿欧元（约合39.7亿美元）的绿地投资，预计将在全国创造近1.8万个新就业岗位，巩

---

① UNCTAD. Investment Trends Monitor. January 2022.

固了其作为中东欧地区最大 FDI 目的国的地位。波兰由于其长期保持稳定的经济增长、拥有快速的投资者服务通道、大量熟练的劳动力和有利的地理位置，多年来一直是中东欧地区最具 FDI 吸引力的国家。尽管波兰经济在 2020 年经历了一定程度的衰退，但联合国贸发会议数据显示，以绿地投资流入波兰的 FDI 自 2015 年以来有逐年增加的趋势，并且保持着良好的弹性。2021 年流入波兰的 FDI 在 2020 年的基础上增加了 8 亿欧元，比该国在 2019 年创纪录的总额多 7 亿欧元。通过绿地投资新创造的就业岗位大多数在商业服务、软件和 IT 服务、汽车、医疗、建筑和化工行业。若以投入资本规模来衡量，2021 年波兰最大的投资国是韩国，其投资项目规模为 19 亿欧元，创造了 1967 个新岗位；紧随其后的是美国，投资项目规模为 3.64 亿欧元，创造了 4514 个新岗位；德国排名第三，投资项目规模为 1.37 亿欧元，创造了 192 个新岗位。①

捷克是中东欧地区仅次于波兰的第二大 FDI 目的国。2020 年新冠肺炎疫情危机同样给捷克经济带来了严重的打击，尤其是作为该国支柱产业的汽车制造业。为了尽快从疫情中恢复，捷克在 2021 年推出了既谨慎又相对积极的投资措施。一方面，捷克效仿德国、法国和意大利等国，通过了一项新的 FDI 筛选法案，并于 2021 年 5 月 1 日起执行，该法案旨在对 FDI 进行更严格的评估，以保护可能因疫情而变得脆弱的捷克核心企业；另一方面，为了吸引更多 FDI，捷克加大了研发力度，其中包括加大对医疗和制药行业的投资，并为研发疫苗提供一定规模的资金。②

从中东欧地区国家的并购活动来看，2021 年是极具挑战的一年，但是最终呈现出较为乐观的结果。由于被新冠肺炎疫情压抑已久的并购交易需求的暴发，该地区并购交易额和交易数量均有所增长。中审众环（Mazars）最新发布的报告显示，中东欧地区交易额从 2020 年的 201.44 亿欧元上升至 2021 年的 337.56 亿欧元，涨幅达 67.6%，交易数量从 2020 年的 398 宗增加至 2021 年的 555 宗（见图 1-10 分图 1 和分图 2）。

2021 年中东欧国家并购交易涉及的行业领域较为广泛，包括了科技、制造业、能源等领域在内的 17 个行业。其中科技和制造业领域仍然是中东欧地区最活跃的行业。据中审众环的统计，2021 年中东欧国家在科技领域的并购交易量最大，共计 199 宗，超过 2020 年的 104 宗；排第二位的是制造业，该领域的并购交易量从 2020 年的 114 宗上升至 2021 年 127 宗；排名第三的领域由能源与电力替代了此前的专业服务领域，前者 2021 年的并购交易量达到 101 宗，后者仅为 65 宗（见图 1-10 分图 3）。

---

① Cara Lyttle. Poland Enjoys Record Year for FDI Attraction in 2021. January 2022.
② Ruth Strachan. The State of Play: FDI in the Czech Republic. October 2021.

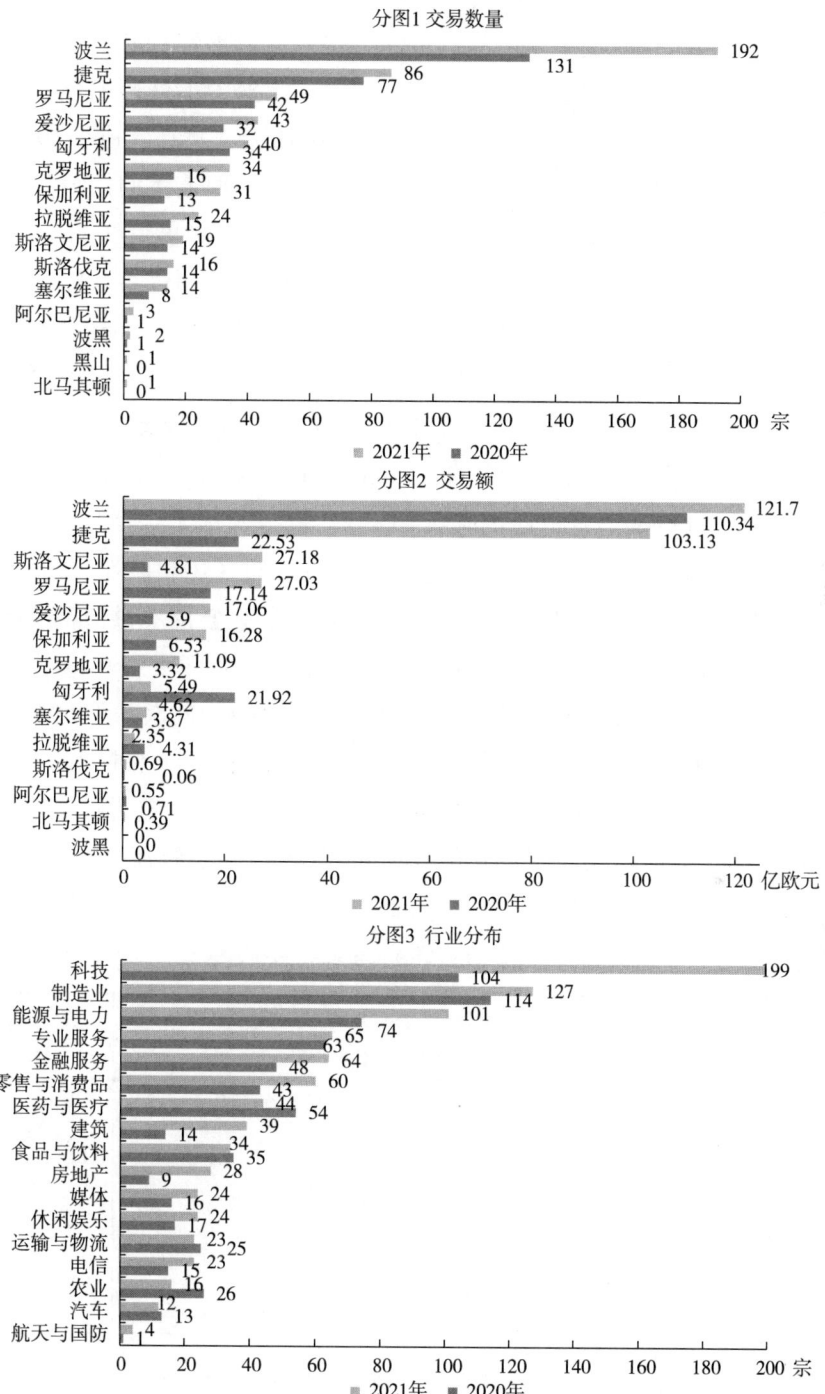

注：1. 中审众环暂未统计希腊的并购交易活动。2. 并购交易额暂无黑山的数据。

图1-10 2020—2021年中东欧地区并购交易数量、交易额以及涉及的行业分布

(资料来源：中审众环)

从图1-10分图1和分图2我们可以看到，无论从并购交易的交易额还是交易量来看，波兰和捷克都是中东欧地区的"领头羊"。波兰不仅是中东欧地区最大的FDI目的国，也是并购交易最青睐的国家之一。据中审众环的统计数据，在2020年的基础上，波兰2021年的并购交易增加了61宗，总计完成了192宗并购，交易金额为121.7亿欧元。其中，最大的一宗交易是欧洲最大的保险公司、总部位于德国的安联保险（Allianz SE）以25亿欧元收购英杰华集团（Aviva）在波兰的业务，该交易进一步巩固了安联保险在中东欧地区的盈利优势。接下来两宗大的交易均来自电信领域，金额较高的一宗是西班牙Cellnex Telecom以15.74亿欧元收购波兰电信基础设施公司（Polkomtel Infrastruktura），该交易使Cellnex Telecom获得7000座电信通信塔、语音和数据传输以及光纤网络；金额较低的一宗是法国移动电信网络运营商PLAY Communication以15.17亿欧元收购了有线电视、宽带和VoIP互联网语音电话供应商UPC Polska（见表1-8）。①

与波兰相比，捷克在2021年完成的并购交易总额（103.13亿欧元）和数量（86宗）相对较少，然而在2021年8月美国互联网安全技术供应商NortonLifeLock以66.46亿欧元收购了总部位于捷克的计算机安全软件巨头Avast，仅此一宗交易便超过波兰前三大并购交易的总和（55.91亿欧元）。此次并购助力捷克的并购交易额从2020年的22.53亿欧元跃升至2021年的103.13亿欧元，增幅高达357.7%。2021年捷克完成的另一宗重要的并购来自科技领域，波兰在线购物平台Allegro以9.25亿欧元收购捷克电商平台Mall Group以及物流公司WE|DO（见表1-8）。②

表1-8　　　　2021年中东欧地区交易额排名前八的并购交易

日期	目标公司	目标公司所属产业	目标公司所属国	出资公司	出资公司所属国	协议额（亿欧元）
8月10日	Avast PLC	科技	捷克	NortonLifeLock Inc.	美国	66.46
3月26日	Aviva Poland	金融服务	波兰	Allianz SE	德国	25
2月26日	Polkomtel Infrastruktura sp. z o.o.（99.99% Stake）	电信	波兰	Cellnex Telecom, SA	西班牙	15.74
9月22日	UPCPolska Sp. z o.o.	电信	波兰	PLAY Communications S.A.	法国	15.17
11月15日	Raiffeisenbank（Bulgaria）EAD（100% Stake）	金融服务	保加利亚	KBCGroep NV	比利时	10.15

---

① Mazars. Investing in CEE, Inbound M&A Report 2021/2022. 2022.
② Mazars. Investing in CEE, Inbound M&A Report 2021/2022. 2022.

续表

日期	目标公司	目标公司所属产业	目标公司所属国	出资公司	出资公司所属国	协议额（亿欧元）
1月22日	Home Credita.s；Home Credit Slovakia AS；Air Bank, a.s.	金融服务	捷克	MONETA Money Bank, a.s.	捷克	9.92
11月4日	Mall Group AS（100% Stake）；WE丨DO CZs.r.o（100% Stake）	科技	捷克	Allegro.eu	波兰	9.25
11月2日	Exxon Mobil Corporation（XIX Neptun Deep Block）（50% Stake）	能源	罗马尼亚	S.N.G.N. RomGaz S.A.	罗马尼亚	9.14

注：中审众环暂未统计希腊的并购交易活动。

资料来源：中审众环。

第三节 银行和保险市场

一、银行

正如《中东欧经济研究报告2020—2021》提及，基于稳健的商业模式以及面对危机时实施的较为谨慎的措施，即使在新冠肺炎疫情冲击的背景下，中东欧地区大部分银行仍保持了相对有利地位。2021年，得益于全球宏观经济环境的逐渐向好，以及欧盟发达国家银行在中东欧地区较高的渗透程度，中东欧地区银行的信贷迅速恢复到两位数的增长水平。[1]

整体来看，中东欧地区的银行为该地区经济在2021年的"V"形复苏作出了一定的贡献，而各个领域经济活动的逐渐恢复又进一步保障了银行较低的不良贷款率以及较低的风险成本。如图1-11和图1-12所示，2021年中东欧国家不良贷款率已低于新冠肺炎疫情危机前水平，股本回报率也恢复到两位数左右。然而，从国别来看，中东欧地区银行业复苏情形并不一致。例如，罗马尼亚和斯洛伐克的银行的股本回报率在2021年上半年就已超过疫情前水平，其中，后者主要是受2020年7月起取消银行税[2]这一积极措施的推动；相比之下，波兰银行业的

---

[1] Raiffeisen Research. CEE Banking Report 2021. December 2021.

[2] 2020年7月起斯洛伐克取消了银行税，将之前收取的10亿欧元资金转至新设立的斯洛伐克发展基金，用于投资公共项目，刺激经济复苏。斯洛伐克于2012年开始征收银行税，税率为银行负债的0.2%，以避免银行业遭受危机，维持银行业的稳定；2019年底，斯洛伐克上届政府决定将银行税税率提至0.4%。

复苏继续受到多方面问题的拖累,一方面,波兰金融监管局在2020年底推出的一系列建议尚未在整个银行业顺利展开,另一方面,部分波兰银行,如千禧银行(Bank Millennium)和mBank试图通过基于自身与借款方的成本分担原则的方式来制订其结算计划。①

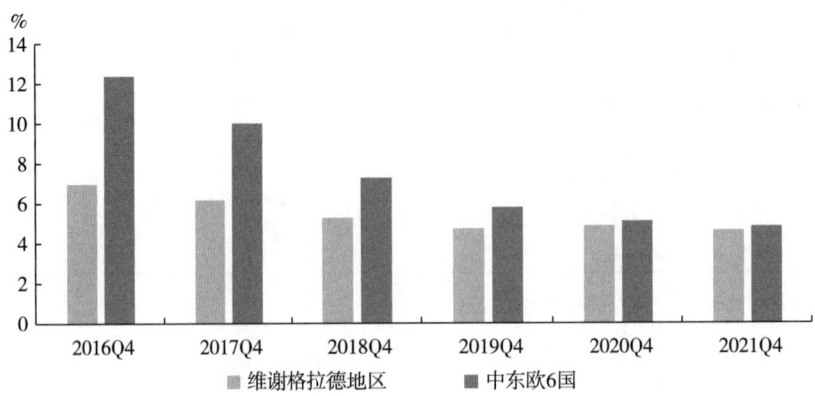

注:根据拉菲森银行的分类,中东欧6国包括罗马尼亚、保加利亚、克罗地亚、塞尔维亚、波黑和阿尔巴尼亚。

图1-11　2016—2021年部分中东欧地区银行不良贷款率

(资料来源:拉菲森银行研究)

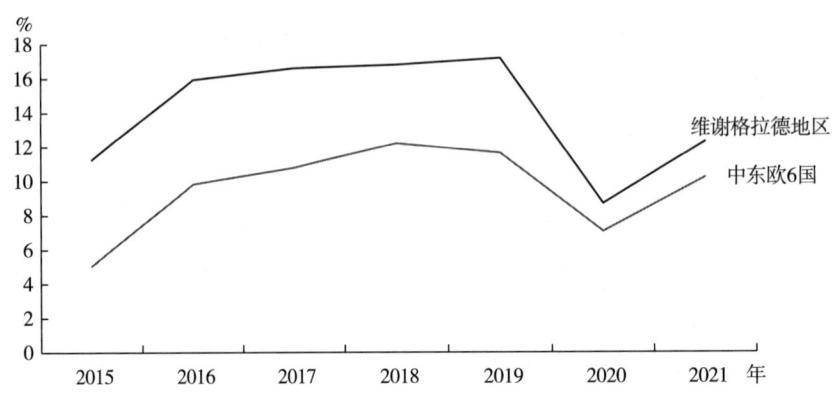

注:根据拉菲森银行的分类,中东欧6国包括罗马尼亚、保加利亚、克罗地亚、塞尔维亚、波黑和阿尔巴尼亚。

图1-12　2015—2021年部分中东欧地区银行股本回报率

(资料来源:拉菲森银行研究)

---

① Raiffeisen Research. CEE Banking Report 2021. December 2021.

中东欧地区银行市场份额的发展趋势反映出该地区主要银行集团从国家的角度对自身的定位，因此，把握这些趋势动态将有助于我们认识中东欧地区银行市场的最新格局。根据拉菲森银行出版的研究报告，有以下三个趋势值得特别注意。第一，在东南欧地区的银行市场出现了越来越多的"本土"冠军企业，例如罗马尼亚的 Banca Transilvania 银行、捷克的 Moneta Money Bank 以及匈牙利的 Hungarian Bank Holding，其中捷克 Moneta Money Bank 以 7.67 亿欧元的价格收购捷克消费者金融服务提供商 PPF 旗下 Air Bank 集团 100% 的股份，此次收购将缔造一家规模可观的本土银行，其规模可与捷克前三大外资银行相竞争；匈牙利国有银行（Budapest Bank）、MKB 银行和储蓄集团（Takarekbank，MTB）合并为匈牙利银行控股（Hungarian Bank Holding），成为匈牙利第二大银行集团，其总资产规模预计将超 19.5 亿欧元。第二，中东欧地区陆续涌现出跨境区域领军型银行集团，如匈牙利的 OTP 银行和斯洛文尼亚的 NLB 集团。匈牙利的 OTP 银行是中东欧地区最大的独立金融服务机构之一，基于稳固的并购活动，其中东欧地区的总资产已突破 600 亿欧元，目前已超过 Intesa 和荷兰国际集团（ING），并正在"追赶"法国兴业银行（SocGen）。第三，在未来发展战略上，几乎所有活跃在中东欧地区的西欧银行和银行集团都更倾向于继续在中东欧"深耕"。近年来，中东欧地区主要银行的总市场份额基本保持不变，三家大型泛中东欧银行——Erste 银行、拉菲森银行（Raiffeisen Bank International）和裕信银行（UniCredit）在中东欧地区仍占有 40% 左右的份额，另外 5~6 家外资银行在中东欧地区的市场份额大约保持在 45%。其中，拉菲森银行和 Erste 银行是中东欧地区仅有的两家总资产超过 1000 亿欧元的银行。①

从中东欧地区银行并购活动来看，在经历 2020 年的沉寂之后，2021 年该地区的银行并购交易强劲复苏，截至 2021 年 11 月底，在中东欧地区共进行了 20 宗交易，其中 7 宗已完成，13 宗已签署或即将完成（见图 1-13）。② 究其原因，德勤发布的《中东欧银行并购研究 2021》（*CEE Banking M&A Study* 2021）认为，由于 2020 年新冠肺炎疫情的全球扩散，中东欧地区经济面临着极大的下行压力，银行业的盈利能力也遭受到一定程度的冲击，特别是资本水平较低、韧性较弱的银行。在此背景下，这些银行便成为规模更大、业务更多样化、规模经济和运营效率更高的银行集团的理想收购目标，因此，近两年中东欧地区的银行并购活动较疫情之前更为活跃。③

---

① Raiffeisen Research. CEE Banking Report 2021. December 2021.
② 达成或签署协议的资产总额超过了 340 亿欧元，如拉菲森银行、Erste 银行、KBC 银行、Sberbank 银行和 OTP 银行。
③ Deloitte. CEE Banking M&A Study 2021. December 2021.

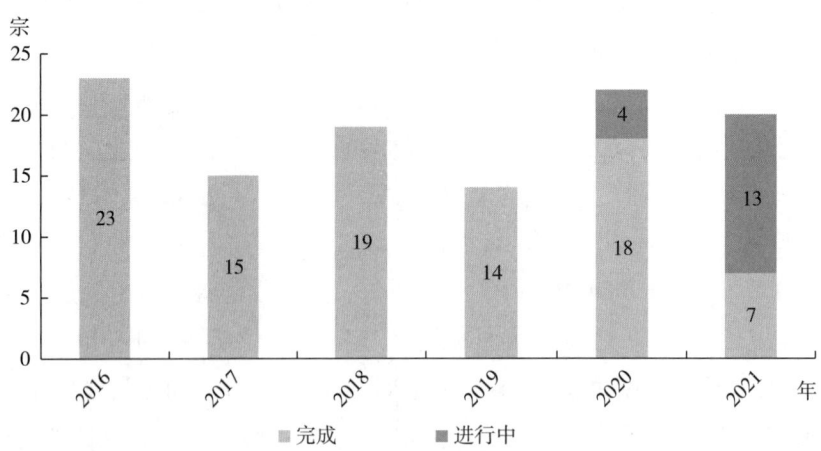

注：2021年信息截至11月底。

图1-13　2016—2021年中东欧国家银行并购交易数量

（资料来源：德勤）

从国别和地区来看，塞尔维亚是中东欧地区最为繁忙的银行并购市场，从2019年至2021年11月底，共有9宗交易完成或正在进行中；紧随其后的是波罗的海地区和捷克，在上述时间区间均有7宗交易完成或正在进行（见图1-14）。

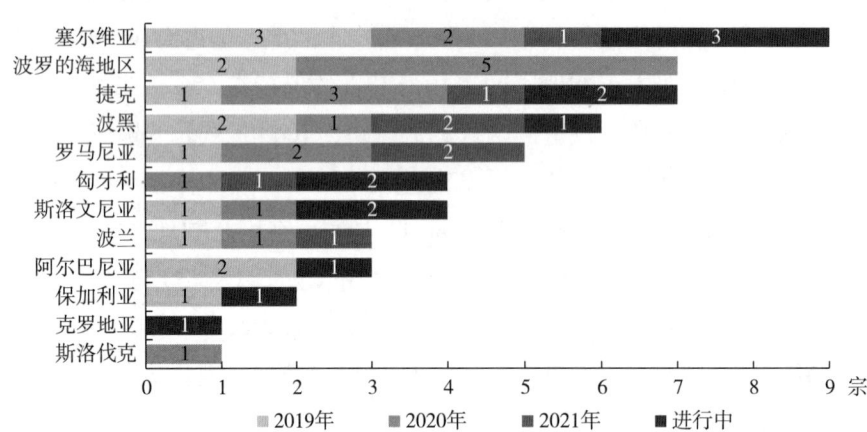

注：2021年信息截至11月底。

图1-14　2019—2021年中东欧部分国家/地区银行并购交易数量

（资料来源：德勤）

从参与中东欧地区银行并购活动的程度来看，匈牙利的OPT银行是近些年最为活跃的参与方之一。德勤统计数据显示，在2016年至2021年11月间，OPT银行总计完成了7宗交易，分别在阿尔巴尼亚（1宗）、保加利亚（1宗）、克罗地亚

(1宗)、匈牙利（1宗）、塞尔维亚（2宗）和斯洛文尼亚（1宗），在阿尔巴尼亚和斯洛文尼亚分别各有1宗正在进行的交易。其中，在2021年OPT宣布以9亿欧元收购斯洛文尼亚的Nova KBM银行，该项交易完成之后，新实体将成为斯洛文尼亚规模最大的银行集团；OPT银行还宣布以0.55亿欧元的公开价格收购阿尔巴尼亚的阿尔法银行（Alpha Bank Albania），该项交易是OPT银行继2019年收购法国兴业银行阿尔巴尼亚分行（Albanian branch of Société Générale）之后的第二次收购。总部位于塞尔维亚的MK集团（旗下包括AIK Banka银行等）是活跃程度仅次于OPT银行的参与方，由于俄罗斯联邦储蓄银行（Serbank）计划退出中东欧地区，截至2021年11月底，塞尔维亚的MK集团协议收购5家分别位于克罗地亚、匈牙利、塞尔维亚、斯洛文尼亚和波黑的俄罗斯联邦储蓄银行子公司，但协议金额尚未披露。此外，从表1-9中我们还观察到，奥地利的拉菲森银行以及比利时的KBC银行在2021年期间的并购活动同样较为活跃。拉菲森银行在2021年共计进行了3宗交易，其中2宗在捷克（1宗已完成，1宗正在进行之中），另外1宗在塞尔维亚。①

表1-9　　　　　　　　2021年中东欧地区部分国家银行并购交易

目标银行所属国	目标银行	出资方	协议金额（亿欧元）	状态
捷克	ING Group NV	Raiffeisen Bank International AG	—	
	Moneta Money Bank	PPF Group N. V.	4.35	
匈牙利	Sberbank	AIK Bankaa. d. Beograd, Gorenjska Banka d. d., Kranj, Agri Europe Cyprus Limited	—	
斯洛文尼亚	Sberbank	AIK Bankaa. d. Beograd, Gorenjska Banka d. d., Kranj, Agri Europe Cyprus Limited	—	
	Nova KBM	OTP	9	
克罗地亚	Sberbank	AIK Bankaa. d. Beograd, Gorenjska Banka d. d., Kranj, Agri Europe Cyprus Limited	—	进行中
保加利亚	Raiffeisen Bank	KBC	10.15	
塞尔维亚	SberbankSrbija	AIK Bankaa. d. Beograd, Gorenjska Banka d. d., Kranj, Agri Europe Cyprus Limited	—	
	Credit AgricoleSrbija A. D.	Raiffeisen Bank International AG	—	
	Direktna Banka AD	EurobankErgasias SA	—	
阿尔巴尼亚	Alpha Bank Albania	OTP	0.55	
波黑	Sberbank, Banja Luka	AIK Bankaa. d. Beograd, Gorenjska Banka d. d., Kranj, Agri Europe Cyprus Limited	—	
	Komercijalna Banka Banja Luka	Banka Poštanska Stedionica	—	

---

① Deloitte. CEE Banking M&A Study 2021. December 2021.

续表

目标银行所属国	目标银行	出资方	协议金额（亿欧元）	状态
波兰	Idea Bank SA	BankPekao SA	—	已完成
捷克	Equa Bank a. s.	Raiffeisen Bank International AG	—	
匈牙利	Sopron Bank	MagNet bank	—	
罗马尼亚	Idea Bank Romania	BancaTransilvania S. A.	0.43	
	Credit Agricole Bank Romania S. A.	Vista Bank（Romania）SA	—	
塞尔维亚	MTS Banka	BankaPostanska Stedionica	—	
波黑	Nova Banka Banja Luka	MG Mind	—	

注：表中信息截至2021年11月底。
资料来源：德勤。

二、保险

整体来看，中东欧地区保险市场同样在2021年开始温和复苏，除了斯洛伐克的所有中东欧国家保险市场的保费总额（Gross Written Premium，GWP）均实现了正增长，其中增幅前五大国家依次为罗马尼亚（21.9%）、阿尔巴尼亚（16.02%）、北马其顿（15.5%）、保加利亚（12.73%）和克罗地亚（11.66%），五国保费总额增速均在10%以上；中东欧地区保险市场规模位居前四的中东欧国家分别为波兰、捷克、希腊和匈牙利，其保费总额增速同样保持在一个较高的水平，介于5%~10%（见图1-15）。

然而，与上述国家对比，斯洛伐克保险市场的保费总额却已连续两年负增长，2021年甚至以两位数的速度下降（-16.9%），这主要是由斯洛伐克保险市场的结构性变化所引起的。2021年斯洛伐克保险公司Generali Slovakia与捷克保险公司Generali Ceska Pojistovna合并。合并之后，斯洛伐克的Generali Slovakia公司将作为捷克Generali Ceska Pojistovna公司在斯洛伐克的分公司来运营。因此，根据斯洛伐克保险协会（SLASPO）的统计数据，与合并之前的数据相比，Generali Ceska Pojistovna斯洛伐克分公司将出现3.015亿欧元的差额。①

与2020年相比，中东欧地区保险市场的并购活动在2021年趋于平静，尽管完成的并购交易数量减少，但中东欧保险市场仍然保持着一定的活力。这主要是

---

① 更多信息请参考：. https://www.xprimm.com/STATISTICS – Slovakia – FY2021 – updated – data – the – insurance – market – contracted – to – EUR – 1 – 8 – bn – while – insurers – profits – decreased – to – EUR – 133 – m – articol – 2，10，27 – 18919. htm。

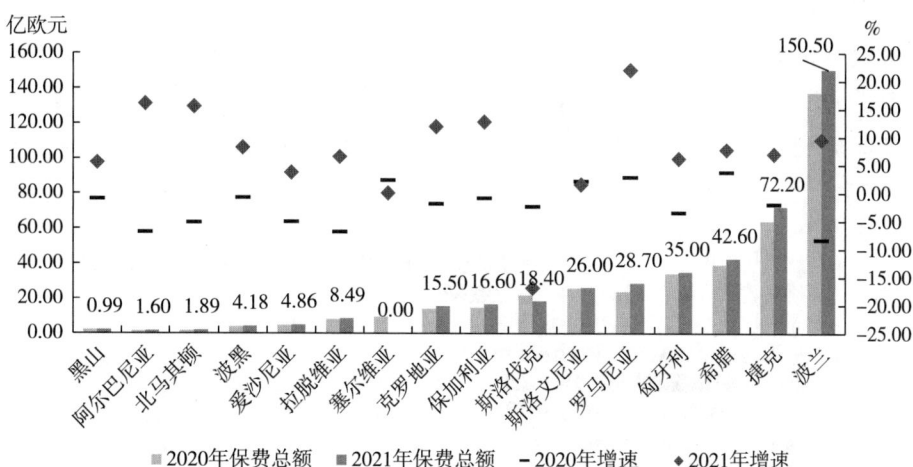

注：1. 保费总额包括人寿保险和普通保险。
2. 塞尔维亚暂无2021年数据。

图1-15 2020—2021年中东欧国家保险市场保费总额及增速

（资料来源：2020年数据来源于德勤，2021年数据为笔者根据各国保险市场公开信息收集整理）

因为一些大型国际保险集团，如全球保险集团（Aegon）和安盛（AXA）重新考虑其区域战略之后，决定放弃部分未能实现规模经济的市场，转而专注其发展相对成熟的市场，进一步挖掘增长潜力。因而，随着大型保险集团在某些国家的逐步淡出，新的市场参与者利用此机会，通过进一步的市场整合来加强他们的地位。德勤统计数据显示，截至2021年底，中东欧地区保险市场共完成了5宗交易，还有6宗正在进行中（见图1-16）。

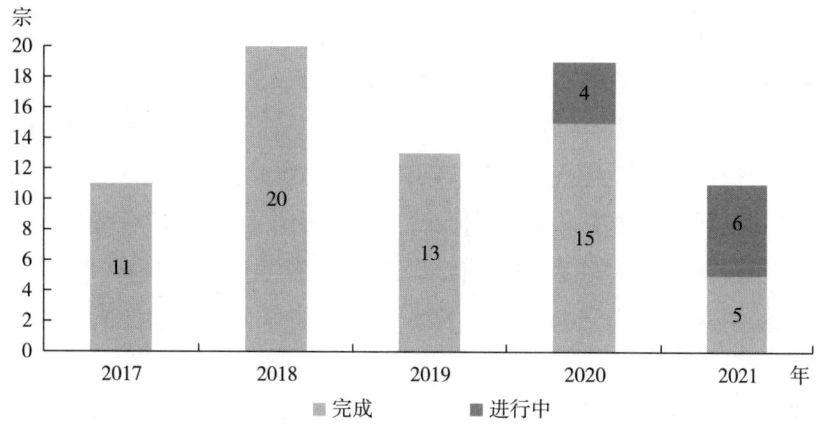

图1-16 2017—2021年中东欧国家保险并购交易数量

（资料来源：德勤）

从国别来看,波兰是中东欧地区最为繁忙的保险并购市场,从2019年至2021年9月底,共有11宗交易完成或正在进行中;其次是捷克,在上述时间区间完成了4宗交易,有1宗仍在进行;紧随其后的是匈牙利、斯洛文尼亚、罗马尼亚和保加利亚,在上述时间,四国完成了或正在进行的交易均为4宗(见图1-17)。

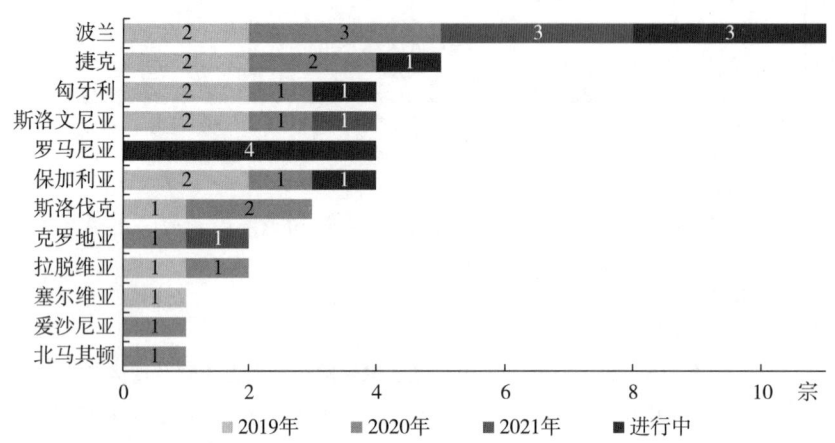

注:图中信息截至2021年9月底。

图1-17 2019—2021年中东欧部分国家/地区保险并购交易数量
(资料来源:德勤)

从参与中东欧地区保险市场并购活动的程度来看,维也纳保险集团(VIG)是该地区2017—2021年最活跃的买方公司之一。维也纳保险集团于2020年同意收购荷兰全球保险集团在波兰、匈牙利、罗马尼亚等国的人寿保险、普通保险、养老金以及资产管理业务,交易总金额为8.3亿欧元。由于匈牙利政府对于该并购交易中涉及匈牙利的业务有异议,整个交易悬而未决,经过一年多的协商,最终维也纳保险集团于2021年底宣布与匈牙利政府就合作原则和进一步行动方针达成一致。此次交易有助于维也纳保险集团进一步保持其中东欧地区保险市场的稳固地位。第二活跃的买方公司是忠利保险(Generali),在2017—2021年该公司完成了5宗交易,其中的4宗是2019年签署的关于波兰、斯洛伐克、匈牙利和斯洛文尼亚的收购协议。并购交易数量排名第三位的共有6家保险公司,均有3宗交易,它们分别是安联保险(Allianz)、NN集团(NN Group)、Uniqa集团、Sava保险、GRAWE保险和OTP集团。对于安联保险来说,2020年至2021年11月最重大的交易是在2020年3月以25亿欧元收购Aviva波兰,此次收购包括Aviva波兰的人寿保险、普通保险、资产管理和养老金业务以及该公司在立陶宛的人寿保险业务。2021年7月,NN集团收购了大都会人寿保险(MetLife)在波兰和希腊的业务。该项交易于2021年9月获得监管部门的批准（见表1-10）。在同一时期，中东欧地区保险市场最活跃的卖方公司是慕尼黑再保险（Munich Re）/安顾保险（ERGO）和全球保险集团。其中，慕尼黑再保险（Munich Re）/安顾保险（ERGO）分别于2018年和2019年向不同买家出售了其在克罗地亚、匈牙利、斯洛伐克的子公司，最近一次是2021年出售了罗马尼亚和捷克的业务（见表1-10）。[1]

表1-10　2017—2021年中东欧地区保险市场最活跃的买方公司和卖方公司　单位：宗

买方				卖方			
公司	交易数量			公司	交易数量		
	完成	进行中	总计		完成	进行中	总计
VIG	6	3	9	Munich Re/ERGO	5	3	8
Generali	5	0	5	Aegon NV	2	3	5
Allianz	1	2	3	AXA	3	0	3
NN Group	2	1	3	Societe Generale	3	0	3
Uniqa	3	0	3	MetLife	1	1	2
Sava	3	0	3				
GRAWE	3	0	3				
OTP Group	3	0	3				

注：表中信息截至2021年9月底。

资料来源：德勤。

研究专题1　新冠肺炎疫情对中东欧国家参与全球价值链的影响

作为经济全球化形成的新格局，全球价值链（GVC）代表了国际生产、贸易和投资发展的新阶段。中东欧国家深度参与欧洲的生产和贸易链，这种参与推进了工业现代化、创造了新的就业机会、扩大了出口贸易并吸引了更多的外国直接投资。然而，新冠肺炎疫情对全球经济发展和全球价值链的运作带来了巨大的负面影响，受疫情限制措施的影响，欧洲众多企业的生产受到挤压，主要贸易伙伴订单锐减，贸易规模显著萎缩。在此背景下，作为欧洲工业体系一部分的中东欧国家必然会受到影响，由新冠肺炎疫情大流行引发的经济冲击也将加速该地区经济结构变化并给其带来的新挑战。[2][3]

---

[1] Deloitte. CEE Insurance M&A Study 2021. December 2021.

[2] Chernoff, A. W., & Warman, C. COVID-19 and Implications for Automation (No. w27249). National Bureau of Economic Research, 2020.

[3] EU, B. C. O. COVID-19 Continues to Weigh on the Economy. OECD Economic Outlook, 2021 (1).

一、全球价值链在中东欧—欧盟地区的作用

近十年，国际生产、贸易和投资越来越多地嵌入全球价值链中，其中包括位于不同国家或地区的产业。全球价值链主要利用世界不同地区企业共享资本的结构，受益于一个或另一个国家的比较优势。位于世界不同地区的互连生产单元链在从中间产品到最终产品的整个生产过程的每个阶段都产生附加值。

全球价值链对经济的积极影响已经获得普遍共识。全球价值链的渗透有助于一国在行业实施更深入的改革，允许在实施新的行业实践和创造新的就业机会方面对国内部门产生积极的溢出影响。生产实体是国际生产链的一部分，对一国的外贸增长和吸引外国直接投资具有积极作用。

最初，基于地理上的优势，欧洲的全球价值链所涉及的领域主要为区域内的生产和贸易活动，仅有部分特殊的生产活动被转移到了美国。此后，欧洲进一步扩大了其全球价值链的范围，并积极利用了扩张之后区域中国家所具有的比较优势，如高吸纳市场以及相对便宜的劳动力。在中东欧地区，主要经济体的比较优势是工业基础较发达、劳动力熟练、生产贸易结构相近、生产成本相对较低，加之与欧盟发达国家地理位置接近，使其成为欧洲全球价值链扩张的最佳目标地区。

中东欧—欧盟国家嵌入全球价值的标志之一是其工业部门的快速增长。2007—2009年国际金融危机之后，中东欧—欧盟国家工业产出在2010—2017年增长显著，其出口的产品中很大一部分是通过欧盟15国发达经济体[①]的生产链而实现的，波兰、匈牙利、捷克和罗马尼亚在该价值链中所占份额较高。若以"枢纽和辐条"技术模型为参考标准，枢纽代表欧盟15国，而辐条则是中东欧—欧盟经济体。[②] 具体来看，德国汽车业价值链在中东欧地区尤为活跃，市场竞争的加剧引发了德国汽车制造业外包的持续，根据国际汽车制造商组织（OICA）的数据，目前该国大约19%的汽车生产是在中东欧地区，然而，在2004年这一比例仅为9%。除了汽车制造业，在中东欧国家建立的欧洲生产链在创新技术方面同样十分活跃。虽然用于改造中东欧—欧盟地区老工业基地的投资已在增加，实体产业生产效率和工人职业素质也有所提高，但是为了创建

---

① 欧盟15国发达经济体是指法国、德国、英国、意大利、西班牙、葡萄牙、奥地利、爱尔兰、比利时、丹麦、希腊、卢森堡、荷兰、瑞典和芬兰。
② Cieślik, E. Post – Communist European Countries in Global Value Chains. Ekonomika, 2014, 93 (3): 25 – 38.

横向覆盖不同国家行业和相关服务的技术集群，欧盟发达国家正在加强对中东欧地区产业结构和信息通信技术（ICT）的投资。在纺织服装和食品工业等劳动密集型工业领域，德国以及其他欧盟发达经济体的全球价值链同样与中东欧国家，如保加利亚、匈牙利和塞尔维亚建立了紧密的联系。然而，2020年新冠肺炎疫情的全球暴发导致众多经济体陷入了严重的衰退之中，国际贸易大幅下降；与此同时，大规模的封锁措施迫使许多部门的经济活动停滞，严格的边境管制进一步推高了国际贸易成本。在部分中东欧国家，如捷克、匈牙利、波兰、斯洛文尼亚、斯洛伐克和罗马尼亚，汽车制造业在其经济增长和就业方面发挥着极其重要的作用。面对高度不确定的前景以及技术变革带来的潜在挑战，中东欧国家支柱产业的发展不仅取决于外部需求，还需要保持对供应链中断的弹性以及随着行业转型而抓住新机遇的能力。①

二、中东欧—欧盟地区全球价值链参与程度及其提升路径

经合组织的全球价值链指标通常可以用来分析一国在全球价值链中的参与程度。其中，"价值链向后参与"（backward GVC participation）是用于评估进口的外国增加值在一个国家出口中的份额，而"价值链向前参与"（forward GVC participation）是评估该国国内增加值在其他国家出口中的份额。② 此外，上述指标还分为两部分：（1）内部部分，即国内工业供应中间产品；（2）外部部分，即中间产品在国外生产；当没有中间产品用于生产最终产品或服务，或者当所有制成品和服务直接到达最终用户时，该指标的值最低。

作为中东欧地区小型开放经济体，如保加利亚、爱沙尼亚、匈牙利和斯洛伐克从欧盟进口和第三国进口的附加值在出口中所占的比例都较高；作为更具多元化的经济体，如波兰和罗马尼亚则被归类为价值链向前参与国，这类国家通常是增值的贡献者；捷克和斯洛文尼亚被归类为全球价值链高度一体化的国家；与之对比，克罗地亚、希腊和拉脱维亚全球价值链一体化程度相对较低，并且在后向和前向联系方面更依赖世界其他地区。

---

① Klein, C., Høj, J., & Machlica, G. The Impacts of the COVID-19 Crisis on the Automotive Sector in Central and Eastern European Countries. 2021.
② 商品和服务中间产品的贸易水平由出口的国外增加值含量（价值链向后参与）和合作伙伴出口的国内增加值含量（价值链向前参与）等核心指标来衡量。输送到消费经济的国内增加值对应于进口经济直接消费的最终或中间产品或服务所体现的国内增加值。发送到第三经济体的国内增加值是指出口到伙伴经济体的中间产品或服务中所包含的国内增加值，这些产品或服务再出口到第三经济体，体现在其他产品中。这说明了全球价值链之间发生的多种增值交换，并对应于全球价值链的前瞻性参与。

通常情况下，一国的创新能力可大致衡量该国参与全球价值链的效率。根据欧洲创新记分牌（European Innovation Scoreboard）的研究[1]，中东欧地区的创新能力普遍不高且差异较大，按照创新记分牌的分类，中东欧国家主要集中在"强大创新者"、"适度创新者"和"温和创新者"三类，无一国属于"创新领导者"。其中，捷克、爱沙尼亚、斯洛文尼亚属于"强大创新者"，"适度创新者"包括匈牙利和斯洛伐克，大部分的中东欧国家属于"温和创新者"，包括罗马尼亚、保加利亚、波兰、克罗地亚、拉脱维亚和希腊（见表1-11）。

表1-11 2011—2017年平均创新实力国家分类

类别	创新领导者	强大创新者	适度创新者	温和创新者
国家	比利时、卢森堡、德国、荷兰、芬兰、丹麦、瑞典	捷克、爱沙尼亚、斯洛文尼亚、法国、爱尔兰、奥地利、英国	匈牙利、斯洛伐克、马耳他、意大利、西班牙、塞浦路斯、葡萄牙	罗马尼亚、保加利亚、波兰、克罗地亚、拉脱维亚、立陶宛、希腊

资料来源：Bezpartochnyi。[2]

然而，若希望升级成为"适度创新者"，中东欧国家面临着多重挑战。例如，保加利亚虽然拥有良好的知识产权保护、稳定的劳动力市场以及快速发展的企业，但是在创新资金支持、具有吸引力的研发体系等方面的指标评估较为薄弱。同属于"温和创新者"的罗马尼亚虽然在宽带互联网普及率和中、高科技商品出口方面接近欧盟平均水平，但是在中小企业创新能力方面却表现不佳。

整体来看，2021年欧洲的创新能力开始逐渐恢复，欧洲专利局统计数据显示，2021年欧洲专利局接受的专利申请数量创下新纪录，为18.86万件，同比增长4.5%（见图1-18）。按提交专利申请的来源国来看（见图1-19），45%的申请是来自欧洲，其中德国、法国和瑞士提交的专利数量位居前列，来自美国的申请大约占25%，之后依次为日本（11%）、其他国家和地区（11%）及中国（9%）。

与之对比，中东欧国家向欧洲专利局提出的申请数量普遍偏低。根据专利合作条约2021年年度审查报告[3]，2019年保加利亚、罗马尼亚和波兰分别提交

---

[1] Onea, I. A. Innovation Indicators and the Innovation Process – evidence from the European Innovation Scoreboard. Management & Marketing, 2020, 15 (4): 605–620.

[2] Bezpartochnyi, M. (Ed.). Organizational – economic Mechanisms of Management Innovative Development of Economic Entities. Higher School of Social and Economic, 2019.

[3] 更多信息请参考：https://www.wipo.int/publications/en/details.jsp?id=4548。

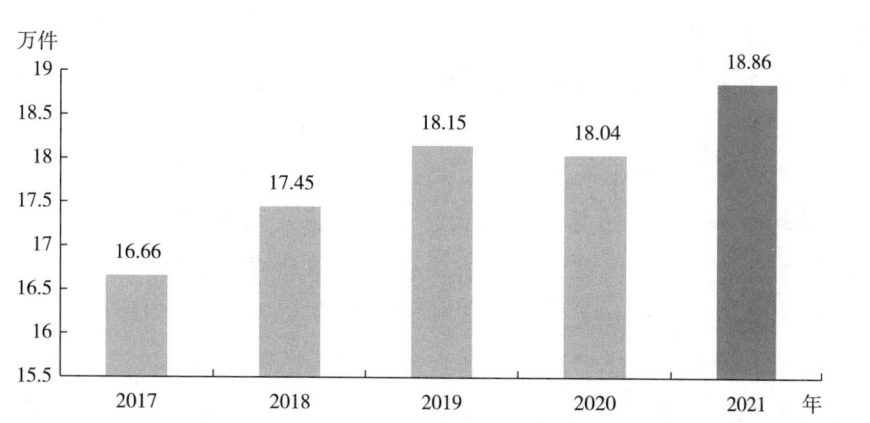

图 1-18　2017—2021 年欧洲专利申请数量发展趋势

（资料来源：欧洲专利局）

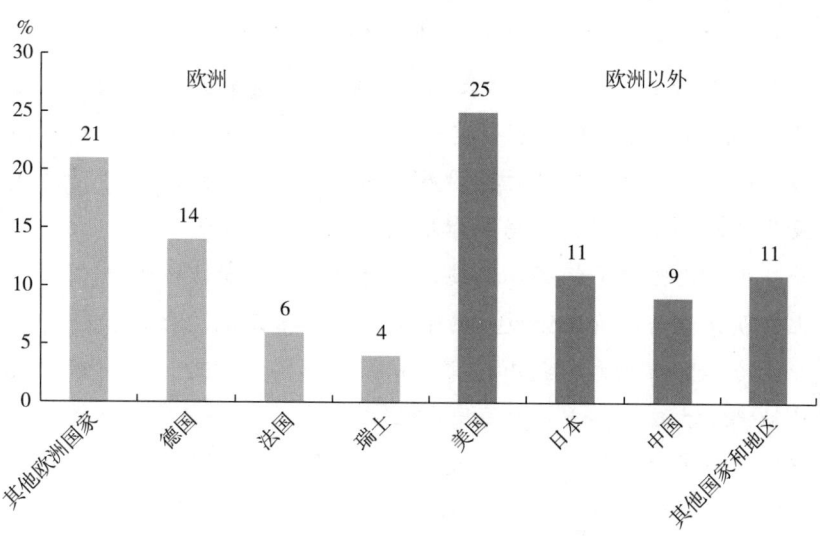

图 1-19　2021 年欧洲专利局专利申请的来源国或地区

（资料来源：欧洲专利局）

了34件、35件和202件申请,然而,受新冠肺炎疫情的冲击,2020年除了保加利亚（43件）有所提高以外,罗马尼亚（32件）和波兰（196件）所提交的专利数量均在下降。

三、新冠肺炎疫情危机促使全球价值链政策重新定位

新冠肺炎疫情大流行对中东欧国家的企业,特别是中小型企业生产链在组织、管理和运营方面造成了巨大的冲击。例如,由于中间产品和服务供应链的中断,位于保加利亚和罗马尼亚的汽车制造、计算机、电子产品的生产链严重受限，多个行业均面临着因订单冻结而引发的产量下降的挑战。鉴于新冠肺炎疫情对全球价值链活动产生的负面影响，我们显然有必要重新定义全球价值链在全球经济中的作用。此次危机凸显了全球价值链作为一个复杂结构的脆弱性以及生产过程全球碎片化的风险。因为，即使疫情在欧洲以外的国家暴发，若这些国家是全球价值链的重要参与国，由于供应延迟和/或暂停，欧洲生产商生产流程同样会受阻。这些风险正在迫使欧洲重新考虑重组经济和工业活动，减少全球价值链的长度和复杂性，实现部分贸易流动的区域化，并限制企业向第三国转移，其目的是能够更好地在未来抵御极端事件并实现可持续发展。值得注意的是，2022年2月爆发的俄乌冲突又将进一步加速这一过程，其中，西巴尔干地区有望获得欧盟工业大国更多的"近岸"①（near-shoring）业务。例如，德国GS-TMT公司已在波斯尼亚中部城镇特拉夫尼克（Travnik）新建了一家工厂，以满足德国和奥地利买家对其机械部件和电动自行车日益增长的需求。该工厂拥有462名员工，在2020年疫情期间收入下降了16%，但2021年增长了32%，预计2022年将再增长42%，收入超过6000万波斯尼亚马克（约3240万美元）；其收入增长的一个重要原因便是承接了部分原本在中国加工生产的业务。此外，最近一项针对德国雇主的调查显示，由于低劳动力成本和税收，以及优越的地理位置，包括阿尔巴尼亚、波斯尼亚、黑山、北马其顿、塞尔维亚等在内的西巴尔干经济体已成为其新的理想投资目的地。②

综上，欧洲对全球价值链政策的重新定位对中东欧地区的全球价值链扩大以及工业生产和贸易能力的提高均有着积极的影响。此外，若中东欧国家自身也积极地协调公共政策，重建投资者信心并维持良好的投资生态系统，在一定程度上能够进一步助力该地区更有效率地参与全球价值链。

---

① "近岸"是指与地域上离本国更近的企业，而不是与远在数千英里以外的企业建立伙伴关系。
② 中欧陆家嘴国际金融研究院、中东欧经济研究所，《中东欧视界》，2022（5）。

第二章　中东欧地区经济前景展望

第一节　全球宏观环境展望

在2021年和2022年交接之际，新的奥密克戎变异毒株在全球迅速扩散，各国重新采取限制人员流动的措施，导致全球经济复苏进程再次受阻，经济前景明显弱于预期。国际货币基金组织（IMF）2022年1月预测，全球经济增速将从2021年的5.9%下降至2022年的4.4%①，与2021年10月的《世界经济展望》（*World Economic Outlook*）相比，2022年的增速预测值被下调了0.5个百分点，这主要是因为全球两个最大经济体的增速预期有所下降。一方面，美国经济增速预期被下调了1.2个百分点，其原因包括：（1）IMF对美国基线预测的假设进行了修订，即从中剔除了"重建美好未来"法案的一揽子财政政策措施；（2）美联储更早地退出宽松货币政策；（3）供给短缺问题持续存在。另一方面，由于疫情持续影响中国国内消费，以及房地产行业不断扩大的流动性危机对市场的干扰，IMF将中国的增速预期从此前的5.6%下调至4.8%②。另外，IMF还预测全球2023年增速将放缓至3.8%③。该预测值较2021年10月要高出0.2个百分点，其主要原因是IMF假设大多数国家的疫苗接种率普遍提高、治疗方案更为有效，健康形势有了显著的好转，这些使得此前各种抑制增长的因素在逐渐消退。2021年的全球供应链危机和能源价格走高已延续至2022年，在此背景下，通胀的上升幅

---

① 这两个值为IMF在2022年1月对2021年和2022年全球经济增速的修订值，2022年4月，IMF将上述两值再次分别修订为6.1%和3.6%（见表2-1）。

② 该值为IMF在2022年1月对2021年中国经济增速的修订值，2022年4月，IMF将该值再次修订为4.4%（见表2-1）。

③ 该值为IMF在2022年1月对2023年全球经济增速的修订值，2022年4月，IMF将该值再次修订为3.6%（见表2-1）。

度和波及范围均超出了预期。2022年1月，IMF预测全球供需失衡在2022年有望得到缓解，加之在主要经济体货币政策的支持下，若通胀预期能继续得到较好的锚定，通胀应逐渐回落。[①]

然而，2022年2月24日爆发的俄乌冲突给原本就十分脆弱的全球增长前景带来极大的冲击，主要体现在以下三个方面。第一，俄罗斯和乌克兰是大宗商品的主要生产国，而大宗商品的生产扰动已导致全球物价大幅上升，尤其是小麦（乌克兰和俄罗斯两国合计占全球小麦出口的30%）、石油和天然气价格。与此同时，持续上升的通胀将使得收入贬值并进而影响消费需求。第二，除全球溢出效应外，与俄乌两国在贸易、旅游、金融领域拥有直接敞口的国家将承受更多的额外压力，例如欧洲的大部分国家；由于俄罗斯是欧洲天然气进口的重要来源国，能源是俄乌冲突对欧洲的主要风险溢出渠道；与乌克兰接壤的大部分中东欧国家（波兰、捷克、斯洛伐克、匈牙利、罗马尼亚等）恐将面临更大范围的供应链扰动、融资成本上升和难民激增的多重挑战，联合国数据显示，截至2022年4月中旬该地区已接收逃离乌克兰的300万人中的绝大部分。第三，企业信心下降和投资者不确定性增加，这将对资产价格构成压力，导致融资环境趋紧，并可能刺激新兴市场的资本流出。长期来看，IMF认为，若能源贸易发生变化、供应链被重塑、支付网络继续割裂、各国重新考虑所持有的储备货币，此次战争冲突可能会从根本上改变全球经济和地缘政治秩序，这又将进一步增加了经济逆全球化的风险，尤其是在贸易和科技层面。[②]

鉴于全球宏观经济环境自2月以来显著恶化，2022年4月[③]，IMF几乎将全球所有主要地区和国家未来两年的经济增长预期再次向下调整。相比2022年1月的《世界经济展望》的预测值，2022年和2023年全球经济增速预期均被下调至3.6%，分别下降了0.9个和0.3个百分点。由于俄罗斯与欧洲在能源、贸易、金融等领域有不同程度的紧密联系，欧洲受俄乌冲突影响最大，其中又以中东欧—欧盟地区最为明显。据IMF预测，2022年中东欧—欧盟地区GDP平均增速从2021年10月4.9%的预期下降至2022年4月2.6%的预期，降幅为2.3个百分点；与之对比，欧洲发达地区（如欧元区）2022年的经济增长预期降幅相对较小（1.5个百分点），其GDP增速有望达到2.8%。这显然有悖于我们所观察到的历史趋势，即中东欧地区的GDP增速通常要高于欧洲经济发达地区（见表2-1）。

---

① IMF. World Economic Outlook: Rising Caseloads, a Disrupted Recouvery and Higher Inflation. January 2022.
② Alfred Kammer, Jihad Azour, Abebe Aemro Selassie, Ilan Goldfajn and Changyong Rhee. How War in Ukraine is Reverberating Across World's Regions. March 2022.
③ IMF. Regional Economic Outlook Europe: War Sets Back the Global Recovery. April 2022.

第二章 中东欧地区经济前景展望

表 2-1   2021—2023 年中东欧和全球主要地区/国家 GDP 增速预测

地区/国家	2022 年 4 月 IMF 修订值（%）	2021 年 10 月 IMF 预测值（%）	2022 年 4 月 IMF 预测值（%）		2022 年 4 月与 2021 年 10 月预测值之间的差距（百分点）
	2021 年	2022 年	2022 年	2023 年	2022 年
维谢格拉德地区	4.8	5.0	3.1	3.9	-1.9
波罗的海地区	6.5	4.7	0.6	2.3	-4.1
东南欧地区	7.4	4.8	3.1	3.5	-1.7
西巴尔干地区	7.6	3.9	3.0	3.2	-0.9
中东欧—欧盟地区	6.3	4.9	2.6	3.4	-2.3
中东欧地区	6.7	4.6	2.7	3.4	-1.8
欧洲 15 国	6.0	4.1	3.0	2.3	-1.1
欧盟	5.4	4.4	2.7	2.4	-1.7
欧元区	5.3	4.3	2.8	2.3	-1.5
新兴市场和发展中经济体	6.8	5.1	3.8	4.4	-1.3
亚洲新兴市场和发展中经济体	7.3	6.3	5.4	5.6	-0.9
中国	8.1	5.6	4.4	5.1	-1.2
印度	8.9	8.5	8.2	6.9	-0.3
东盟 5 国	3.4	5.8	5.3	5.9	-0.5
欧洲新兴市场和发展中经济体	6.7	3.6	-2.9	1.3	-6.5
俄罗斯	4.7	2.9	-8.5	-2.3	-11.4
全球发达经济体	5.2	4.5	3.3	2.4	-1.2
全球	6.1	4.9	3.6	3.6	-1.3

注：1. 《中东欧经济研究报告 2020—2021》中关于 2021 年 GDP 增长率的统计数据为预估值，本报告中为 2022 年 4 月 IMF 修订后的最终值。

2. "欧洲 15 国"包括奥地利、比利时、丹麦、芬兰、法国、德国、希腊、爱尔兰、意大利、卢森堡、荷兰、葡萄牙、西班牙、瑞典以及英国。

3. "欧元区"包括奥地利、比利时、塞浦路斯、爱沙尼亚、芬兰、法国、德国、希腊、爱尔兰、意大利、拉脱维亚、立陶宛、卢森堡、马耳他、荷兰、葡萄牙、斯洛伐克、斯洛文尼亚和西班牙。这 19 个国家将欧元作为其通用货币。

资料来源：国际货币基金组织。

我们再来关注常用于判断宏观经济环境发展形势的重要先行指标之一——采购经理人指数（Purchasing Manager's Index，PMI）的变化趋势。根据埃信华迈（IHS Markit）发布的全球综合 PMI 指数和欧元区综合 PMI 指数走势，我们观察到以下几个发展趋势：第一，进入2021年之后，全球和欧元区制造业与服务业活动基本处于扩张周期；综合来看，虽然欧元区经济活动开始扩张的迹象要晚于全球，但是其复苏和扩张的程度却更大，主要表现在，欧元区综合PMI指数从2021年1月的47.8连续7个月上升至2021年7月的60.2，为近3年的最高值，实现了25.9%的增幅。第二，在过去的一年中，全球和欧元区的经济活动显示出了一定的韧性，一方面，虽然在2021年底奥密克戎变异株和亚型株的快速扩散进一步加剧了全球供应链紧张，但从12月全球PMI供应商交货时间指数（Global PMI Suppliers'Delivery Times Index）来看，全球和欧元区的综合PMI指数仅出现了自2021年3月以来的最小程度的恶化，而运输成本指数较9月和10月的峰值也仅是略有下降①；另一方面，2022年2月底俄乌冲突爆发之后，尽管欧洲和全球的经济和社会活动均受到了极大的冲击，但全球和欧元区综合PMI指数仍然保持在枯荣线50以上，特别是欧元区经济还有温和扩张之趋势，表现为其综合PMI指数从2022年3月的54.9上升至4月的55.8（见图2-1分图1）。第三，在2022年初，欧元区出现了"双速"经济的迹象，即服务业活动加速增长，而制造业增长却在放缓，由此形成了鲜明的对比（见图2-1分图2）；出现上述趋势的主要原因是，欧元区制造业复苏早于服务业，而目前制造业已处于扩张周期增速最慢的时间节点，与此同时，服务业企业的业务活动却处于增速最高的时间节点。②

整体来看，尽管面对俄乌冲突，欧元区经济仍展现出较强的韧性，这主要得益于2022年初欧洲大部分国家疫情防控措施的持续放松，推动了服务业活动的强劲反弹，从而带动欧元区经济活动的持续扩张。然而，短期来看，欧元区经济面临的下行风险已经开始显现。首先，欧元区经济活动整体产出在增长的同时，其成本也在进一步飙升，导致其商品和服务的平均价格屡屡创下新高；其次，俄乌冲突以及新一轮的供应链危机给德国制造业带来了较大的冲击，作为欧元区经济增长的"引擎"，德国总产出的下降势必将拖累欧元区经济复苏的进程；最后，随着2022年初欧元区经济复苏动能的逐渐消退，考虑到居民消费能力受通货膨胀的侵蚀，导致其生活成本压力的进一步加剧，欧元区服务业很可能将无法维持目前的扩张趋势。③

欧洲地区经济增长并不乐观的前景同样可以通过另外三个前瞻性指标来分析。一是欧盟经济景气指数（European Union Economic Sentiment Indicator，ESI），正如《中东欧经济研究报告2020—2021》所介绍的，该指数是欧盟委员会每月根

---

① European Commission. European Economic Forecast Winter 2022. Institutional Paper 169, February 2022.
② S&P Global. S&P Global Eurozone Composite PMI. Market Sensitive Information, May 2022.
③ S&P Global. S&P Global Eurozone Composite PMI. Market Sensitive Information, May 2022.

第二章 中东欧地区经济前景展望

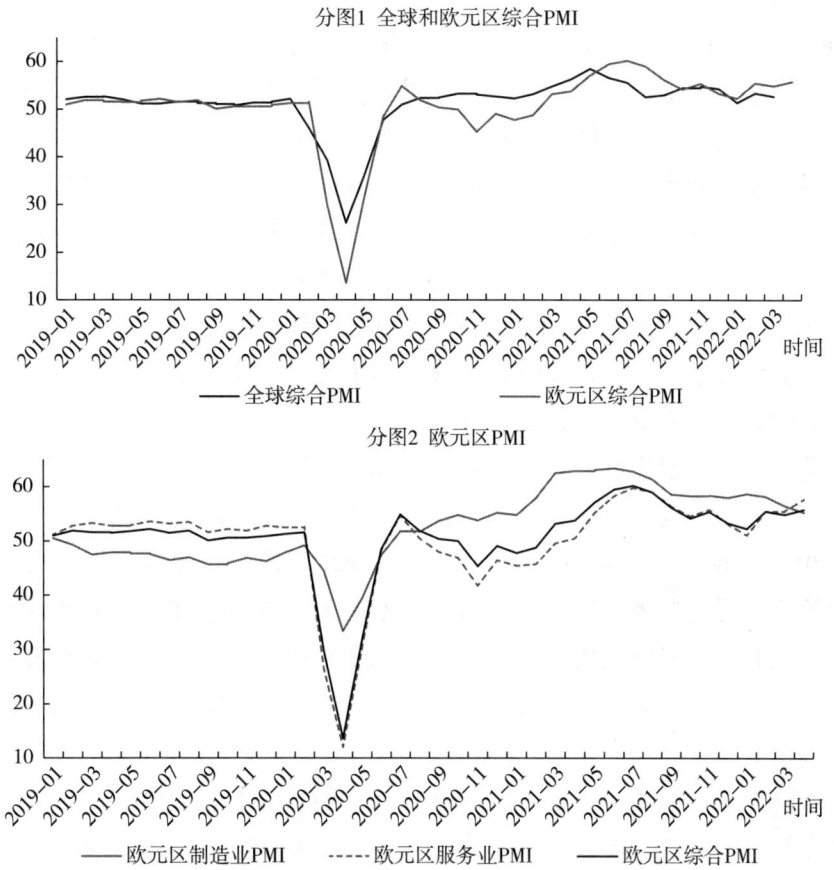

注：1. 综合 PMI 指数是衡量制造业和服务业活动水平的总体指标。这一系列指数，包括制造业 PMI 指数和服务业 PMI 指数，均是在 2007—2009 年国际金融危机之后开始编制的。

2. PMI 指数以 50 作为经济强弱的分界点：当指数高于 50 时，则被解释为经济较上月有扩张的迹象；当指数低于 50 时，则表明经济较上月有衰退的可能；当指数等于 50 时，说明经济较上月没有变化。

图 2-1　2019 年 1 月至 2022 年 4 月全球和欧元区 PMI 指数变化趋势

（资料来源：埃信华迈）

据 5 个市场信心指数加权计算所得[①]，这 5 个市场信心指数分别为工业信心指数（Industrial Confidence Indicator，40%）、服务业信心指数（Service Confidence Indicator，30%）、消费者信心指数（Consumer Confidence Indicator，20%）、零售

---

① 经济景气指数的 5 个组成部分均是根据主要行业代表问卷调查分析计算所得。欧元区抽样规模约为 5.5 万家公司，代表欧元区制造业的所有部门，以及欧元区 2.4 万个家庭。调查中所选取的一国公司和家庭数量是根据该国对欧元区经济所做的贡献而设定。针对公司的问卷调查内容主要包括订单数量、生产产出、库存和消费活动，并提供未来 3 个月的展望；针对家庭的问卷调查内容主要包括个人财务状况、储蓄可能性、就业情况等。

贸易信心指数（Retail Trade Confidence Indicator，5%）和建筑业信心指数（Construction Confidence Indicator，5%）。基于此，欧盟经济景气指数可用于评估欧盟和欧元区当前的经济情况并预测未来的发展前景。经济景气指数增长，表明无论工业层面还是消费者层面的情况均有积极改善；反之亦然。

二是就业预期指数（The Employment Expectations Indicators，EEI），该指标是由欧盟委员会编制的一个综合指数，主要反映的是被抽样调查工业、服务业、零售贸易业和建筑业四个商业部门经理人的雇用计划，可视为欧盟和欧元区劳动力市场的前瞻性指标。经过标准化之后，就业预期指数的长期均值为100。因此，当某月指数值大于100时，表明以历史标准来看，被调查地区经理人对就业的预期是看高的；而低于100时，则相反。

三是经济不确定指数（Economic Uncertainty Indicator，EUI），自2021年5月，欧盟委员会在其月度欧盟企业与消费者联合协调调查计划（EU Programme of Business and Consumer Surveys，BCS）中嵌入一种新的，关于经济发展不确定性的衡量指标，旨在帮助欧盟政策制定者对经济不确定性进行监测。这项新的调查问卷要求经理人和消费者分别说明他们在预测未来企业经营状况和家庭财务状况时的困难程度，以此来"补充"欧盟现有的关于"信心"的指标，如上文介绍的欧盟经济景气指数。

根据欧盟委员会2022年5月发布的问卷调查结果，自2022年2月，欧盟和欧元区经济景气指数已连续两月下降，其中，欧盟下降幅度略高于欧元区，其经济景气指数从2022年2月的113.6下降至4月的104.6，降幅为7.9%（见图2-2分图1）。从组成经济景气指数的5个市场信心指数来看，欧盟4月景气指数的下降主要是由于工业、消费者、零售贸易和建筑业信心的进一步恶化，而服务业信心仍然保持在相对稳定的水平，这与此前我们对欧元区PMI指数走势分析得出的结论基本一致（见图2-2分图2）。

欧盟和欧元区的就业预期指数在2022年2—4月同样连续两月下降，其中，欧元区下降幅度略高于欧盟，从2月的116.7下降至4月的112.3，降幅为3.8%，导致其进一步下降的原因是，欧盟委员会问卷调查收集到的关于未来3个月的就业计划将在工业、服务业、零售贸易业以及建筑业再度恶化（见图2-3）。[①]

从欧盟主要经济体来看，自2022年2月，西班牙经济景气指数便显著下降，从2月的111.7下降11.5点至4月的100.2，法国降幅较西班牙略小，两月下降

---

① European Commission. Business and Consumer Survey Results for April 2022. May 2022.

第二章 中东欧地区经济前景展望

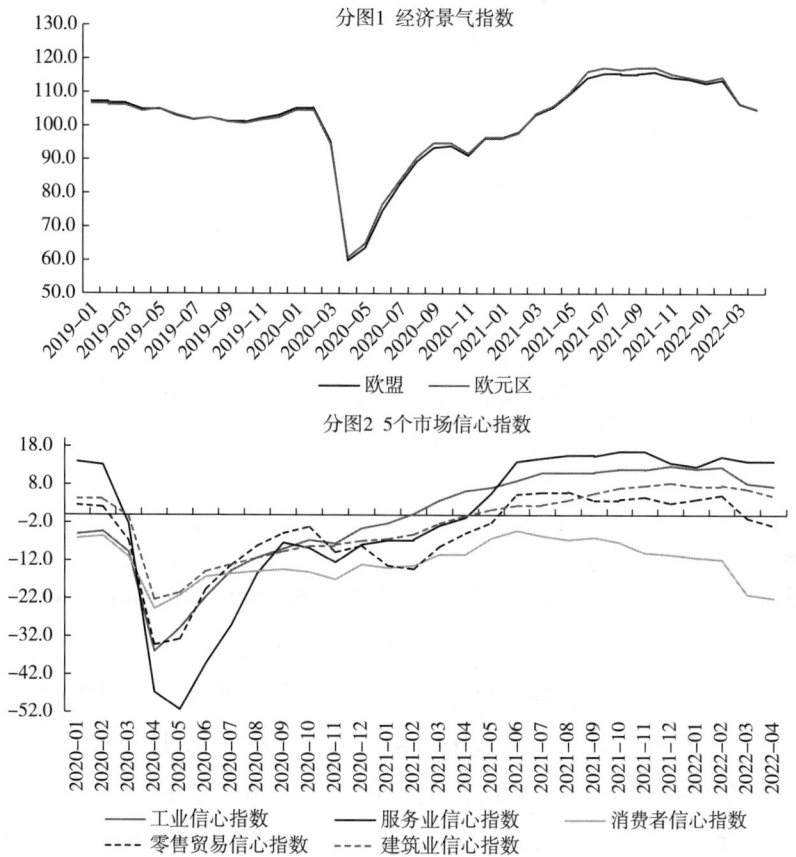

注：经济景气指数的长期（2000—2021年）均值为100。

图 2-2 2019 年 1 月至 2022 年 4 月欧盟和欧元区经济景气指数及其 5 个市场信心指数变化趋势

（资料来源：欧盟委员会）

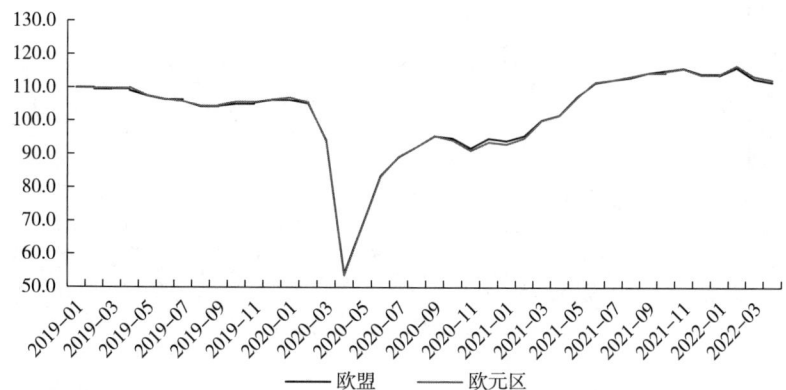

注：就业预期指数的长期（2000—2021年）均值为100。

图 2-3 2019 年 1 月至 2022 年 4 月欧盟和欧元区就业预期指数变化趋势

（资料来源：欧盟委员会）

41

了 10.2 点；与两国相比，德国和荷兰 4 月的信心指数与 3 月基本保持一致，而意大利较 3 月还有所改善（见图 2-4）。

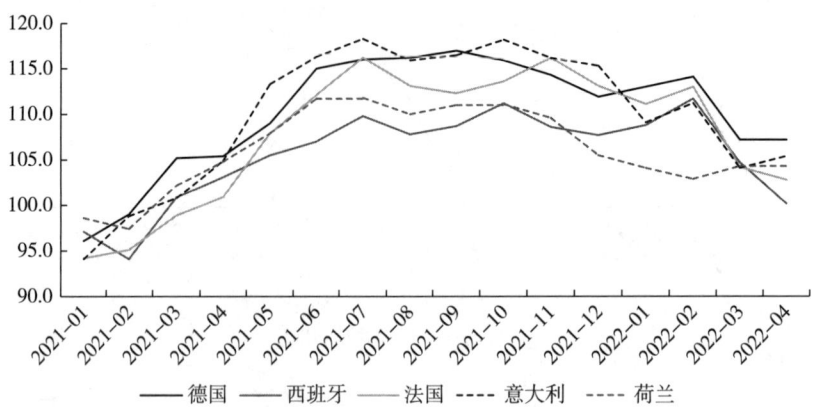

注：经济景气指数的长期（2000—2021 年）均值为 100。

图 2-4　2021 年 1 月至 2022 年 4 月欧盟主要经济体经济景气指数变化趋势

（资料来源：欧盟委员会）

最后，我们再来观察欧盟和欧元区的经济不确定指数（见图 2-5），2022 年初，欧盟经济不确定指数整体呈现上升的趋势，即使在 4 月（25.3）略有下降，但较其近 10 个月的最低点（13.1），仍然高出 12.2 个点，这主要是由建筑业不确定性的急剧上涨而导致的。截至 2022 年 4 月末，欧盟建筑业不确定指数已达到自 2020 年 5 月以来的最高水平。

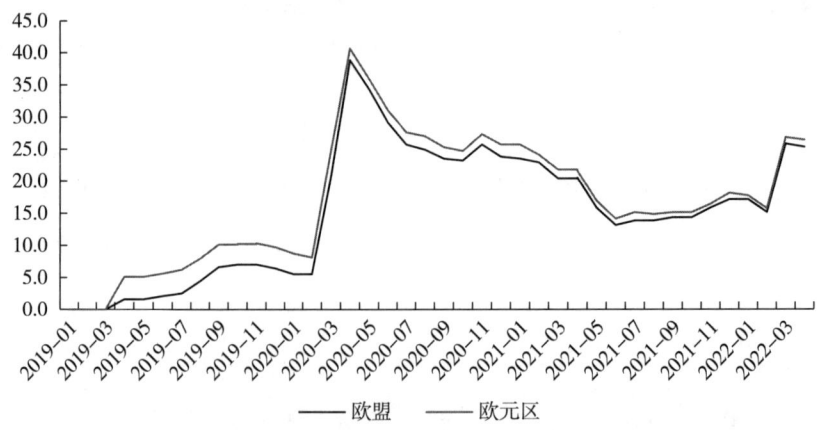

注：基于数据可获得性，欧盟委员会暂且计算了自 2019 年 4 月起的欧盟和欧元区的经济不确定指数值。

图 2-5　2019 年 1 月至 2022 年 4 月欧盟和欧元区经济不确定指数变化趋势

（资料来源：欧盟委员会）

综合以上三个欧盟和欧元区经济先行指标的走势来看，欧洲地区经济增长势头在2022年将明显放缓。事实上，在俄乌冲突爆发之际，欧盟经济仍未走出新冠肺炎疫情大流行的阴霾，其私人消费和投资水平仍低于疫情前的长期水平。俄乌局势导致欧元区经济活动前景变得非常不确定，主要影响渠道包括贸易、大宗商品价格和市场信心。尽管欧元区与俄罗斯之间的直接贸易规模有限，但是对俄罗斯的经济制裁以及俄罗斯本身的经济拖累在一定程度上仍然将在短期内抑制欧元区的对外需求。① 俄乌冲突引发大宗商品和能源价格的飙升，在此基础上叠加全球供应链危机，欧元区通胀一次又一次地被推向历史新高，持续上升的通货膨胀率将严重侵蚀欧元区的实际收入和利润，外加对未来的高度不确定性以及负面信心效应，意味着欧元区内部需求疲软，这在短期内将大大地削弱欧盟的私人消费以及投资活动。②

第二节　中东欧地区经济短期展望

正如第一章提及，在经历了2020年经济下滑后，随着中东欧国家各领域经济活动逐渐适应了后疫情时代，该地区经济在2021年大幅反弹。根据IMF的统计数据，中东欧地区2021年经济平均增速达6.7%，分别高出欧盟（5.4%）和欧元区（5.3%）1.3个和1.4个百分点。然而，2021年的积极趋势在2022年2月底俄乌冲突爆发之后便戛然而止，这给尚未完全摆脱新冠肺炎疫情的复苏进程再次蒙上了阴影。由于大部分中东欧国家与发生冲突的地区直接接壤，它们在贸易、投资、供应链、能源以及难民流动方面会遭受比欧盟发达国家更大的冲击，基于此，2022年中东欧地区整体所面临的经济下行风险要高于欧盟和欧元区。这一点同样可以从IMF最新发布的《世界经济展望》报告中证实，2021年10月，IMF对中东欧—欧盟地区2022年经济增速预测值（4.9%）要略高于欧元区的增速（4.3%），然而，经过2022年4月IMF的重新评估，中东欧—欧盟地区经济的增速被下调了2.3个百分点至2.6%，而欧元区仅被下调了1.5个百分点，使其2022年GDP增速预测（2.8%）反超中东欧—欧盟地区GDP增速0.2个百分点（见表2-2）。

---

① European Central Bank. Macroeconomic Projections, March 2022. 更多信息请参考：https://www.ecb.europa.eu/pub/projections/html/ecb.projections202203_ecbstaff~44f998dfd7.en.html。

② European Commission. Business and Consumer Survey Results for April 2022. May 2022.

表2-2　　　　　2021—2023年中东欧国家GDP增速预测　　　　　单位：%

国别/地区	2022年4月IMF修订值	2021年10月IMF预测值	2022年4月IMF预测值	
	2021年	2022年	2022年	2023年
波兰	5.7	5.1	3.7	2.9
匈牙利	7.1	5.1	3.7	3.6
捷克	3.3	4.5	2.3	4.2
斯洛伐克	3.0	5.2	2.6	5.0
爱沙尼亚	8.3	4.2	0.2	2.2
拉脱维亚	4.7	5.2	1.0	2.4
希腊	8.3	4.6	3.5	2.6
罗马尼亚	5.9	4.8	2.2	3.4
保加利亚	4.2	4.4	3.2	4.5
克罗地亚	10.4	5.8	2.7	4.0
斯洛文尼亚	8.1	4.6	3.7	3.0
阿尔巴尼亚	8.5	4.5	2.0	2.8
波黑	5.8	0.5	2.4	2.3
塞尔维亚	7.4	4.5	3.5	4.0
黑山	12.4	5.6	3.8	4.2
北马其顿	4.0	4.2	3.2	2.7
维谢格拉德地区	4.8	5.0	3.1	3.9
波罗的海地区	6.5	4.7	0.6	2.3
东南欧地区	7.4	4.8	3.1	3.5
西巴尔干地区	7.6	3.9	3.0	3.2
中东欧—欧盟地区	6.3	4.9	2.6	3.4
中东欧地区	6.7	4.6	2.7	3.4
欧元区	5.3	4.3	2.8	2.3
欧盟	5.4	4.4	2.7	2.4

注：《中东欧经济研究报告2020—2021》中关于2021年GDP增长率的统计数据为预估值，本报告中为2022年4月IMF修订后的最终值。

资料来源：国际货币基金组织。

从中东欧4个次区域以及国别来看，2022年4月IMF对西巴尔干地区经济增速的修订程度最小，特别是波黑，IMF甚至将其GDP增速预期向上修订了1.9个百分点，为中东欧地区唯一一个正向修订的国家；其余4个西巴尔干国家2022年的经济预期较此前变化不大，平均向下修订1.6个百分点；鉴于波罗的海地区与俄罗斯在非能源领域的商品贸易有较为紧密的联系,俄乌冲突同样给该地区国家带来较为沉重的压力,经济增长前景不容乐观,对此,IMF 将拉脱维亚和爱沙尼亚 2022 年的增长预期分别向下调整了 4.2 个和 4 个百分点至 1% 和 0.2%,为中东欧地区向下修正幅度最大的两国;维谢格拉德地区和东南欧地区国家 2022 年经济增速预期均低于 2021 年 10 月的预测值,平均向下修正的程度分别为 1.9 个和 1.7 个百分点(见图 2-6)。

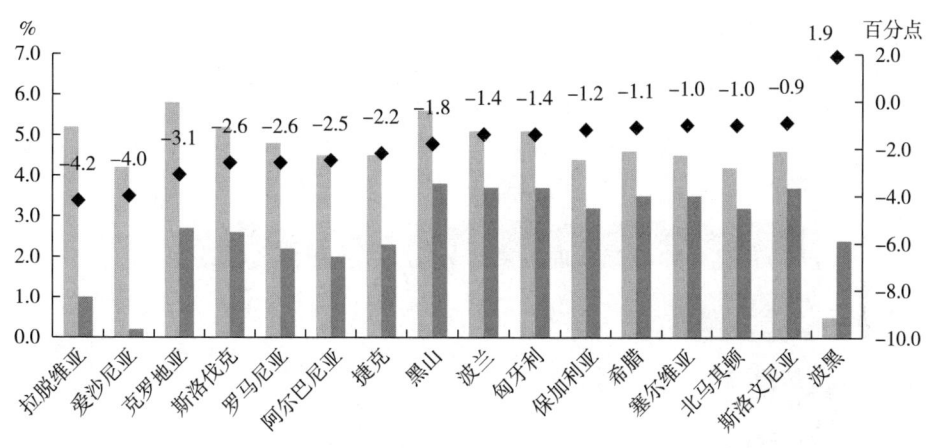

图 2-6 2022 年中东欧国家 GDP 增速预测值修订程度

(资料来源:国际货币基金组织)

2022 年中东欧地区所面临的下行风险主要来自以下几个渠道。首先,俄乌冲突导致难民激增,大规模难民涌入接壤的中东欧国家,包括波兰、捷克、斯洛伐克、匈牙利、罗马尼亚等国,给上述国家和地区的社会和经济均带来了一定程度的压力。IMF 统计数据显示,自俄乌冲突爆发以来,截至 2022 年 4 月中旬,约 500 万难民离开了乌克兰,流入欧洲的难民人数已超过了 2015—2016 年流入的叙利亚难民数。对此,欧盟成员国一致赞同为因战争而流离失所的人提供一系列援助措施,包括启动至少一年的"临时保护指令"、提供难民居住证、帮助难民再培训以进入本国的劳动力市场以及提供维持日常生活的经济和社会支持(见图 2-7)。①

其次,俄乌冲突极大地干扰了大宗商品和能源市场的稳定性,加剧了中东欧地区的通胀压力。鉴于俄罗斯和乌克兰在全球大宗商品市场的重要性,战争导致

---

① IMF. War Sets Back the European Recouvery. Regional Economic Outlook Europe, April 2022.

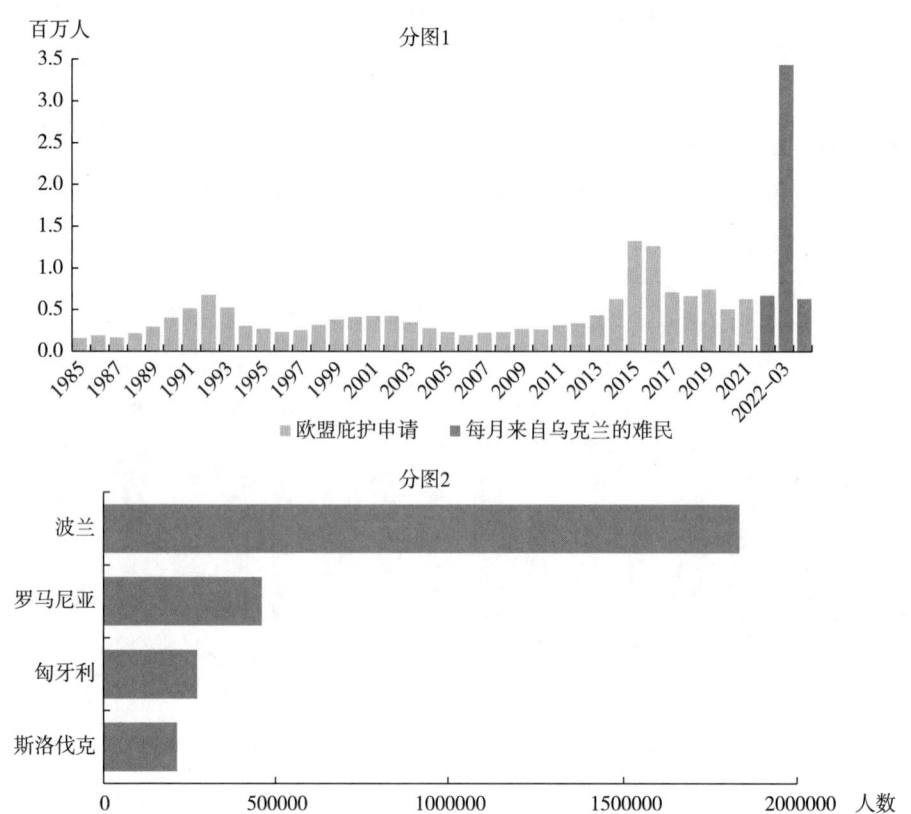

注：分图1中黑色柱体由左到右分别代表2022年2月、3月和4月，具体时间区间为2022年2月24日至2022年4月11日；分图2中数据统计时间区间为2022年2月24日至3月15日。

图2-7 2022年流入欧洲的难民人数急剧上升

（资料来源：国际货币基金组织、经合组织①）

石油、天然气、小麦、镍和钯等商品价格的大幅上涨。② 截至2022年4月末，上述商品价格已达到了自2008年国际金融危机以来的最高水平，这将不同程度地加剧欧洲地区的通胀压力，其中，中东欧国家是冲突地区以外所受冲击最大的地区。③ 如表2-3所示，俄乌冲突爆发之后，IMF将欧元区和欧盟2022年的通胀率分别从此前预测的3.0%和3.4%上调至5.3%和5.8%，分别上浮了2.3个和2.4

---

① OECD. Interim Report—Economic and Social Impacts and Policy Implications of the War in Ukraine. OECD Economic Outlook, March 2022.
② 值得特别注意的是，欧洲的天然气价格已触及其新的历史高点，这将会对严重依赖俄罗斯天然气进口的国家带来较大冲击，如德国、意大利、捷克、匈牙利、斯洛伐克；高企的金属价格在短期内将抑制部分高度融入全球价值链的行业，从而拖累这些价值链上的国家经济增长，如捷克和斯洛伐克的汽车制造业；在非能源领域，商品贸易的中断同样将给俄罗斯和乌克兰在中东欧地区的主要贸易伙伴国带来沉重的压力，如波罗的海地区。
③ IMF. War Sets Back the European Recouvery. Regional Economic Outlook Europe, April 2022.

个百分点，对比中东欧地区，其通胀率被上调了4个百分点至8.1%；再从国别来看，与冲突地区保持较为紧密经济往来活动的中东欧国家通胀压力尤为突出，如爱沙尼亚（11.9%）、保加利亚（11%）、匈牙利（10.3%）和拉脱维亚（10%）4国2022年通货膨胀率均达到或超过10%（见图2-8）。

表2-3 2021—2024年中东欧和全球主要地区/国家通货膨胀率预测值

国别/地区	2022年4月 IMF修订值（%）				2022年1月 IMF预测值（%）			2022年4月与2022年1月预测值之间的差距（百分点）	
	2021年	2022年	2023年	2024年	2022年	2023年	2024年	2022年	2023年
波兰	5.1	8.9	10.3	3.9	8.3	4.3	3.1	0.6	6.0
匈牙利	5.1	10.3	6.4	4.0	3.6	3.3	3.0	6.7	3.1
捷克	3.8	9.0	2.3	2.0	5.7	2.3	2.0	3.3	0.0
斯洛伐克	2.8	8.4	4.1	2.0	4.4	2.2	2.0	4.0	1.9
爱沙尼亚	4.5	11.9	4.6	2.5	9.2	2.7	2.1	2.7	1.9
拉脱维亚	3.2	10.0	3.9	3.1	6.3	3.1	2.1	3.7	0.8
希腊	0.6	4.5	1.3	1.6	1.8	1.3	1.6	2.7	0.0
罗马尼亚	5.0	9.3	4.0	3.0	3.4	3.0	2.6	5.9	1.0
保加利亚	2.8	11.0	3.3	1.3	5.9	2.0	2.0	5.1	1.3
克罗地亚	2.6	5.9	2.7	2.0	2.0	2.1	2.0	3.9	0.6
斯洛文尼亚	1.9	6.7	5.1	3.9	3.9	2.9	2.2	2.8	2.2
阿尔巴尼亚	2.0	5.5	3.7	3.0	2.4	2.5	2.7	3.1	1.2
波黑	2.0	6.5	3.0	2.3	1.8	1.7	1.8	4.7	1.3
塞尔维亚	4.1	7.7	4.7	3.7	2.7	2.5	2.6	5.0	2.2
黑山	2.4	6.8	3.8	2.3	1.5	1.4	1.5	5.3	2.4
北马其顿	3.2	6.9	3.6	1.9	2.2	1.5	1.8	4.7	2.1
维谢格拉德地区	4.20	9.15	5.78	2.98	5.50	3.03	2.53	3.7	2.8
波罗的海地区	3.9	11.0	4.3	2.8	7.8	2.9	2.1	3.2	1.4
东南欧地区	2.6	7.5	3.3	2.4	3.4	2.3	2.1	4.1	1.0
西巴尔干地区	2.7	6.7	3.8	2.6	2.1	1.9	2.1	4.6	1.8
中东欧—欧盟地区	3.4	8.7	4.4	2.7	5.0	2.7	2.2	3.8	1.7
中东欧地区	3.2	8.1	4.2	2.7	4.1	2.4	2.2	4.0	1.8
欧盟	2.9	5.8	2.9	2.0	3.4	2.0	1.9	2.4	0.9
欧元区	2.6	5.3	2.3	1.8	3.0	1.7	1.8	2.3	0.6
欧洲	4.8	12.4	7.5	4.5	6.1	3.9	3.3	6.3	3.6
全球	4.7	7.4	4.8	3.8	5.0	3.6	3.3	2.4	1.2

注：表中2022—2024年通货膨胀率为2022年4月IMF的预测值。

资料来源：国际货币基金组织。

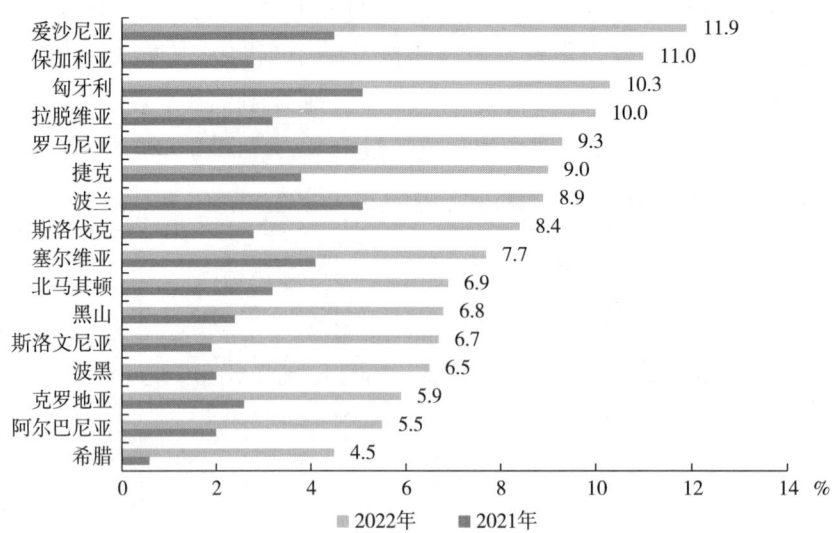

注：图中2022年通货膨胀率为2022年4月IMF的预测值。

图2-8 2021—2022年中东欧国家通货膨胀率

(资料来源：国际货币基金组织)

最后，俄乌冲突导致企业对中东欧市场信心不足，使得进一步投资和消费的意愿不强，严重拖累该地区经济复苏的进程。我们同样利用欧盟委员会商业和消费问卷调查所得的三个前瞻性指标——工业信心指数、服务业信心指数和消费者信心指数来对中东欧国家短期经济前景进行分析。整体来看，中东欧国家的市场信心在原本就不够高的水平上继续下降，尤其是工业和消费领域。以维谢格拉德地区为例，如图2-9所示，我们看到维谢格拉德四国的工业信心指数均有不同程度的下滑迹象，而消费者信心指数下滑幅度更为明显，与之对比，4国的服务业信心指数在4月均表现出积极的上升趋势。这一方面是因为，在过去一年，中东欧地区服务业复苏时间节点要晚于工业，如今即便受到俄乌冲突的影响，其服务业仍然保持着一定的动力，处于扩张阶段；另一方面，俄乌冲突对四国在工业领域的冲击程度较服务业相对较高，例如高企的金属价格在短期内将抑制部分高度融入全球价值链的行业，从而拖累这些价值链上的国家经济增长，如捷克和斯洛伐克的汽车制造业。

中期来看，IMF认为对俄罗斯的经济制裁所产生的溢出效应将对欧盟和中东欧地区经济发展产生深远的影响，尤其是能源和其他大宗商品价格将继续上涨。此外，对于中东欧国家来说，部分关键的生产投入供应链有可能会中断，这将继续拖累该地区的经济活动。因此，在未来两年，俄乌冲突以及新冠肺炎疫情对欧盟和中东欧地区经济创伤的修复程度，取决于其公共投资、卫生健康和教育等应对措施。特别是对中东欧—欧盟国家而言，积极地借助"欧盟下一代"（Next

Generation EU，NGEU）复兴计划，尤其是该计划框架下正在陆续划拨的"经济复苏和恢复社会秩序"资金（见研究专题1），加速数字化和绿色经济的转型进程，将成为中东欧国家经济发展重获动力的关键渠道。

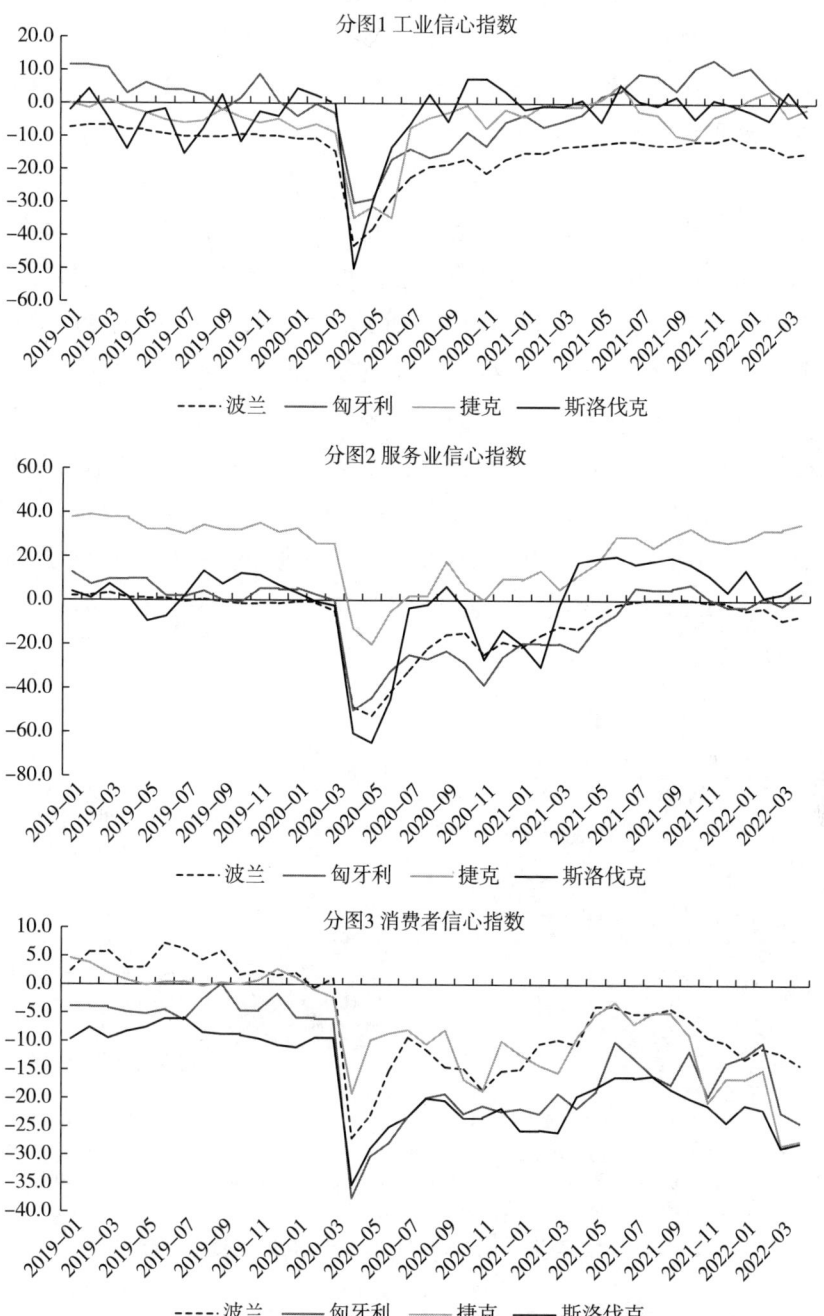

图2-9　2019年1月至2022年4月维谢格拉德地区3个市场信心指数变化趋势

（资料来源：欧盟委员会）

研究专题2 "欧盟下一代"复兴计划进展情况跟踪分析

《中东欧经济研究报告2020—2021》研究专题1曾为读者介绍了欧盟为抗击新冠肺炎疫情大流行而推出的临时复苏工具——"欧盟下一代"（Next Generation EU，NGEU）复兴计划。① 鉴于该计划对于欧盟成员国，特别是中东欧—欧盟国家在疫情和俄乌冲突爆发之后重振经济起着至关重要的作用，本专题将继续跟踪其在过去一年的进展情况。

"欧盟下一代"复兴计划资金规模高达7500亿欧元，由欧盟委员会向国际市场融资而来，是一种特殊的共同债务工具，旨在通过支持投资和改革来整合预算，以增强欧盟成员国经济的恢复能力，促进可持续增长。按照欧盟的分配方案，7500亿欧元资金包括3900亿欧元的无偿拨款以及3600亿欧元的贷款，涵盖了复兴计划的七个领域，包括"经济复苏和恢复社会秩序资金"（Recovery and Resilience Facility，RRF）、"欧盟政策补助资金"（REACT-EU）、"地平线欧洲基金"（Horizon Europe）、"欧盟投资基金"（Invest EU）、"农村发展基金"（Rural Development）、"公正过渡基金"（Just Transition Fund）以及"欧盟委员会应急资金"（RescEU）。其中，"经济复苏和恢复社会秩序"所需资金占比最大（89.7%），远超其余六项的总占比（10.3%），是"欧盟下一代"复兴计划的核心领域（见图2-10）。

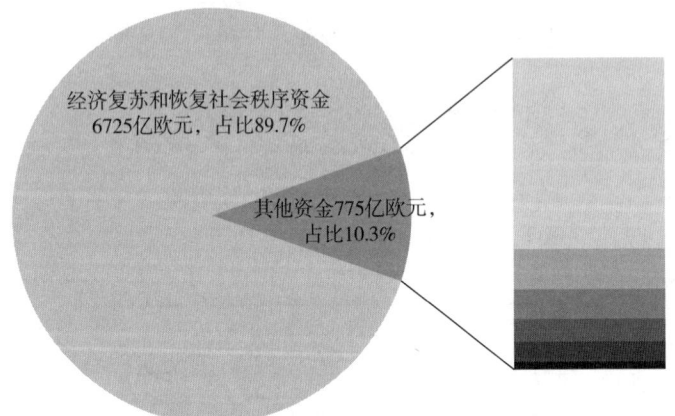

注：图中金额均以2018年价格计算，其中6725亿欧元"经济复苏和恢复秩序资金"包括3125亿欧元无偿拨款和3600亿欧元贷款，475亿欧元"欧盟政策补助资金"为无偿拨款，100亿欧元"公正过渡基金"为无偿拨款，75亿欧元"农村发展基金"为无偿担保，56亿欧元"欧盟投资基金"为担保，50亿欧元"地平线欧洲基金"为担保，19亿欧元的"欧盟委员会应急资金"为无偿担保。

图2-10 "欧盟下一代"复兴计划7500亿欧元资金分配方案

（资料来源：欧盟委员会）

---

① 更多信息请参考：姜建清. 中东欧经济研究报告2020—2021 [M]. 北京：中国金融出版社，2021.

"经济复苏和恢复社会秩序"资金主要用于支持欧盟成员国进行改革和投资,降低新冠肺炎疫情危机对经济和社会的影响。为了能够获得"经济复苏和恢复社会秩序"资金,欧盟成员国须制订各自的国家复苏和恢复计划,其中须包括一系列连续的,能在2026年以前得以实施的改革措施以及公共投资计划。此外,欧盟委员会特别指出,欧盟成员国制订的复苏计划须立足于中长期,聚焦于如何更有效地从数字和绿色转型中获益。因此,针对成员国提交的计划,欧盟委员会将重点评估该成员国是否将至少37%的资金支出用于支持气候目标以及20%的资金支出用于数字化转型。在正式提交计划申请之后,欧盟委员会在接下来的两个月内按照相关条例中的11项标准进行评估,最终将其评估内容转化为具有法律约束力的行动条款。在此之后,欧盟理事会将有4周的时间审核欧盟委员会提交的评估建议,一旦各成员国的计划获得批准,13%的预融资资金将被划拨给这些国家用于启动经济复苏计划(见图2-11)。①

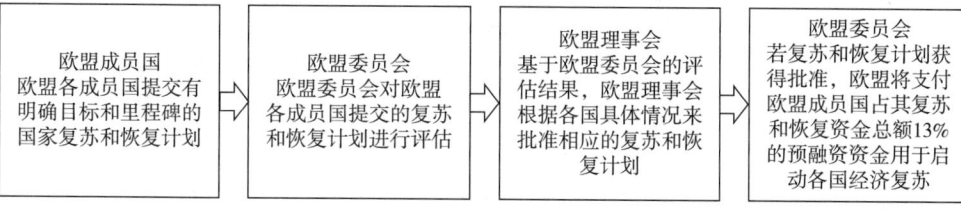

图2-11 获得"经济复苏和恢复社会秩序"资金的评估流程

(资料来源:欧盟委员会)

从整个欧盟地区来看,截至2022年5月5日,欧盟委员会已收到除荷兰以外的所有成员国提交的国家复苏和恢复计划,其中有22国的计划已获得最终的批准,保加利亚和瑞典的评估报告在5月4日获得了欧盟理事会的批准,预计不久,两国将获得欧盟委员会划拨的第一笔启动资金。此外,波兰和匈牙利在2021年5月3日和12日分别提交其国家计划之后,两国至今仍未通过欧盟委员会的评估。

从中东欧地区来看,该地区大部分国家的"经济复苏和恢复社会秩序"计划进展十分顺利。一方面,这些国家申请的资金金额与其获批的资金金额差距并不大,几乎都满足它们在疫情后进行改革和转型的投资需求(见图2-12)。另一方面,自2021年8月起,中东欧国家已陆续获得了欧盟划拨的占各国总资金13%的预融资资金(见表2-4),启动了疫情后的复苏和恢复计划,若按照

---

① 更多信息请参考:https://ec.europa.eu/info/business-economy-euro/recovery-coronavirus/recovery-and-resilience-facility_en。

时间先后顺序，这些国家依次为希腊 40 亿欧元、拉脱维亚 2.37 亿欧元、斯洛文尼亚 2.31 亿欧元、捷克 9.15 亿欧元、克罗地亚 8.18 亿欧元、斯洛伐克 8.227 亿欧元、罗马尼亚 18 亿欧元和爱沙尼亚 1.26 亿欧元，9 国共计获得欧盟划拨资金 89.497 亿欧元。然而，中东欧地区仍有两国未获欧盟委员会的批准——波兰是因其与欧盟的法治危机尚未得到缓解，而匈牙利则因欧盟要求在其提交的计划中加强有关腐败的改革，并为法院对企业的独立性提供更好的保障。①②

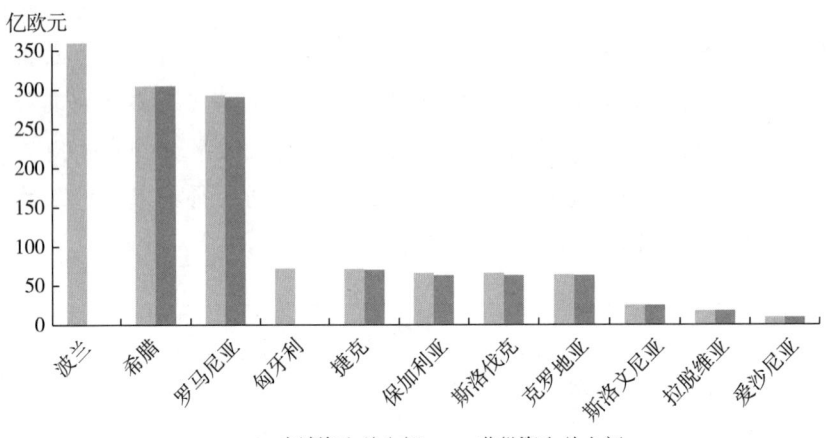

注：截至 2022 年 5 月 5 日，波兰和匈牙利的计划暂未获批。

图 2-12 中东欧国家申请与获批的"经济复苏和恢复社会秩序"资金对比

（资料来源：欧盟委员会）

表 2-4 中东欧国家"经济复苏和恢复社会秩序"资金申请批准进展情况

国别	提交		评估		支付	
	国家复苏和恢复计划提交日期	申请资金总金额（亿欧元）	欧盟委员会评估批准日期	批准的复苏和恢复资金总金额（亿欧元）	欧盟支付预融资日期	欧盟划拨的 13% 预融资资金（亿欧元）
波兰	2021 年 5 月 3 日	360	—	—	—	—
希腊	2021 年 4 月 27 日	305	2021 年 6 月 17 日	305	2021 年 8 月 9 日	40
罗马尼亚	2021 年 5 月 31 日	293	2021 年 9 月 28 日	291	2021 年 12 月 2 日	18
捷克	2021 年 6 月 1 日	71	2021 年 7 月 19 日	70	2021 年 9 月 28 日	9.15

① 更多信息请参考：https://www.euractiv.com/section/economy-jobs/news/eu-mulls-approving-hungary-poland-recovery-plans-with-conditions/。
② 中欧陆家嘴国际金融研究院、中东欧经济研究所，《中东欧视界》，2021（8）。

续表

国别	提交		评估		支付	
	国家复苏和恢复计划提交日期	申请资金总金额（亿欧元）	欧盟委员会评估批准日期	批准的复苏和恢复资金总金额（亿欧元）	欧盟支付预融资日期	欧盟划拨的13%预融资资金（亿欧元）
匈牙利	2021年5月11日	72	—	—	—	—
保加利亚	2021年10月15日	66	2022年4月7日	63	—	—
克罗地亚	2021年5月14日	64	2021年7月8日	63	2021年9月28日	8.18
斯洛伐克	2021年4月29日	66	2021年6月21日	63	2021年10月13日	8.227
拉脱维亚	2021年4月30日	18	2021年6月22日	18	2021年9月10日	2.37
斯洛文尼亚	2021年4月30日	25	2021年7月1日	25	2021年9月17日	2.31
爱沙尼亚	2021年6月18日	9.825	2021年10月5日	9.693	2021年12月17日	1.26

注：截至2022年5月5日，波兰和匈牙利的计划暂未获批。
资料来源：笔者根据欧盟委员会官网信息整理。

正如前文所提及，新冠肺炎疫情暴发以来，欧元委员会尤为重视数字化和绿色转型，将其视为欧盟经济现代化转型和可持续发展的双核驱动动能，因此，在对欧盟成员国各国复苏和恢复计划进行评估时，该国是否将至少37%和20%的资金分别用于支持气候目标和数字化转型是欧盟考虑的重点之一。根据欧盟委员会发布的年度报告，我们看到，基于中东欧国家所提交的计划，它们均已达到/超过了欧盟所设定的有关数字化和绿色转型的投资目标，其中，中东欧8国用于绿色转型的平均资金比例达到40.6%，超过了欧盟39.9%的平均水平（见图2-13）。

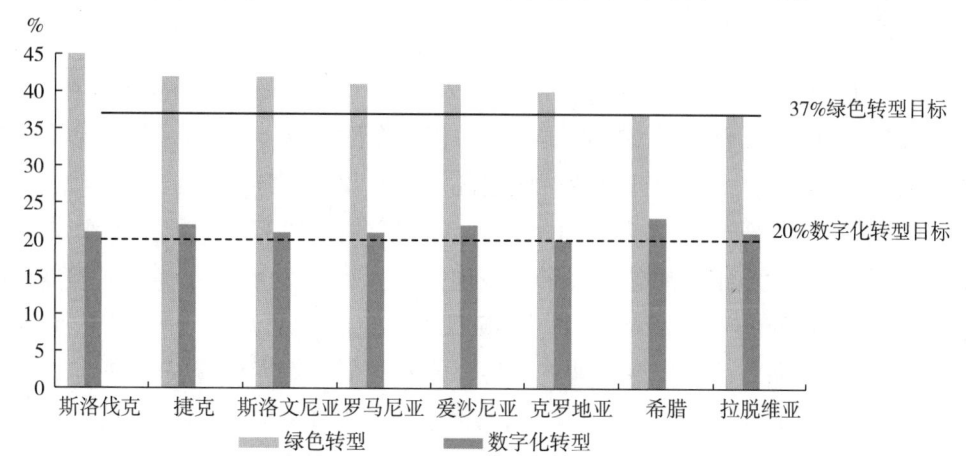

注：截至2022年5月5日，波兰和匈牙利的计划暂未获批，保加利亚尚未完成完整的评估流程。

图2-13 中东欧国家复苏和恢复计划用于数字化和绿色转型的资金比例及其目标

（资料来源：欧盟委员会）

第三节　国际三大评级机构对中东欧地区评级及展望

一、穆迪

2021年，正当全球经济找到立足点之际，2022年初的俄乌冲突中断了原本就尚未完成的经济复苏活动，对发达和新兴市场主权信贷产生了较大的负面影响。穆迪认为，尽管这一冲突对全世界经济造成了一系列严重的后果，在一定程度上阻碍了全球各经济体疫情后复苏的进程，但各经济体总体上不会偏离原有的复苏轨道。

与新冠肺炎疫情危机所不同的是，此次俄乌冲突带来的溢出风险因各国对其暴露程度不同而不一致，与俄罗斯和乌克兰经济及金融联系最紧密的主权国家信用质量下降风险最大。俄乌冲突带来的最直接的风险之一是急剧上升的通胀压力，而首当其冲的便是中东欧地区。新冠肺炎疫情以及俄乌危机导致能源、金属、粮食以及化肥等价格飙升，截至2022年4月底，全球粮食价格（名义价格）已处于创纪录的高位。值得注意的是，除了导致购买力下降、消费降级以外，通胀还可能从两个方面影响中东欧地区新兴经济体的金融状况。首先，为遏制通胀风险，美联储于2022年5月4日宣布加息50个基点，创下美联储2000年以来单次加息最大幅度，这可能导致中东欧新兴主权债务的再融资成本上升。其次，通胀的上升也将加大中东欧新兴市场央行收紧国内政策利率的压力，进而增加国内政府债务的再融资成本。此外，俄乌冲突还加剧了该地区部分主权国家的安全风险，极易引发更大范围的地缘政治风险。因此，在针对政治风险评估时，诸如波兰、罗马尼亚等中东欧国家将会受到一定的负面影响。[①]

通过对比穆迪2020—2021年和2020—2022年对中东欧国家主权信用评级结果（见表2-5），我们看到，尽管在过去一年中东欧地区受到奥密克戎变异病毒和俄乌冲突的双重打击，穆迪仍然对该地区国家主权信用给予了较高的评估。主要体现在：第一，截至2022年5月10日，中东欧地区所有国家展望评级结果均为"稳定"，无"负面"展望，意味着该地区国家经济发展前景尚未过度恶化，其中，罗马尼亚的展望在2021年10月15日由"负面"上调为"稳定"，预示着该国现有的长短期外币主权评级被下调的可能性较低，短期内经济发展前景较为稳定。第二，穆迪在2020—2021年一轮评级行动中将匈牙利的展望由"稳定"上调为"正面"之后，2021年9月24日按预期将该国长期外币主权评级由

---

① Moody's Investors Service. Emerging Markets – Global, Russia – Ukraine Shock Amplifies Pandemicled Credit Deterioration for Many Sovereigns, SECTOR IN – DEPTH, April 2022.

"Baa3"上调为"Baa2"。第三，在2021—2022年度评级中，中东欧地区有13国的长期外币主权、短期外币主权和展望评级结果暂无变动，包括波兰、捷克、斯洛伐克、爱沙尼亚、拉脱维亚、希腊、保加利亚、克罗地亚、斯洛文尼亚、塞尔维亚、波黑、阿尔巴尼亚和黑山。

表2-5　　2020—2022年穆迪对中东欧国家主权信用评级结果

国别	2020—2021年			2021—2022年		
	长期外币主权评级	短期外币主权评级	展望	长期外币主权评级	短期外币主权评级	展望
波兰	A2	P-1	稳定	A2（2022年4月29日）	P-1（2022年4月29日）	稳定（2022年4月29日）
匈牙利	Baa3	—	正面	Baa2（2021年9月24日）	—	稳定（2021年9月24日）
捷克	Aa3	(P)P-1	稳定	Aa3	(P)P-1	稳定
斯洛伐克	A2	—	稳定	A2（2021年6月18日）	—	稳定（2021年6月18日）
爱沙尼亚	A1	—	稳定	A1（2022年4月29日）	—	稳定（2022年4月29日）
拉脱维亚	A3	—	稳定	A3（2022年4月29日）	—	稳定（2022年4月29日）
希腊	Ba3	NP	稳定	Ba3	NP	稳定
罗马尼亚	Baa3	P-3	负面	Baa3（2021年10月15日）	P-3（2021年10月15日）	稳定（2021年10月15日）
保加利亚	Baa1	—	稳定	Baa1	—	稳定
克罗地亚	Ba1	—	稳定	Ba1	—	稳定
斯洛文尼亚	A3	—	稳定	A3	—	稳定
塞尔维亚	Ba2	—	稳定	Ba2	—	稳定
波黑	B3	—	稳定	B3	—	稳定
阿尔巴尼亚	B1	—	稳定	B1	—	稳定
北马其顿	—	—	—	—	—	—
黑山	B1	NP	稳定	B1	NP	稳定

注：1. 穆迪长期评级针对一年期以上的债务，评估发债方的偿债能力，预测其发生违约的可能性及财产损失概率。而短期评级一般针对一年期以下的债务。穆迪长期评级共分为九个级别：Aaa、Aa、A、Baa、Ba、B、Caa、Ca和C。其中Aaa级债务的信用质量最高，信用风险最低；C级债务为最低债券等级，收回本金及利息的机会微乎其微。在Aa级到Caa级的六个级别中，还可以添加数字1、2或3进一步显示各类债务在同类评级中的排位，1为最高，3则最低。通常认为，从Aaa到Baa3级属于投资级，Ba1级以下则为投机。穆迪的短期评级依据发债方的短期债务偿付能力由高到低分为P-1、P-2、P-3和NP四个等级。此外，穆迪还对信用评级给予展望评价，以显示其对有关评级的中期走势看法。展望分为"正面"（评级可能被上调）、"负面"（评级可能被下调）、"稳定"（评级不变）以及"发展中"（评级随着事件的变化而变化）。对于短期内评级可能发生变动的被评级对象，穆迪将其列入信用观察名单。被审查对象的评级确定后，将从名单中去除。目前，穆迪的业务范围主要涉及国家主权信用、美国公共金融信用、银行业信用、公司金融信用、保险业信用、基金以及结构性金融工具信用评级等几方面。更多内容请参考 http://finance.people.com.cn/forex/GB/17980169.html。

2. "—"表示暂无主权评级、展望数据。

3. 表中显示日期是指穆迪对该评级或展望进行调整的日期。

4. 该表信息截止日期为2022年5月10日。

资料来源：穆迪。

针对穆迪2021—2022年评级结果，匈牙利和罗马尼亚两国发展前景值得特别关注。首先，匈牙利是本轮评级中唯一一个长期外币主权评级被上调的中东欧国家。正如上文所提，2021年9月24日，穆迪将匈牙利长期外币主权评级从"Baa3"上调至"Baa2"，前景展望从"正面"转为"稳定"，执行此评级行动的主要因素包括以下两点：第一，得益于有效的财政和货币政策，并基于强劲投资基础上的稳定中期前景，匈牙利经济在2021年上半年开始强劲反弹，并维持了这一积极的趋势。第二，匈牙利良好的经济前景又成为政府财政稳固的有利支撑，有助于减轻政府的债务负担，由此凸显了匈牙利具有弹性的财政实力。[①]

其次，在《中东欧经济研究报告2020—2021》中我们曾提到罗马尼亚的前景较为令人担忧，因为自2020年4月新冠疫情在欧洲暴发后，罗马尼亚是中东欧地区第一个也是唯一一个展望被下调为"负面"的国家，且负面展望持续了近一年半的时间。然而，2021年10月15日，穆迪将罗马尼亚评级展望从"负面"上调为"稳定"，并确认其长期主权"Baa3"的信用评级。罗马尼亚经济前景转为稳定包含了两个关键因素，一方面，穆迪认为罗马尼亚政府财政指标显现出逐步改善的趋势；另一方面，基于富有活力的私营部门以及"欧盟下一代"复兴计划资金的有效利用，穆迪认为罗马尼亚有潜力在未来进一步夯实其经济增长的基础。[②]

二、标准普尔全球评级

根据标准普尔全球评级（以下简称标普）2022年3月更新的《EMEA新兴市场经济展望》报告[③]，由于俄乌冲突局势持续演变，短期来看，部分区域以及全球经济受到的影响高度不确定。若按照标普预测模型的基线假设，大宗商品市场、全球供应链以及投资者和消费者信心在2022年第一季度和第二季度受俄乌冲突影响最大，此后将逐渐减弱，但这些影响可能将延续至2022年底甚至2023年。

对中东欧地区的大部分国家来说，俄乌冲突将从两个方面对其贸易产生影响。一是直接影响，中东欧国家对俄罗斯和乌克兰的贸易敞口约占其GDP总额的2%~3%，因此，该地区极易受到贸易中断和外部需求下降的影响。二是间接影响，欧元区是大部分中东欧国家的主要贸易伙伴，此次俄乌冲突的溢出效应导致欧元区经济增长放缓，在一定程度上抑制了欧元区的对外需求，从而拖累中东欧对欧元区的出口规模。此外，由于中东欧地区某些制造业与乌克兰供应链的紧密

---

① Moody's Investors Service. Moody's Upgrades Hungary's Ratings to Baa2, Changes Outlook to Stable from Positive, September 2021.
② Moody's Investors Service. Moody's Changes Romania's Outlook to Stable; Affirms Baa3 Rating, October 2021.
③ S&P Global Ratings. Economic Outlook EMEA Emerging Markets Q2 2022: Weaker Growth, Higher Inflation, Tighter Financing Conditions, March 2022.

联系，其同样面临来自供应链中断的风险。例如，乌克兰为全球半导体原料气体供应大国，其中氖气由乌克兰供应全球近70%的产量，而中东欧地区半导体产业同样严重依赖于乌克兰的氖气，因此俄乌局势也牵动着该地区半导体产业链的稳定性；在汽车制造业，中东欧地区对乌克兰的电缆也有一定的依赖性，俄乌冲突也将给该行业带来不同程度的影响。①

与2020—2021年度评级结果相比，我们观察到，尽管受到俄乌冲突的拖累，标普在2021—2022年度对中东欧地区国家主权的评级行动普遍较为积极（见表2-6）。主要表现为，第一，截至2022年5月10日，中东欧地区有两国展望评级结果被标普上调，其余国家的展望无变化，且均为"稳定"。其中，塞尔维亚由"稳定"上调为"正面"，罗马尼亚由"负面"上调为"稳定"。这意味着，塞尔维亚短期前景较为积极，在下一轮评级行动中主权信用有被上调的可能；罗马尼亚主权信用评级结果有望保持，短期内经济发展较为稳定。第二，按照上一年度展望评级结果（"正面"）的预期，标普于2022年4月22日将希腊长期外币主权评级由"BB"上调至"BB+"。第三，在2021—2022年度评级中，中东欧地区有15国的长期外币主权、短期外币主权和展望评级结果保持稳定，包括波兰、匈牙利、捷克、斯洛伐克、爱沙尼亚、拉脱维亚、保加利亚、克罗地亚、斯洛文尼亚、罗马尼亚、希腊、波黑、阿尔巴尼亚、北马其顿和黑山。

表2-6　　　　2020—2022年标普对中东欧国家主权信用评级结果

国别	2020—2021年			2021—2022年		
	长期外币主权评级	短期外币主权评级	展望	长期外币主权评级	短期外币主权评级	展望
波兰	A-	A-2	稳定	A-	A-2	稳定
匈牙利	BBB	A-2	稳定	BBB（2022年4月28日）	A-2	稳定
捷克	AA-	A-1+	稳定	AA-	A-1+	稳定
斯洛伐克	A+	A-1	稳定	A+	A-1	稳定
爱沙尼亚	AA-	A-1+	稳定	AA-	A-1+	稳定（2022年3月31日）
拉脱维亚	A+	A-1	稳定	A+	A-1	稳定
希腊	BB	B	正面	BB+（2022年4月22日）	B	稳定

---

① S&P Global Ratings. Economic Outlook EMEA Emerging Markets Q2 2022: Weaker Growth, Higher Inflation, Tighter Financing Conditions, March 2022.

续表

国别	2020—2021 年			2021—2022 年		
	长期外币主权评级	短期外币主权评级	展望	长期外币主权评级	短期外币主权评级	展望
罗马尼亚	BBB-	A-3	负面	BBB-	A-3	稳定（2021年4月16日）
保加利亚	BBB	A-2	稳定	BBB	A-2	稳定
克罗地亚	BBB-	A-3	稳定	BBB-	A-3	稳定
斯洛文尼亚	AA-	A-1+	稳定	AA-	A-1+	稳定
塞尔维亚	BB+	B	稳定	BB+	B	正面（2021年12月10日）
波黑	B	B	稳定	B	B	稳定
阿尔巴尼亚	B+	B	稳定	B+	B	稳定
北马其顿	BB-	B	稳定	BB-	B	稳定
黑山	B	B	稳定	B	B	稳定

注：1. 标普国际评级投资级包括 AAA、AA、A 和 BBB，投机级则分为 BB、B、CCC、CC、C 和 D。信用级别由高到低排列，AAA 级和 AA 级具有较高信用等级；A 级和 BBB 级具有中等信用等级；BB 级到 D 级为低信用等级，D 级视为对条款的违约。从 AA 级至 CCC 级，每个级别都可通过添加"+"或"-"来显示信用高低程度。例如，在 AA 序列中，信用级别由高到低依次为 AA+、AA、AA-。此外，标普还对信用评级给予展望，显示该机构对于未来（通常是 6 个月至 2 年）信用评级走势的评价。决定评级展望的主要因素包括经济基本面的变化。展望包括"正面"（Positive，评级可能被上调）、"负面"（Negative，评级可能被下调）、"稳定"（Stable，评级不变）、"观望"（评级可能被下调或上调）和"无意义"。标普还会发布信用观察以显示其对评级短期走向的判断。信用观察分为"正面"（评级可能被上调）、"负面"（评级可能被下调）和"观察"（评级可能被上调或下调）。

2. 各项评估得分是以 1~6 的评分体系来衡量，其中 1 分表现最优，6 分表现最差。

3. 该表信息截止日期为 2022 年 5 月 10 日。

资料来源：标准普尔全球评级。

在中东欧地区，罗马尼亚的经济表现十分亮眼。与穆迪评级行动一致，标普在 2021 年 4 月 16 日将罗马尼亚的前景展望由"负面"上调为"稳定"，并确认其长、短期外币主权信用评级为"BBB-"和"A-3"。标普实施此次评级行动是基于以下几点理由：第一，标普认为罗马尼亚政府取消了此前养老金立法的决定是稳定该国预算的关键之举①，基于此，罗马尼亚财政改革的议程是可信的，

---

① 罗马尼亚政府于 2020 年 12 月大选后，其上台的自由党领导已将此前立法规定的养老金上调措施撤回，并制定了一项财政整合议程，这有助于罗马尼亚政府外债存量在 2024 年之前保持适度。更多信息请参考：S&P Global Ratings. Romania Outlook Revised To Stable From Negative On Decreasing Fiscal Risks;"BBB-/A-3"Ratings Affirmed, April 2021。

短期财政风险已经在减弱，并预计该国的公共和外部财政在未来两年之内将逐步稳定下来。第二，罗马尼亚是"欧盟下一代"复苏计划的主要受益国之一（见研究专题2），因此，在欧盟大规模复苏资金的加持下，标普认为罗马尼亚政府宣布的经济改革雄心很可能得以实现，进而可进一步缓解该国仍居高不下的双重赤字带来的风险。[1] 在俄乌冲突爆发之后，尽管罗马尼亚是受到负面冲击最严重的中东欧国家之一，但是标普却在2022年4月15日再次确认了其"BBB-"和"A-3"的长、短期外币主权信用以及"稳定"的前景展望。标普之所以维持对罗马尼亚的评级和展望，这仍然是基于上文所提到的理由，即罗马尼亚稳定的经济前景在一定程度上可平衡俄乌冲突带来的经济风险。在过去一年中，罗马尼亚政府保持的适度外债和政府债务为该国经济提供了缓冲；罗马尼亚在2022—2027年即将获得欧盟资金的划拨，预计将超过其GDP的10%，这为该国政府实施数字和绿色的经济转型奠定了扎实的基础。[2]

另外，希腊在2021—2022年的表现同样亮眼。2022年4月22日，标普将希腊的长期主权信用评级从"BB"上调至"BB+"，并确认其短期评级为"B"，前景展望"稳定"。标普对希腊进行评级上调的行动主要有几个关键动力：第一，标普认为俄乌冲突对希腊的影响总体来说是可控的，因此，标普维持了此前对希腊政策有效性持续改善的良好预期。希腊政府在资产负债表上保留了大量流动性储备，其信誉继续受益于政府大规模的财政缓冲基础，以及有利的政府债务结构，据标普估计，目前希腊单一国库账户中的现金储备，几乎相当于未来两年政府净借款的三倍。第二，希腊同样是欧盟"经济复苏和恢复社会秩序"资金的主要受益国之一，截至2021年底，希腊申请的305亿欧元资金已获得欧盟批准，并且占比13%的预融资资金（40亿欧元）已于2021年8月9日划拨给希腊（见研究专题2），从而为该国经济的进一步复苏提供了强有力的资金支持。[3]

三、惠誉国际信用评级

通过对比惠誉国际信用评级（以下简称惠誉）2020—2021年和2021—2022年对中东欧国家主权信用评级结果（见表2-7），我们发现，虽然俄乌冲突影响了该地区少数国家的评级，但总体来看，大部分中东欧国家在过去一年积极的发展获得了惠誉的肯定。第一，惠誉在本年度评级行动中上调了3国的前景展望，

---

[1] S&P Global Ratings. Romania Outlook Revised To Stable From Negative On Decreasing Fiscal Risks; "BBB-/A-3" Ratings Affirmed, April 2021.
[2] S&P Global Ratings. Romania "BBB-/A-3" Ratings Affirmed; Outlook Stable, April 2022.
[3] S&P Global Ratings. Greece Upgraded To "BB+" On Improved Economic Policy Governance; Outlook Stable, April 2022.

分别是斯洛伐克由"负面"上调为"稳定",希腊和克罗地亚由"稳定"上调为"正面"。第二,在本轮评级时段,中东欧国家中有3国的前景展望为"正面",惠誉为三大评级机构中给予"正面"结果最多的机构(穆迪无"正面"结果,标普仅有一个"正面"结果),3国分别是希腊、保加利亚和克罗地亚,这意味3国在短期内主权评级有被上调的可能;另有7个中东欧国家前景展望仍然保持"稳定"。第三,中东欧地区有12国的长期外币主权评级结果保持稳定,未被下调,包括波兰、匈牙利、捷克、斯洛伐克、爱沙尼亚、拉脱维亚、希腊、罗马尼亚、保加利亚、斯洛文尼亚、塞尔维亚和北马其顿;另有克罗地亚的长期外币主权评级由"BBB－"上调至"BBB"。

表2-7　　2020—2022年惠誉对中东欧国家主权信用评级结果

国别	2020—2021年			2021—2022年		
	长期外币主权评级	短期外币主权评级	展望	长期外币主权评级	短期外币主权评级	展望
波兰	A－	F2	稳定	A－	F1（2022年2月18日）	稳定
匈牙利	BBB	F2	稳定	BBB	F2	稳定
捷克	AA－	F1＋	稳定	AA－	F1＋	负面（2022年5月6日）
斯洛伐克	A	F1＋	负面	A	F1＋	稳定（2022年3月18日）
爱沙尼亚	AA－	F1＋	稳定	AA－	F1＋	稳定
拉脱维亚	A－	F1	稳定	A－	F1	稳定
希腊	BB	B	稳定	BB	B	正面（2022年1月14日）
罗马尼亚	BBB－	F3	负面	BBB－	F3	负面（2022年4月8日）
保加利亚	BBB	F2	正面	BBB	F2	正面（2022年1月21日）
克罗地亚	BBB－	F3	稳定	BBB（2021年11月12日）	F2（2021年11月12日）	正面（2021年11月12日）
斯洛文尼亚	A	F1＋	稳定	A	F1＋	稳定
塞尔维亚	BB＋	B	稳定	BB＋	B	稳定
波黑	—	—	—	—	—	—

续表

国别	2020—2021 年			2021—2022 年		
	长期外币主权评级	短期外币主权评级	展望	长期外币主权评级	短期外币主权评级	展望
阿尔巴尼亚	—	—	—	—	—	—
北马其顿	BB +	B	负面	BB +	B	负面
黑山	—	—	—	—	—	—

注：1. 惠誉的长期评级用于衡量一个经济主体偿付外币或本币债务的能力。惠誉的长期信用评级分为投资级和投机级，其中投资级包括 AAA、AA、A 和 BBB，投机级则包括 BB、B、CCC、CC、C、RD 和 D。以上信用级别由高到低排列，AAA 等级最高，表示最低的信贷风险；D 为最低级别，表明一个实体或国家主权已对所有金融债务违约。惠誉的短期信用评级大多针对到期日在 13 个月以内的债务。短期评级更强调发债方定期偿付债务所需的流动性。短期信用评级从高到低，分为 F1、F2、F3、B、C、RD 和 D。惠誉采用"+"或"-"用于主要评级等级内的微调，但这在长期评级中仅适用于 AA 至 CCC 六个等级，而在短期评级中只有 F1 一个等级适用。

2. 惠誉同样对信用评级给予展望，用来表明某一评级在一两年内可能变动的方向。展望分为"正面"（评级可能被调高）、"稳定"（评级不变）和"负面"（评级可能被下调）。但需要指出的是，正面或负面的展望并不表示评级一定会出现变动；同时，评级展望为稳定时，评级也可根据环境的变化被调升或调降。此外，惠誉使用评级观察表明短期内可能出现的评级变化。"正面"表示可能调升评级，"负面"表示可能调降评级，"循环"表明评级可能调升也可能调低或不变。惠誉的业务范围包括金融机构、企业、国家、地方政府等融资评级，总部分设于纽约和伦敦两地。更多内容请参考：http：//finance.people.com.cn/forex/GB/17980169.html。

3. "—"表示暂无数据。

4. 该表信息截止日期为 2022 年 5 月 10 日。

资料来源：惠誉国际信用评级。

另外，对比穆迪和标普的评级行动，惠誉在 2021—2022 年对中东欧国家的评级结果与其有一定的区别。其中，相同点为三大评级机构均对希腊的经济发展给予了肯定；不同点是惠誉对罗马尼亚的前景展望仍不乐观，并且对捷克在俄乌冲突爆发后的发展预期较为负面，但是对克罗地亚在短期内的发展前景较为乐观。具体来看，2022 年 5 月 6 日，惠誉将捷克前景展望从"稳定"下调至"负面"，确认其长期外币主权评级为"AA－"。执行此次评级行动的主要原因为：第一，捷克经济增长预期从此前的 4.3% 被下调至 1.5%。惠誉认为，俄乌冲突将对捷克企业和消费者信心带来巨大的冲击，加剧通货膨胀压力，促使捷克央行收紧货币政策，对捷克经济构成了较大的下行风险。此外，疲软的外部需求同样将拖累捷克经济复苏。作为捷克支柱产业之一的汽车制造业同样可能因供应链中断而复苏受阻。第二，捷克国内通胀压力加剧。据惠誉的统计数据，由于全球大宗商品和能源价格大幅上涨，捷克 2022 年第一季度通胀率飙升至近 24 年的高点 12.7%，远远高于捷克国家银行设定的 2%±1% 的波动范围。尽管捷克将在 2022 年下半年开始降低能源消费税，但惠誉预计捷克 2022 年全年的平均通胀率仍将达到

11.5%的高位。第三，捷克对俄罗斯能源依赖性过高。据惠誉统计，一方面，捷克86%的天然气和40%的能源需求均来自俄罗斯，极易受到因俄罗斯能源供应中断而引发的能源危机；另一方面，截至2022年4月底，捷克国内天然气储备量为28%，仅占其年需求量的11%。这导致捷克缺乏可靠的备选方案，短期内无法获得其他方式以替代俄罗斯的天然气供应。[1]

相较于穆迪和标普，惠誉对于罗马尼亚的前景并不乐观。2022年4月8日，该评级机构维持了罗马尼亚长期外币主权为"BBB-"，前景展望为"负面"的评级结果。惠誉未上调罗马尼亚展望的原因基于两个方面：第一，俄乌冲突在短期内将增加罗马尼亚经济增长和通胀的风险。虽然罗马尼亚对俄罗斯、乌克兰、白俄罗斯的出口十分有限（出口三国占总出口的份额在2020年仅为2.3%），从俄罗斯进口的天然气比重也不高（占总量的20%），然而，罗马尼亚主要贸易伙伴（主要是欧元区国家）受俄乌冲突影响较大，易产生严重的溢出效应，加大罗马尼亚的短期风险。第二，惠誉认为罗马尼亚解决其结构性财政失衡的中期政策执行效果仍存在不确定性，俄乌冲突的爆发又进一步加大了罗马尼亚财政以及对外表现的不确定性。[2]

与捷克和罗马尼亚不同的是，惠誉对克罗地亚的评级行动十分积极。首先，2021年11月，惠誉将克罗地亚前景展望从"稳定"上调为"正面"；其次，当俄乌冲突爆发之后，惠誉于2022年5月再次确认了克罗地亚长期外币主权"BBB"和展望"正面"的评级结果。惠誉对克罗地亚有如此积极的展望，主要基于该国将于2023年1月加入欧元区的预期。克罗地亚在加入欧洲汇率机制（European Exchange Rate Mechanism Ⅱ，ERM Ⅱ）[3]后，在趋同和改革方面取得了重大进展，以此获得广泛的欧元区层面对其加入欧元区的政治支持。在惠誉的评级模型中采用欧元是十分积极的影响因素之一，这主要是因为可通过储备货币的灵活性来降低交易成本、抑制汇率和金融部门的风险。[4]

> **信息专题1　欧盟对西巴尔干地区疫情后经济复苏的支持计划**
>
> 新冠肺炎疫情暴发至今，为避免欧盟成员国陷入更深的经济衰退旋涡之中，欧盟委员会推出一系列旨在增强成员国经济恢复能力、促进杆持续增长的发展计划。其中，"欧盟下一代"复兴计划是目前正在进行中的规模最大、覆

---

[1] FitchRatings. Fitch Revises Czech Republic's Outlook to Negative; Affirms at "AA-", May 2022.
[2] FitchRatings. Fitch Affirms Romania at "BBB-"; Outlook Negative, April 2022.
[3] 《中东欧经济研究报告2020—2021》信息专题1详细介绍了欧洲汇率机制。更多信息请参考：姜建清. 中东欧经济研究报告2020—2021［M］. 北京：中国金融出版社，2021.
[4] FitchRatings. Fitch Affirms Croatia at "BBB"; Outlook Positive, May 2022.

盖面最广的经济刺激方案，根据本报告研究专题 2 的梳理，我们看到，中东欧—欧盟国家是该复兴计划，特别是其"复苏和恢复社会秩序资金"（Recovery and Resilience Facility，RRF）最大的受益区域之一，与之对比，中东欧—非欧盟国家疫情后的复苏资金动力略显不足。

不过，2022 年 2 月 25 日，欧盟委员会公布了一项总额为 32 亿欧元的大规模投资计划，以支持西巴尔干地区的 21 个在交通、数字、气候和能源互联领域的项目。事实上，该一揽子投资项目是欧盟"西巴尔干经济和投资计划"（Economic and Investment Plan for the Western Balkans）以及"欧盟全球门户计划"（EU Global Gateway Strategy）框架下规划的第一批在西巴尔干地区具体实施的项目，其中，前者是欧盟委员会于 2020 年 10 月通过的一项旨在促进西巴尔干地区经济复苏，支持绿色和数字化转型，加速区域一体化和与欧盟融合的长期计划；该计划预计将为西巴尔干地区国家撬动 90 亿欧元的欧盟资金。后者为欧盟委员会在 2021 年 12 月 1 日公布的一项拟在 2027 年前用于全球性的基础设施、数字和气候项目投资计划；该项目总额预计为 3000 亿欧元，旨在加强欧洲供应链，促进欧盟贸易，并帮助应对气候变化，重点关注数字化、卫生、气候、能源和运输，以及教育和研究等领域。① 针对西巴尔干地区，"欧盟全球门户计划"将在未来 7 年内提供 300 亿欧元的赠款和贷款，主要用于铁路和公路基础设施建设以及能源互联互通设施建设。②

从投资领域来看，该总额为 32 亿欧元一揽子计划的优先部门涵盖了可持续运输、清洁能源、环境和气候、数字化和健康教育发展五个领域。其中，可持续运输是计划在西巴尔干区域建设主要公路和铁路连接，包括地中海、东—西沿线、莱茵—多瑙河走廊以及北马其顿斯克里普与保加利亚边境之间的铁路走廊，目的是减少运输时间，促进西巴尔干地区区域贸易和可持续增长；在清洁能源领域，主要通过投资建造太阳能发电厂和跨巴尔干输电走廊来发展可再生能源；在环境和气候领域，重点将建设污水处理厂，这有助于保护西巴尔干地区的环境、健康并增进人民福祉；数字化的优先项目为进一步推进农村宽带基础设施建设；在健康和教育领域，优先推行的项目为建造一所大学儿童医院的新楼，以增加其新的诊断和治疗技术能力。③

---

① 更多信息请参考：https://webalkans.eu/en/news/european-commission-launches-e3-2-billion-investment-to-advance-sustainable-connectivity-in-the-western-balkans/。
② 中欧陆家嘴国际金融研究院、中东欧经济研究所，《中东欧视界》，2021（12）。
③ 更多信息请参考：https://webalkans.eu/en/news/european-commission-launches-e3-2-billion-investment-to-advance-sustainable-connectivity-in-the-western-balkans/。

> 从国别来看，塞尔维亚的计划包括：(1) 建设位于该国境内的跨巴尔干输电走廊，该输电走廊将连接包括塞尔维亚在内的5个国家的电力系统（罗马尼亚、波黑、黑山和意大利）；(2) 能源网络连通建设，该项目覆盖了波黑—克罗地亚、北马其顿—科索沃（地区）和北马其顿—塞尔维亚天然气联通；(3) 已经启动的10号铁路连线走廊 Niš–Brestovac 段建设，该铁路走廊连接塞尔维亚、奥地利和希腊，是推动塞尔维亚经济、贸易和投资发展的主要动力。黑山的计划包括：(1) 建设一条连接该国首都波德戈里察和阿尔巴尼亚首都地拉那的铁路线路；(2) 扩建 Piva 水电站和建设 Komarnica 水电站。阿尔巴尼亚的计划包括翻新 Fierza 水电站和建设 Skavica 水电站。北马其顿的计划包括由该国发起的绿色协议运动（Green Deal campaign）。①

---

① 更多信息请参考：https://balkangreenenergynews.com/eu-expects-western-balkan-countries-to-offer-quality-projects-for-financing-under-eur-9-billion-plan/。

第二篇

中东欧地区绿色经济专题研究

第三章　中东欧地区绿色经济发展概况

第一节　绿色经济发展的宏观环境

一、"绿色经济"出现的国际背景

继工业革命、电力革命以及信息技术革命之后,"绿色革命"在新冠肺炎疫情激化下,成为新一轮全球经济转型的新动力。世界主要经济体纷纷加快了经济绿色转型的节奏,密集出台了包括工业、农业、能源、运输、建筑、金融、消费等在内的多个领域的绿色政策,以期实现更可持续和更加包容的经济复苏,构建更加绿色和更具气候韧性的经济。

1992年联合国环境与发展会议（The United Nations Conference on Environment and Development, UNCED）在里约热内卢举行,155个国家签署了"联合国气候变化框架公约"（The United Nations Framework Convention on Climate Change, UNFCCC）,自此,绿色发展和可持续性等议题逐渐浮上舞台,成为国际社会的关注焦点。

事实上,"绿色经济"这一概念最早是由英国环境经济学家大卫·皮尔斯在1989年出版的《绿色经济的蓝图》（*Blueprint for A Green Economy*）[1]中提出的,他主张从社会及其生态条件出发,建立一种"可持续的经济",并提出将有害环境和耗竭资源的活动纳入国家经济平衡表中。[2] 目前,针对"绿色经济"使用最

---

[1] Pearce, D., Markandya, A. and E. Barbier, E. Blueprint for A Green Economy. Earthscan, London, Great Britain, 1989.
[2] European Environment Agency. Europe's Environment – An Assessment of Assessments. Publications Office of the European Union, 2011.

广泛、最权威的定义之一是由联合国环境规划署（United Nations Environment Programme，UNEP）在2011年提出的，即"绿色经济是能改善人类福祉和社会公平，同时又可以显著降低环境风险和生态稀缺的经济"。

在各国政府寻求有效方法带领本国摆脱气候危机的过程中，"绿色经济"被视为促进新的国家政策制定和国际合作以及推动可持续发展的重要工具。[①] 联合国环境规划署始终是绿色经济的旗手，它于2008年发起了绿色经济倡议（Green Economy Inititive，GEI），期望通过绿色投资等推动世界产业革命、发展经济和减贫等，希望全球领导者及经济、金融、贸易、环境和其他部门的政策制定者意识到环境投资对经济增长、增加就业和减贫的贡献，并将这种意识体现到日常的决策当中。在2009年的G20伦敦峰会上，全球领导人达成了"包容、绿色以及可持续性的经济复苏"共识。经济合作与发展组织（Organization for Economic Cooperation and Development，OECD）也于2010年发布了"绿色发展战略"报告，该报告不仅为绿色经济制定概念性框架，并且为决策者提供了实用的政策工具。2016年，全球171个缔约方在联合国总部共同签署了"巴黎气候协议"（Paris Agreement），该协议被视为是近20年来最复杂的全球协议，是对2020年后全球应对气候变化的行动作出的统一安排，其长期目标是将全球平均气温较工业化时期上升幅度控制在2℃以内，并寻求将气温升幅进一步限制在1.5℃以内的措施。总地来看，这些国际倡议的共同主题就是将全球环境挑战融合到综合经济决策中，包括宏观经济、投资贸易及科技创新等各领域政策，其重点在于促进绿色投资、绿色消费和绿色创新在可持续的经济复苏、消除贫困与长期经济发展过程中发挥重要作用。[②]

在全球发达经济体中，欧盟在推进绿色经济发展方面，始终走在前列（见信息专题2）。2007—2009年国际金融危机和欧洲主权债务危机相继爆发后，欧盟推出了前所未有的大规模经济刺激计划，目的是将促进经济复苏和增加就业机会的短期措施与向低碳经济转型的中期战略结合起来。2009年3月，欧盟宣布将在2013年之前投资1050亿欧元，用于绿色经济建设，以创造更多就业机会，抑制全球气候变暖，并稳固欧盟在环保技术领域的世界领先地位。[③] 2010年3月，欧盟委员会推出了"欧洲2020战略"（Europe 2020 Strategy），制定了与绿色增长相

---

① 更多信息请参考联合国经济和社会事务部可持续发展官网：https://sdgs.un.org/zh/topics/green-economy；绿色经济不仅在2008年国际金融危机期间发挥了积极的作用，并且在2012年联合国可持续发展大会上被各国视为可持续发展的重要工具。
② 中国环境与发展国际合作委员会. 中国经济发展方式的绿色转型，2011-11。
③ 更多信息请参考中国气候变化信息网官网：https://www.ccchina.org.cn/Detail.aspx?newsId=25796&TId=58。

关的战略目标——智能发展、可持续发展和包容性增长。2019年12月，新一届欧盟委员会发布了新的增长战略计划"欧盟绿色新政"（European Green Deal），承诺将实现更高的减排目标，包括将2030年减排目标从相对1990年水平减排40%提高到至少减排55%，到2050年欧洲将成为首个实现碳中和大陆。2020年初新冠肺炎疫情全球暴发之后，为进一步刺激经济复苏，欧盟推出了"欧盟下一代"（NextGeneration EU，NGEU）复兴计划①，明确将其中37%的资金投入与绿色转型目标直接相关的领域。这一系列绿色发展纲领为欧盟在后疫情时代应对气候变化提供了长期性的战略指导框架，凸显了欧盟进行绿色转型的雄心和力度，使其成为推动全球可持续发展的领航者。然而，鉴于欧盟成员国在经济基础、能源结构、产业结构等方面存在较大差异，可持续发展水平相去甚远，绿色新政在欧盟内部引起了较大的争议。首先，以波兰、匈牙利、捷克、保加利亚为代表的大部分中东欧国家对化石能源依赖性较高、产业结构较为单一，未来将面临较大的经济转型压力。其次，对于核能是否属于清洁能源也是争论焦点之一。由于核废料的无害化处理问题暂未完全解决，德国等国不支持将核能纳入清洁能源。最后，绿色新政在经济绿色转型公平公正方面的措施比较模糊，部分严重依赖化石能源的成员国在转型中的就业和社会问题同样也是国际社会关注的一个焦点。②因此，在实施绿色新政的过程中，如何平衡不同能源体系、产业结构、劳动力市场和金融融资能力的国家之间的经济利益将成为欧盟绿色经济发展下一阶段的挑战。

二、欧盟主要绿色政策框架③

正如上文所提，作为欧盟目前最重要的绿色政策框架和增长战略，"欧盟绿色新政"旨在"将欧盟转变为一个公平、繁荣的社会和富有竞争力的资源节约型现代化经济体，到2050年欧盟温室气体达到净零排放，并且实现经济增长与资源消耗脱钩"，让欧洲走上可持续和包容性发展道路。"欧盟绿色新政"（见图3-1）几乎覆盖了欧盟所有经济和社会领域，包括能源、工业、生产和消费、大型基础设施建设、交通运输、粮食和农业、建筑、税收和社会福利等，制定了与上述领域相对应的一系列变革措施，主要涵盖以下八项内容。

第一，在2030年和2050年实现更高的减排目标。20世纪90年代，欧盟已经

---

① 更多信息请参考《中东欧经济研究报告2020—2021》研究专题1：姜建清. 中东欧经济研究报告2020—2021 [M]. 北京：中国金融出版社，2021.
② 国泰君安. 碳边境调节机制（CBAM）有望推动中欧碳交易体系对标 [Z]. 金融界，2021-07-20.
③ European Commission. The European Green Deal, COM (2019) 640 Final, Brussels, 2019-12-11.

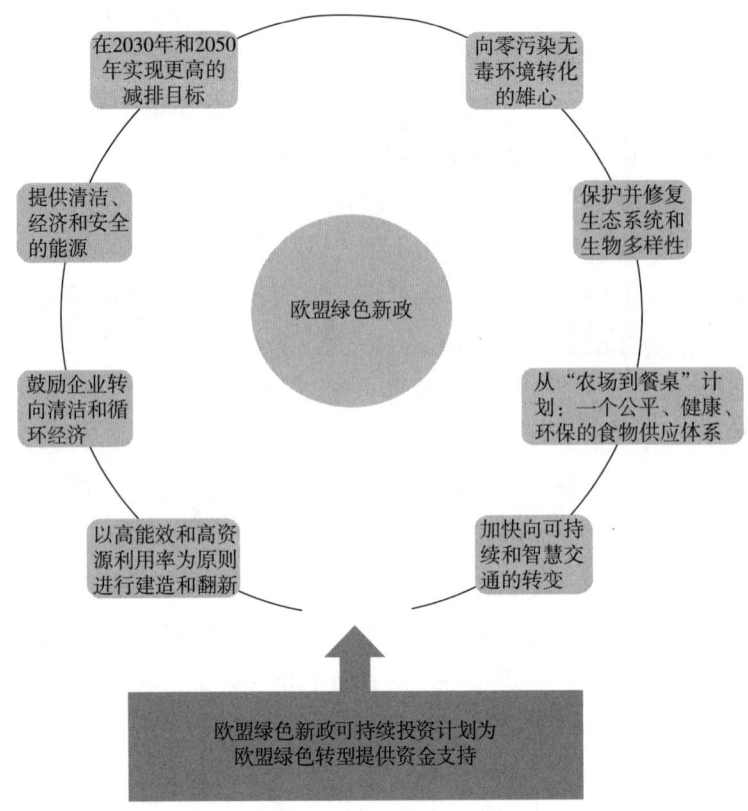

图 3 – 1　"欧盟绿色新政"框架
（资料来源：欧盟委员会）

开始以"气候中和"为目标进行经济现代化转型。1990—2018 年，欧盟减少了 23% 的温室气体排放，在此期间，其经济增长了 61%。然而，若继续依照欧盟此前的减排政策，到 2050 年欧盟仅能减少 60% 的温室气体排放量。这就意味着，在未来欧盟必须调整其策略，采取更加积极的气候行动才能在 2050 年达成"气候中和"的目标。基于一系列影响评估报告，欧盟委员会对欧盟的减排目标进行了调整：承诺到 2030 年温室气体净排放量在 1990 年水平上减少至少 55%；到 2050 年使欧洲成为第一个气候中和大陆。上述目标已被正式纳入 2021 年 7 月生效的《欧洲气候法》（*European Climate Law*）。此外，考虑到减排目标水平差异在全球范围内将持续存在，欧盟委员会还将针对选定的部分行业实施碳边境调节机制（Carbon Border Adjustment Mechanism，CBAM），以减少"碳泄漏"的风险（见信息专题 3）。

第二，提供清洁、经济和安全的能源。欧盟能源供应系统的进一步脱碳对实现其 2030 年和 2050 年减排目标至关重要。据统计，欧盟各经济部门在从事生产活动时使用能源而排放的温室气体占温室气体总排放量的75%以上。对此，如何提高能源效率将成为欧盟考虑的优先事项。与此同时，欧盟能源供应在安全保障的基础上，还须让普通消费者和企业能够负担。要实现上述目标，欧盟则需保证其能源市场完全一体化、互联化、数字化以及技术中立原则。

第三，鼓励企业转向清洁和循环经济。实现气候中和可循环经济需要充分调动一国工业部门参与其中的积极性。从1970年到2017年，全球原材料年开采量增加了2倍，并有逐渐增加之趋势。值得注意的是，原材料的开采以及燃料、材料、粮食的加工过程会对环境造成较大的破坏，据估计全球温室气体排放总量的一半，90%以上的生物多样性损失以及水资源压力均来自于此，对全球的可持续发展构成了重大的风险。在欧盟，虽然工业部门已经开始绿色转型，但其温室气体排放量仍然占欧盟温室气体总排放量的20%。因此，除了"欧盟绿色新政"之外，欧盟委员会于2020年3月还公布了一项新的欧洲工业战略（EU Industrial Strategy）。该产业战略被视为是实现"欧盟绿色新政"的关键推动因素，其涵盖一系列支持欧洲工业的举措，旨在帮助欧洲工业加速向气候中和以及数字化转型，将绿色循环经济概念嵌入欧洲工业核心。

第四，以高能效和高资源利用率为原则进行建造和翻新。建筑物在建造、使用和翻新过程中需要消耗大量的能源和矿物资源。据估计，建筑物能耗约占欧盟能源消耗总量的40%，建筑行业温室气体排放占欧盟排放总量的36%。目前欧盟成员国建筑物存量的翻新率分布在0.4%~1.2%，欧盟需要将该速度提高一倍，才能在2030年和2050年实现其减排目标。对此，欧盟委员会严格执行与建筑能源性能相关法规。首先，欧盟委员会将严格审核欧盟成员国的国家长期建筑翻新战略（National Long-term Renovation Strategies）；其次，欧盟委员会还启动了将建筑物排放纳入欧盟排放交易体系（European Union Emission Trading Scheme，EUETS）的可行性研究；最后，欧盟委员会将审查欧盟建筑产品法规（Construction Products Regulation，CPR），以确保新建筑和翻新建筑在各个阶段的设计符合循环经济的要求。

第五，加快向可持续和智慧交通的转变。欧盟交通运输部门温室气体排放占其排放总量的25%。若希望在2050年达成气候中和的目标，欧盟交通运输需要减少至少90%的排放量。为此，欧盟委员会在2020年通过了可持续和智慧交通战略（Sustainable and Smart Mobility Strategy），旨在通过对公路、铁路、航空和水上运输方式的绿色转型，为乘客提供更实惠、更方便、更健康和更清洁的出行方式，其中，自动化和互联的多式联运以及智慧交通管理系统将在未来发挥越来越大的作用。

第六，从"农场到餐桌"计划：一个公平、健康、环保的食物供应体系。长期以来，欧盟食品以安全、营养、优质著称，应成为可持续发展的全球标准。然而，即便如此，以欧盟目前的生产模式来看，想要应对该地区快速增长的人口仍然是一个巨大的挑战。另外，考虑到粮食的生产会造成空气、水和土壤的污染，引发生物多样性和气候变化危机，作为"欧盟绿色新政"的一部分，从"农场到餐桌"的农业和粮食生产计划（"Farm to Fork" Strategy）预计投资100亿欧元，涵盖27项关键措施，旨在帮助欧盟向可持续食物生产体系过渡，维护粮食安全并确保获得健康的饮食。

第七，保护并修复生态系统和生物多样性。联合国生物多样性和生态系统服务政府间科学政策平台（Intergovernmental Science–policy Platform on Biodiversity and Ecosystem Services, IPBES）发布的《2019全球评估报告》[①]显示，人类对土地和海洋利用方式的改变、自然资源过度开发以及气候变化是全球生物多样性受到侵蚀的三大因素。为了确保欧盟在保护全球生物多样性舞台上能够继续发挥其关键作用，欧盟委员会于2020年5月提出了"欧盟生物多样性战略2030"（EU Biodiversity Strategy for 2030）。该计划是"欧盟绿色新政"的主要内容之一，旨在保护自然、提高保护区的覆盖率和有效性、恢复受损生态系统、促进森林及其他生态系统的可持续利用，以及充分整合生物多样性。

第八，向零污染无毒环境转化的雄心。为了创造零污染的无毒环境，欧盟及其成员国需要更严格地监测、报告、预防和补救来自空气、水、土壤和消费品的污染。对此，欧盟于2021年5月出台了"欧盟行动计划：实现空气、水和土壤零污染"（EU Action Plan: Towards Zero Pollution for Air, Water and Soil）（见表3-1）。作为"欧盟绿色新政"的组成部分，该计划是新冠肺炎疫情后欧盟推进绿色转型的重要举措，其主要目标是在2050年将空气、水和土壤污染降低到对人类健康和自然生态环境不再有害的水平。

表3-1　　　　　"欧盟绿色新政"及其相关重要政策出台时间轴

时间	政策名称
2019年12月11日	欧盟绿色新政（European Green Deal）
2019年1月14日	欧盟绿色新政可持续投资计划（European Green Deal Investment Plan） 公正过渡机制（Just Transition Mechanism）
2020年3月4日	欧洲气候法提案（Proposal for a European climate law）

---

① IPBES (2019). Global Assessment Report of the Intergovernmental Science–Policy Platform on Biodiversity and Ecosystem Service, Brondízio, E. S., Settele, J., Díaz, S., Ngo, H. T. (eds) IPBES Secretariat, Bonn, Germany, 2019: 1144. ISBN: 978-3-947851-20-1.

续表

时间	政策名称
2020年3月10日	欧洲工业战略（European Industrial Strategy）
2020年3月11日	循环经济行动计划提案（Proposal of a Circular Economy Action Plan）
2020年5月20日	欧盟生物多样性战略2030（EU Biodiversity Strategy for 2030） 从"农场到餐桌"的农业和粮食生产计划（"Farm to fork" strategy）
2020年7月	"欧洲气候法"正式生效
2020年7月8日	欧盟能源系统与氢战略（EU strategies for energy system integration and hydrogen）
2020年9月17日	欧盟2030气候目标计划（2030 Climate Target Plan）
2020年12月9日	欧洲气候公约（European Climate Pact）
2021年2月24日	欧盟适应气候变化新战略（New EU strategy on adaptation to climate change）
2021年5月12日	欧盟行动计划：实现空气、水和土壤零污染
2021年5月17日	可持续蓝色经济（Sustainable blue economy）
2021年7月14日	"Fit for 55"一揽子气候计划

资料来源：欧盟委员会。

2021年7月14日，欧盟委员会公布了名为"Fit for 55"的一揽子气候计划，提出了包括能源、工业、交通、建筑、农业等在内的12项更为积极的系列举措，这被视为欧盟为实现2050年碳中和的第一步（见表3-2）。通过对欧盟一揽子气候计划的详尽分析，罗兰贝格认为该计划将在全球范围内带来广泛的影响，它不仅仅涉及欧盟重要的经济领域和贸易伙伴，也将影响一般消费者，甚至对弱势家庭与微型企业也将带来一定冲击。①

表3-2　　　　　　　　　欧盟"Fit for 55"一揽子气候计划概览

气候	能源	交通	社会
欧盟碳排放权交易体系（EU ETS） 减排分担条例（ESR） 碳边境调节机制（CBAM） 土地利用、土地利用变化和林业战略（LULUCF）	可再生能源指令（RED） 能源效率指令（EED） 能源税收指令（ETD）	可持续海运燃料（FuelEU） 可持续航空燃料（ReFuelEU） 替代燃料基础设施指令（AFID） 汽车二氧化碳排放标准条例（CO_2 in cars）	社会气候基金（SCF）

注：社会气候基金由欧盟委员会设立，基金规模为1444亿欧元，其中722亿欧元由欧盟预算支出。该项基金将在2025—2032年为因减排而利益受损的弱势群体、中低收入家庭、交通工具使用者以及微小企业提供资金支持。

资料来源：欧盟委员会、罗兰贝格管理咨询。

---

① 罗兰贝格管理咨询．深度洞见丨欧盟最新低碳发展政策"Fit for 55"一揽子计划解读［R］．2021-08．

信息专题 2　欧盟发起和参与的总体框架性气候政策一览[①]

时间	政策框架	发布机构	主要内容
1992 年通过 1994 年生效	联合国气候变化框架公约	包括欧盟及其成员国在内的 197 个缔约方	"联合国气候变化框架公约"（UNFCCC）是应对气候变化的主要国际条约，终极目标是将大气温室气体浓度维持在一个稳定的水平，在该水平上人类活动对气候系统的危险干扰不会发生
1997 年	京都议定书	包括欧盟及其成员国在内的 UNFCCC 的 192 个缔约方	在 2020 年之前，"京都议定书"是世界上唯一具有法律约束力的温室气体减排文书；共包含两个承诺期——2008—2012 年，工业化国家承诺在 1990 年的水平上平均减少 5% 的排放量；2013—2020 年，缔约方承诺在 1990 年的水平上减少至少 18% 的排放
2007 年 3 月提出 2008 年 12 月批准	2020 年气候和能源一揽子计划	欧洲理事会	确定欧盟 2020 年气候和能源发展目标，即著名的"20-20-20"一揽子目标：将欧盟温室气体排放量在 1990 年基础上降低 20%，将可再生能源占总能源消耗的比重增至 20%，将煤、石油、天然气等化石能源的消费量在 1990 年的基础上减少 20%
2011 年	2050 低碳经济路线图与 2050 能源路线图	欧盟委员会	欧盟委员会提出了在 2050 年实现更具竞争力的低碳经济的路线图，并以此作为经济上和技术上的可行性框架，确保欧盟 2050 年实现在 1990 年基础上减排 80%~95% 的长远目标。该路线图的目标是为欧盟提供指引，以制定低碳战略和长期投资政策，最终实现欧盟向低碳经济转型
2014 年 10 月	2030 年气候与能源政策框架（The 2030 climate and energy framework）	欧洲理事会	初步确定欧盟 2030 年气候和能源发展目标，即将温室气体排放量在 1990 年基础上降低 40%，将可再生能源在终端能源消费中的比重增至 32%，将能源效率提高 32.5%
2015 年	创新使命计划（Mission Innovation）	欧盟及其他 24 个国家	加速全球清洁能源创新，促进相关科技进展突破并降低清洁能源成本；主要举措：（1）在参与方层面上大力加强公共部门对清洁能源研发的投资；（2）增加私人部门对能源创新的参与和投资，尤其是在关键的技术创新方面；（3）进一步促进国际合作；（4）支持创新、评估关键清洁能源技术的进展

[①]　东吴证券. 欧盟碳中和进程［R］. 2021-04-23.

续表

时间	政策框架	发布机构	主要内容
2015年通过 2016年签订	巴黎气候协议（Paris Agreement）	包括欧盟及其成员国在内的UNFCCC的所有缔约方	"巴黎气候协定"是首个具有普遍约束力的全球气候协议；欧盟在促成"巴黎气候协定"中发挥了重要作用，并将继续发挥全球领导作用；2019年12月，欧盟提交了更新和改进的NDC目标，即到2030年在1990年的基础上减少至少55%的排放
2017年12月	地球行星行动计划（Action Plan for the Planet）	欧盟委员会	"地球行星行动计划"提出面向现代清洁经济与公平社会的10项转型举措，以巩固其在应对气候变化行动中的国际领导地位
2018年11月	2050年长期战略（Long-Term Strategy for 2050）	欧盟委员会	作为"人人共享清洁星球"（A Clean Planet for All）战略构想的一部分，欧盟期望通过使用现有技术及新兴技术在2050年实现温室气体净零排放具备可行性，即在1990年的基础上温室气体减排80%~95%；增加可再生能源的份额并提高能效
2019年12月	欧盟绿色新政（European Green Deal）	欧盟委员会	阐明欧洲迈向气候中性循环经济体的行动路线，提出提高欧盟2030年和2050年气候目标，即2030年温室气体排放量在1990年基础上减少50%~55%，2050年实现净零排放的碳中和目标
2020年9月	2030年气候目标计划（2030 Climate Target Plan）	欧盟委员会	到2030年，欧盟温室气体排放量与1990年的水平相比下降至少55%。能源系统在欧洲气候中和经济转型中居核心地位，需要实现完全脱碳：在建筑及发电部门，排放量需要达到比2015年的水平降低至少60%；到2030年，欧盟可再生能源发电提升至65%以上，供暖制冷部门可再生能源渗透率达到40%；在一些碳密集型工业过程中，使用可再氢替代化石燃料；在2030年前，将目前为1%左右的建筑翻新率翻倍，并在智能电子化、可再生能源整合等方面深度改造；通过电动汽车、生物燃料及其他可再生低碳燃料的进一步推广，2030年，交通运输部门的可再生能源份额达到24%；到2030年，与2015年的水平相比，煤炭消耗量减少70%以上，石油和天然气分别减少30%和25%以上，可再生能源在最终能源消耗中占的比重上升至38%~40%；欧盟排放体系需进一步强化；在一些行业引入碳边界调整机制，以应对碳泄漏的风险；在最终能源消耗层面，能源效率需要提高到36%

续表

时间	政策框架	发布机构	主要内容
2020年9月	欧洲气候法（European Climate Law）	欧盟委员会	欧盟将2050年实现温室气体净零排放设定为一个具有法律约束力的目标，欧盟及其成员国将就此目标在欧盟层面以及国家层面采取必要措施，每5年审查一次进展情况；到2030年，欧盟温室气体排放相比1990年减少至少55%；采用2030—2050年欧盟范围内的温室气体减排轨迹，以衡量减排进展；2023年9月，以及此后每5年，欧盟委员会将评估欧盟和各国在气候中和方面的措施
2021年7月	减碳55（Fit for 55）一揽子气候计划	欧盟委员会	欧盟提出了包括能源、工业、交通、建筑等在内的12项更为积极的系列举措，承诺在2030年底温室气体排放量较1990年减少55%的目标

资料来源：东吴证券、欧盟委员会。

信息专题3 欧盟碳边境调节机制简介[1][2][3]

一、欧盟出台碳边境调节机制的背景

在贸易全球化的背景下，欧盟认为与其碳排放标准不一致的国家将带来"碳泄漏"风险。2019年12月，欧盟委员会在"欧盟绿色新政"的战略计划中提出了建立"碳边境调节机制"（Carbon Border Adjustment Mechanism, CBAM）。该机制主要针对不符合欧盟碳排放标准的部分进口商品征收碳边境税，此举一方面是为了避免欧盟自身气候政策的完整性及有效性因"碳泄漏"而被破坏，另一方面则是为了保护欧盟境内企业的全球竞争力。据腾讯研究院测算，欧盟净进口商品碳排放量占欧盟国内碳排放20%以上，因此有必要更好地监测进口产品的温室气体含量，进一步采取行动减少欧盟在全球的温室气体足迹。

2021年7月14日，欧盟委员会在"Fit for 55"计划中公布了碳边境税政策立法提案，正式启动了立法进程，碳边境调节机制成为全球首个正式酝酿的碳边境税政策。在欧盟委员会提交碳边境调节机制的提案和影响评估后，欧盟成员国、欧盟委员会、欧盟理事会和欧洲议会之间将展开复杂的谈判。[4] 根据提案，欧盟碳边境调节机制将分阶段实施：2023—2025年为过渡期，涵盖电力、

---

[1] 国泰君安. 碳边境调节机制（CBAM）有望推动中欧碳交易体系对标［Z］. 金融界，2021-07-20.
[2] BCG. How an EU Carbon Border Tax could Jolt World Trade. June 2020.
[3] BCG. The EU's Carbon Border Tax Will Redefine Global Value Chains. October 2021.
[4] 欧盟委员会公布了立法提案仅仅是CBAM进入立法程序的第一步，紧接着将由代表欧洲全体公民利益的欧洲议会对该提案提出修正意见，再之后，代表欧洲各国利益的欧盟理事会进一步对欧洲议会的修正意见再提意见。最后，当欧洲议会和欧洲理事会的意见达成一致，才能得到最终的法律文书。

钢铁、水泥、铝和化肥5个行业，进口商只需报告进口产品数量及其相应的碳含量，欧盟在此期间不征收任何费用。不过，2026年之前，欧盟将评估考虑是否纳入新的领域。自2026年1月1日起，欧盟将正式开始征收碳边境税，意味着欧盟碳边境调节机制将全面实施。与此同时，欧盟将逐年降低境内钢铁、水泥等高碳生产企业免费配额。欧盟进口商在进口特定领域的产品时，需参照欧盟碳排放权交易体系（EU ETS）的碳排放价格，缴费购买相应的碳含量交易许可（CBAM Certificate）。上述过程将持续至2035年，届时欧盟境内的免费配额将被完全取消。此外，为了避免双重征税，对于欧盟以外生产者已经承担的碳排放成本，欧盟将扣减进口产品在其生产国已实际支付的碳价。①

2021年11月和2022年1月，欧洲议会国际贸易委员会（INTA）与环境、公众健康和食品安全委员会（ENVI）分别发布了对碳边境调节机制的修正意见稿和立法报告。其中，INTA修正意见稿的第65条和第66条建议分别将碳边境调节机制过渡期结束时间和正式生效的时间提前了一年，同时提出间接碳排放产品也应纳入征税范围，并推动产品范围向下游延伸。② 然而，2022年2月底，欧洲议会INTA内部否决了该委员会提出的碳边境调节机制的修正意见稿。这意味着欧洲议会INTA未能就如何修改欧盟委员会的碳边境调节机制方案形成统一意见，因此无法提供给欧洲议会ENVI一个正式的建议。究其原因，大致有以下两点。首先，代表欧洲电力、水泥、铝、钢铁和化肥行业的5个协会在INTA投票前一周发布了致委员会的联合声明。该声明表示碳边境调节机制和绿色转型必须是"产业友好"的，反对加速取消免费排放配额和电价补贴。其次，2022年2月底爆发的俄乌冲突给世界能源格局造成了巨大的影响，使得欧洲议会INTA在进行投票时对能源安全、经济安全、气候变化等各种因素权重的考量发生了变化。③ 2022年6月8日下午，欧洲议会对欧盟绿色新政的"Fit for 55"一揽子气候计划的三项关键气候立法进行了投票，然而，由于第一项欧盟碳排放权交易体系改革提案意外被否定，其余两项提案，社会气候基金以及欧盟碳边境调节机制（CBAM）暂被退回至起草委员会ENVI进行重新修订。④ 最终，欧洲议会于2022年6月22日，以450票赞成、115票反对和55票弃权通过了"碳边境调节机制"法案。与立法草案相比，欧洲议会的修改意见扩大了碳边境调节机制的实施范

---

① 罗兰贝格管理咨询. 深度洞见｜欧盟最新低碳发展政策"Fit for 55"一揽子计划解读［R］. 2021-08.
② 中国贸促会研究院. 欧盟营商环境报告2021/2022［R］. 2022-01.
③ 吴必轩. 碳关税在欧洲议会内部暂时遇阻［N］. 经济观察报，2022-03-01.
④ 欧盟中国商会. 欧盟将出台碳边境调节机制"Fit for 55"减排一揽子方案下周揭晓［Z］. 周知，2021-07-09.

围,因此总体上显得政策力度更大。同时,欧洲议会的修改意见延长了该机制的过渡期,为各方适应新政留出了相对宽松的时间。

二、碳边境调节机制的消极和积极影响

虽然欧盟在命名"碳边境调节机制"时刻意避开"税"等字眼,以期使其"符合世界贸易组织(WTO)的规则",但实质上,这项新的征税立法仍将冲击国际贸易规则,引发全球供应链强烈反应,令欧盟主要贸易伙伴,如中美"感到不安"。[①] 2020 年中国超越美国,成为欧盟最大的贸易伙伴;2021 年,尽管面临的形势仍旧复杂严峻,中欧之间贸易额突破了 8000 亿美元,创历史新高,中国保持了欧盟第一大贸易伙伴地位。鉴于中欧之间贸易体量较大,而且中国对欧出口贸易产品大多处于国际产业链的中低端,短期来看,欧盟碳边境调节机制将大大增加中国的出口成本,削弱中国企业在欧洲市场的竞争力。2021 年中国贸促会研究院问卷调查显示,受访中国企业里 64.82% 的企业认为欧盟碳边境调节机制提高了欧盟贸易壁垒。

不过,长期来看,欧盟碳边境调节机制的推进可带动中国碳排放权交易市场与欧洲进一步对标,随着中国自身加速推进碳中和目标,该机制对中国的影响将会逐步减弱。2021 年 7 月 16 日,中国碳排放权交易市场正式上线交易,纳入首批碳市场覆盖的企业数量超过 2000 家、碳排放总量超过 40 亿吨二氧化碳(占中国排放总量的 40%)。后续石化、化工、建材、钢铁、有色金属、造纸、航空等 7 大高耗能行业也将逐步被纳入。根据欧盟的经验,随着后续减排进程加快,分配的配额将逐步收紧。在中国碳排放交易权体系与欧洲进一步对标的背景下,预计中国碳配额缩减速度将会加快,中国碳交易价格有望超过预期。[②]

第二节 欧盟和中东欧国家可持续发展近况

一、联合国可持续发展目标指数

为了能够更全面地分析欧盟成员国近年来在可持续发展和绿色转型方面的整体表现,本小节我们将使用联合国可持续发展目标指数(Sustainable Development

---

① 欧盟中国商会. 在紧张的一周,欧盟对华论调出现微调 [Z]. 周知,2022-06-11.
② 国泰君安. 碳边境调节机制(CBAM)有望推动中欧碳交易体系对标 [Z]. 金融界,2021-07-20.

Goals Index，SDG Index）作为比较分析的量化工具。① 2015 年 9 月，联合国全体成员国一致通过了 2030 年可持续发展议程和 17 项可持续发展目标（Sustainable Development Goals，SDGs），从三个维度为可持续发展设定了宏伟目标，即通过善治实现经济发展、社会包容与环境的可持续性（见表 3 - 3）。此后，联合国可持续发展解决方案网络（Sustainable Development Solutions Network，SDSN）为这 17 项目标分别建立了一套指标，构建出 SDG 指数体系。

表 3 - 3   联合国 17 项可持续发展目标

目标 1	目标 2	目标 3	目标 4	目标 5	目标 6
无贫穷	零饥饿	良好健康与福祉	优质教育	性别平等	清洁饮水和卫生设施
目标 7	目标 8	目标 9	目标 10	目标 11	目标 12
经济适用的清洁能源	体面工作和经济增长	产业、创新和基础设施	减少不平等	可持续城市和社区	负责任消费和生产
目标 13	目标 14	目标 15	目标 16	目标 17	
气候行动	水下生物	陆地生物	和平、正义与强大机构	促进目标实现的伙伴关系	

资料来源：联合国。

2016 年发布的第一版 SDG 指数报告涵盖了 149 个联合国成员国和 77 项分指标，每个国家对应 0~100 分值区间的一个值，分值越高表明一国距离实现 2030 年可持续发展目标越接近。② 2021 年 12 月，联合国可持续发展解决方案网络和欧洲环境政策研究所（Institute for European Enviromental Policy，IEEP）联合发布了《欧洲可持续发展报告 2021》。该报告公布了欧洲国家更新的 SDG 指数，通过对欧洲国家和欧洲次区域之间以及欧洲与世界其他国家和地区之间的比较，分析了欧盟和 38 个欧洲国家在可持续发展方面的表现。与 2016 年第一版以及 2020 年版报告相比，2021 年版涵盖的分指标数量较 2016 年增加了 30 项至 107 项，而且在更大程度上考虑了新冠肺炎疫情对可持续发展目标的影响。③

除了使用 SDG 综合指数进行对比分析，我们还特别关注 SDG17 项指标中与"欧盟绿色新政"相关程度较高的 4 项指标的分指标（见表 3 - 4）。

---

① 虽然"绿色经济"与"可持续发展"并非完全等同的两个概念，然而欧洲环境署认为，若想实现可持续发展几乎完全取决于经济的发展，特别是绿色经济的发展。更多信息请参考：European Environment Agency, Europe's Environment – An Assessment of Assessments, Publications Office of the European Union, 2011. Pearce, D., Markandya, A. and E. Barbier, E., 1989, Blueprint for a Green Economy。

② Sachs, J., Schmidt - Traub, G., Kroll, C., Durand - Delacre, D. And Teksoz, K. (2016): SDG Index and Dashboards - Global Report. New York: Bertelsmann Stiftung and Sustainable Development Solutions Network (SDSN).

③ Lafortune G, Cortés Puch M, Mosnier A, Fuller G, Diaz M, Riccaboni A, Kloke - Lesch A, Zachariadis T, Carli E, Oger A (2021). Europe Sustainable Development Report 2021: Transforming the European Union to Achieve the Sustainable Development Goals. SDSN, SDSN Europe and IEEP, France: Paris.

表3-4 联合国可持续发展目标7、目标8、目标9和目标13的分项评估指标

可持续发展目标	分项评估指标
目标7 经济适用的清洁能源	无法提供足够家庭供暖人口比例（%）
	可再生能源在最终能源消耗中所占比例（%）
	燃料发电时产生的二氧化碳（吨/太瓦时）
目标8 体面工作和经济增长	对基本劳动权利的保护（最差0—1最好）
	可支配收入总额（欧元/人）
	未就业、未接受教育或培训的青年占15~29岁总人口的比例（%）
	失业率（%）
	因工作事故死亡的人数（每10万人）
	已就业但仍面临贫困风险的比率（%）
	进口货物所包含的与工作有关的致命意外（每10万人）
目标9 产业、创新和基础设施	国内R&D总支出占GDP比重（%）
	研发人员占在职人口比例（%）
	向欧洲专利局提交的专利申请（每100万人）
	接入宽带家庭数占比（%）
	城市与乡村地区接入互联网差距（百分点）
	年龄55~74岁、拥有基本以上水平的数字技能的人数占比（%）
	物流绩效指标：与贸易和运输相关联的基础设施（最差1—最好5）
	泰晤士高等教育大学排名：平均得分排名前3的大学（最差0—100最好）
	科学和技术类期刊文章数量（每1000人）
目标13 气候行动	化石燃料燃烧和水泥生产产生的二氧化碳排放量（吨/人）
	进口货物所附带的二氧化碳排放量（吨/人）
	化石燃料出口所附带的二氧化碳排放量（公斤/人）

资料来源：联合国。

二、欧盟和中东欧国家可持续发展近况

从全球范围来看，新冠肺炎疫情暴发前，欧盟在可持续发展目标方面已取得了较好的成绩。据统计，2000—2019年，欧盟SDG平均指数得分增长了8.5个百分点，从62.9%上升至71.4%。然而，新冠肺炎疫情大流行拖累了欧洲以及全世界的可持续发展进程。2020年，由于贫困率和失业率的上升，全球SDG平均指数得分出现了自2015年以来的首次下降，欧盟27国SDG平均指数得分也较2019年的水平略有萎缩。不过，得益于欧盟地区拥有较稳定的经济社会可持续发展政策框架，这种萎缩程度与世界其他国家和地区相比要小很多。

再从欧盟范围来看，欧盟成员国之间可持续发展的步伐并不一致，呈现出"北强南弱"和"西强东弱"的总体趋势（见表3-5）。北欧三国（芬兰、瑞典

和丹麦）整体表现最好，2021年SDG指数平均得分高达80.6；西欧传统发达国家①SDG平均指数（74.0）略低于北欧三国，但仍然高于欧盟71.4的平均水平。相比之下，位于欧洲南部以及东部的大部分国家SDG指数表现却不尽如人意。例如，2021年欧盟27国排名后5位的保加利亚、塞浦路斯、罗马尼亚、马耳他和希腊SDG平均指数得分仅为61.2，远低于欧盟71.4的平均值。主要原因是上述5国在社会和经济领域的分指标（目标1、目标3、目标4、目标8、目标9和目标12）受疫情拖累较大，得分较低。②

表3-5　　2021年欧盟成员国SDG指数分值及欧洲排名

国别	SDG指数分值	2021年SDG指数欧洲排名
芬兰	80.8	1
瑞典	80.6	2
丹麦	79.3	3
奥地利	78	4
德国	75.3	6
爱沙尼亚	73.7	8
斯洛文尼亚	73.5	9
法国	72.7	10
捷克	72.6	11
比利时	72.5	12
荷兰	72.1	13
波兰	71	15
爱尔兰	70.6	16
斯洛伐克	70	18
拉脱维亚	69.3	19
葡萄牙	69.1	20
匈牙利	68.5	21
西班牙	68.5	22
意大利	68.5	23
克罗地亚	68	24
立陶宛	66.1	25
卢森堡	65.8	26
希腊	64.8	27
马耳他	63.6	28
罗马尼亚	61.6	29
塞浦路斯	58.6	32
保加利亚	57.6	33

资料来源：联合国可持续发展解决方案网络、欧洲环境政策研究所。

---

① 根据《欧洲可持续发展报告2021》对欧洲次区域的分组，传统西欧发达国家包括奥地利、比利时、法国、德国、爱尔兰、卢森堡和荷兰。

② Lafortune G, Cortés Puch M, Mosnier A, Fuller G, Diaz M, Riccaboni A, Kloke-Lesch A, Zachariadis T, Carli E, Oger A (2021). Europe Sustainable Development Report 2021: Transforming the European Union to Achieve the Sustainable Development Goals. SDSN, SDSN Europe and IEEP, France: Paris.

根据联合国可持续发展解决方案网络和欧洲环境政策研究所的统计数据,中东欧—欧盟地区可持续发展在近3年主要呈现以下三个特征(见图3-2)。首先,尽管受到新冠肺炎疫情的拖累,中东欧—欧盟地区SDG指数在2019—2021年仍有上升趋势,其SDG平均指数从2019年的64.6上升至2021年的68.2。其次,中东欧地区可持续发展水平整体仍然偏低。2019—2021年该地区仅有3个国家的SDG指数分值达到当年欧盟的平均水平,它们分别是爱沙尼亚、斯洛文尼亚和捷克。最后,中东欧—欧盟地区不同国家的可持续发展程度相对稳定,体现在该地区可持续发展水平的第一、第二和第三梯队成员国保持稳定:2019—2021年第一梯队包括爱沙尼亚、斯洛文尼亚和捷克,3国3年平均SDG指数为72.5;第二梯队由波兰、斯洛伐克、拉脱维亚、匈牙利、克罗地亚和希腊6国组成,3年6国的SDG指数排名并无太大变化,SDG平均指数为66.6;第三梯队包括罗马尼亚和保加利亚,2国3年SDG平均指数得分仅为57.7,与该地区第一梯队的平均水平差距达10分以上。

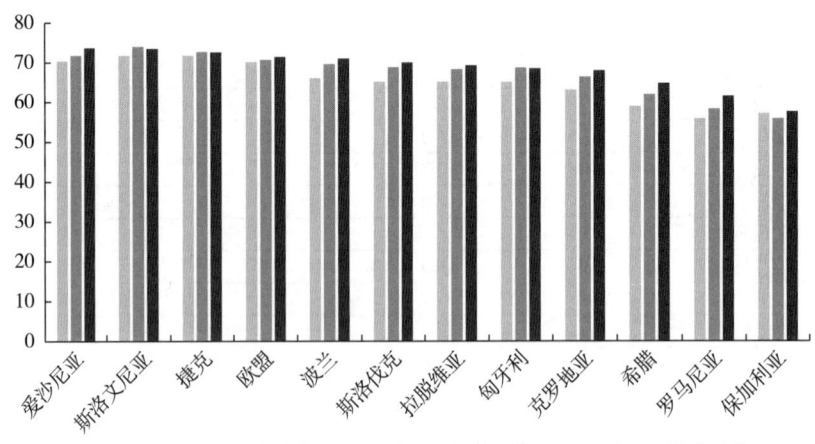

图3-2 2019—2021年中东欧—欧盟国家SDG指数分值

(资料来源:联合国可持续发展解决方案网络、欧洲环境政策研究所)

值得一提的是,《欧洲可持续发展报告2021》将中东欧—西巴尔干地区纳入SDG的评估范围,然而鉴于阿尔巴尼亚、波黑和黑山三国部分数据缺失,联合国可持续发展解决方案网络和欧洲环境政策研究所仅评估了北马其顿和塞尔维亚两国的可持续发展程度。总体来看,北马其顿和塞尔维亚可持续发展水平在欧洲处于低位,2021年SDG指数得分分别为59.9和59.3,位列欧洲SDG指数排名的第30位和第31位,与中东欧—欧盟地区的罗马尼亚和保加利亚的水平相当(见表3-6)。

表 3–6　　2021 年中东欧国家 SDG 指数分值及欧洲排名

国别	SDG 指数分值	2021 年 SDG 指数欧洲排名
爱沙尼亚	73.7	8
斯洛文尼亚	73.5	9
捷克	72.6	11
波兰	71	15
斯洛伐克	70	18
拉脱维亚	69.3	19
匈牙利	68.5	21
克罗地亚	68	24
希腊	64.8	27
罗马尼亚	61.6	29
北马其顿	59.9	30
塞尔维亚	59.3	31
保加利亚	57.6	33

注：阿尔巴尼亚、波黑和黑山暂无排名相关数据。
资料来源：联合国可持续发展解决方案网络、欧洲环境政策研究所。

此外，联合国可持续发展解决方案网络和欧洲环境政策研究所的研究显示，在过去 10 年间，欧洲国家在实现可持续发展目标的进程中出现了趋同趋势，主要表现在 SDG 指数得分较低的欧洲国家和地区的发展速度要快于 SDG 指数得分较高的国家和地区。然而，可持续发展程度较低的欧洲国家的趋同步伐仍然缓慢，按照目前的增长速度，包括保加利亚、捷克、克罗地亚、匈牙利、波兰、罗马尼亚、斯洛伐克和斯洛文尼亚在内的大部分中东欧国家需要 17 年才能达到 2021 年北欧 3 国 SDG 指数分值（80.6）；希腊、意大利等欧洲南部国家将在 18 年后达到这一水平；而阿尔巴尼亚、黑山、北马其顿、塞尔维亚等西巴尔干地区国家则需要 52 年。[①]

三、中东欧国家在绿色转型初期的状态

正如上文所提，除了利用 SDG 指数对欧盟和中东欧国家近年来可持续发展水平进行综合性评估，我们还特别关注了与"欧盟绿色新政"相关度较高的 4 项

---

① Lafortune G, Cortés Puch M, Mosnier A, Fuller G, Diaz M, Riccaboni A, Kloke - Lesch A, Zachariadis T, Carli E, Oger A (2021). Europe Sustainable Development Report 2021: Transforming the European Union to Achieve the Sustainable Development Goals. SDSN, SDSN Europe and IEEP, France: Paris.

SDG 目标指标的分指数，即目标 7 "经济适用的清洁能源"、目标 8 "体面工作和经济增长"、目标 9 "产业、创新和基础设施"和目标 13 "气候行动"，主要目的是基于上述 4 项目标所包含的分项评估指标，对欧盟，特别是中东欧国家在实施欧盟绿色新政的初期，即 2019—2020 年的状态有一定程度的了解。

（一）SDG 目标 7 "经济适用的清洁能源"

能源供应系统脱碳是实现气候中和的重中之重，因此，"清洁、经济和安全的能源"成为联合国可持续发展和"欧盟绿色新政"的共同目标。从可再生能源在最终能源消耗中所占比例来看，2019 年中东欧地区除了维谢格拉德地区暂时低于欧盟平均水平以外，其他次区域均已达到了欧盟均值。值得注意的是，可再生能源在西巴尔干地区最终能源消耗的平均占比达到了近 30% 的较高水平。这主要得益于该地区较为发达的水力发电系统，例如阿尔巴尼亚和黑山的水力发电量占 2 国国内发电总量的一半以上。① 与此同时，在能源的"可负担性"方面，西巴尔干地区所面临的挑战却是显而易见的。截至 2019 年底，5 国不足以获得足够家庭供暖人口的平均比例高达 22.53%，几乎是维谢格拉德地区（4.08%）的 5 倍、欧盟平均水平（7%）的 3 倍（见图 3-3）。

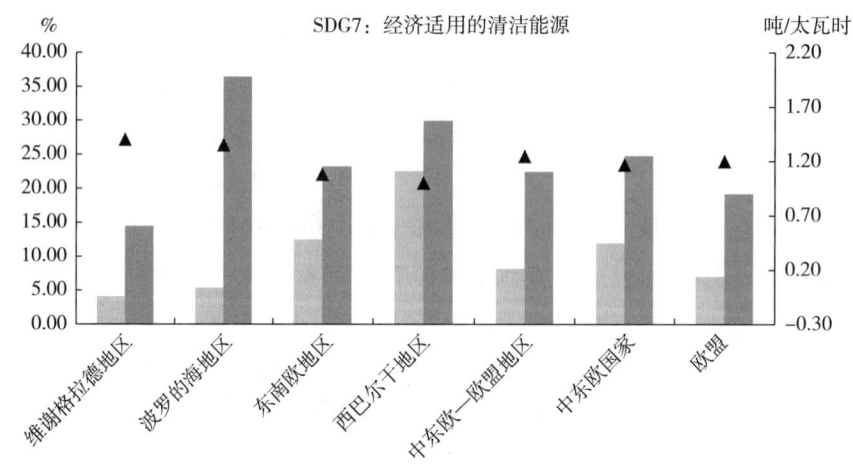

注：《欧洲可持续发展报告 2021》中上述 3 个评估指标所涉及的年份介于 2018—2020 年。

图 3-3　中东欧国家可持续发展目标 7 的分项评估指标

（资料来源：联合国可持续发展解决方案网络、欧洲环境政策研究所）

---

① Jovan Duraškovic, Milena Konatar and Milivoje Radovic, Renewable Energy in the Western Balkans: Policies, Developments and Perspectives, Energy Reports 7, 2021: 481-490.

（二）可持续发展目标 8 "体面工作和经济增长"

由于新冠肺炎疫情危机对全球社会和经济的巨大冲击，欧盟和中东欧地区的贫困率、失业率以及未就业、未接受教育或培训青年人数比例均有所上升。2019—2020 年中东欧—欧盟地区的上述指标虽然与欧盟均值基本保持在同一水平，但是，其人均可支配收入与欧盟的平均水平始终存在着较大的差距。截至 2019 年底，中东欧—欧盟地区人均可支配收入为 16414.55 欧元，低于欧盟 23350 欧元的平均水平（见图 3-4）。

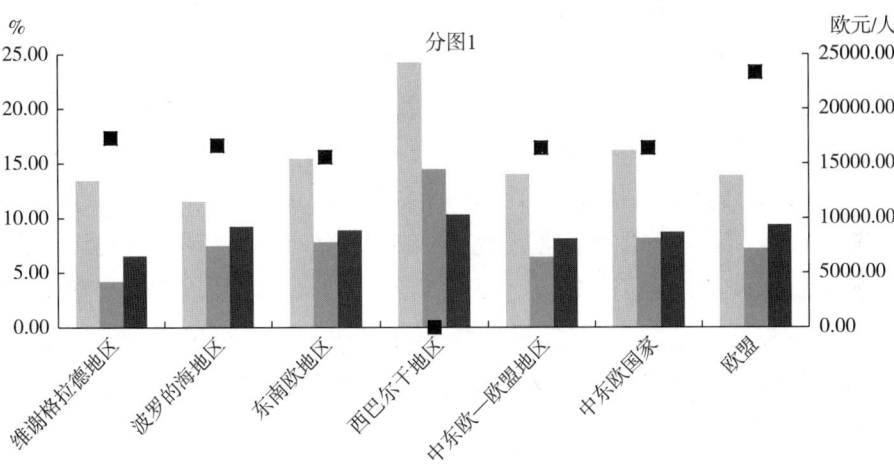

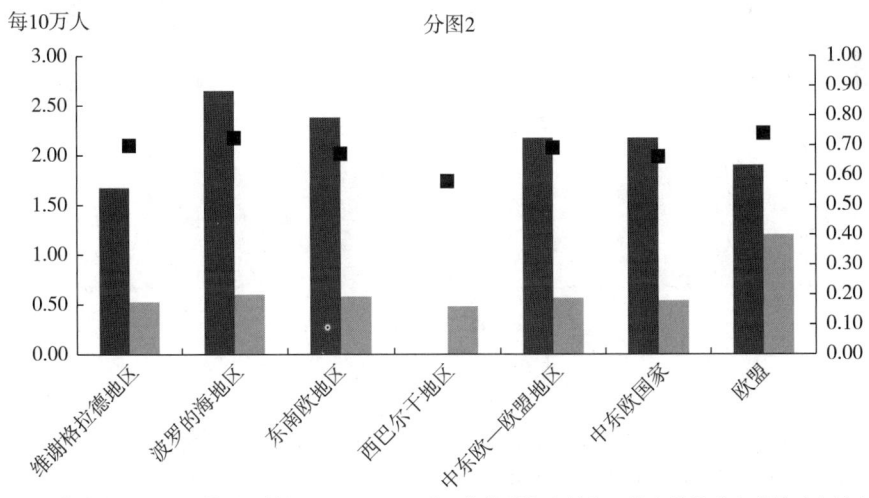

注：西巴尔干 5 国暂无"可支配收入总额（欧元/人）"以及"因工作事故死亡的人数（每 10 万人）"的相关数据。

图 3-4　2021 年中东欧国家可持续发展目标 8 的分项评估指标

（资料来源：联合国可持续发展解决方案网络、欧洲环境政策研究所）

(三) 可持续发展目标9"产业、创新和基础设施"

正如欧盟绿色新政第三部分内容（鼓励企业转向清洁和循环经济）所强调的，欧洲工业排放以能源密集型产业为主，是绿色转型政策关注的重点领域。因此，倘若计划在2030年和2050年顺利实现减排目标，欧盟亟须出台一系列相关支持政策以调动各国工业部门进行绿色转型的积极性。与此同时，欧盟的各成员国更应重视其工业部门的现代化和数字化进程、创新能力和研发效率的提升以及绿色转型过程中跨领域复合型人才的培养。

根据联合国可持续发展解决方案网络和欧洲环境政策研究所的评估，目前中东欧国家的整体研发水平较为落后，与欧盟的平均水平相差甚远（见图3-5分图1）。截至2019年底，中东欧国家R&D总支出占GDP比重为1.03%，研发人员占在职人口的比例为0.87%，向欧洲专利局提交的专利申请仅为14.02（每100万人），而上述指标在欧盟分别为2%、1.4%和147.9（每100万人）。

此外，中东欧国家的数字化程度也不尽如人意，主要体现在该地区城市和农村地区接入互联网的差距仍然较大，55~74岁、拥有基本及以上水平数字技能的人数占比仍然较低（见图3-5分图2）。再从高等教育环境来看，无论是大学排名还是科学和技术类期刊文章的发表数量，中东欧国家都远远落后于欧盟平均水平（见图3-5分图3）。

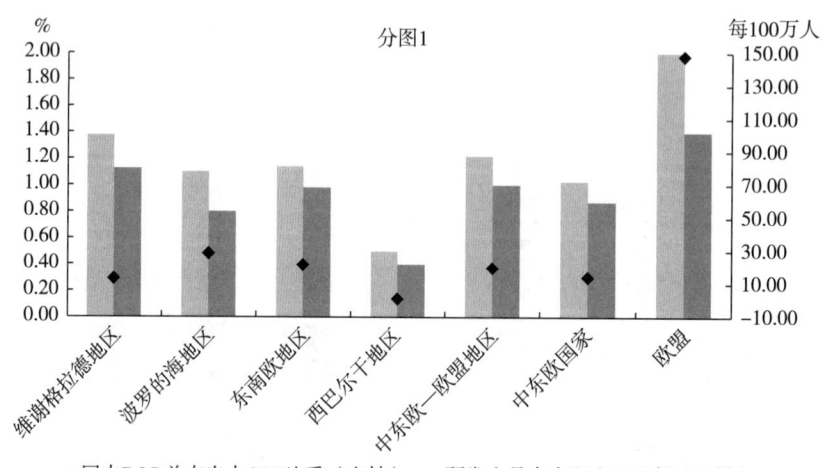

图3-5 2021年中东欧国家可持续发展目标9的分项评估指标

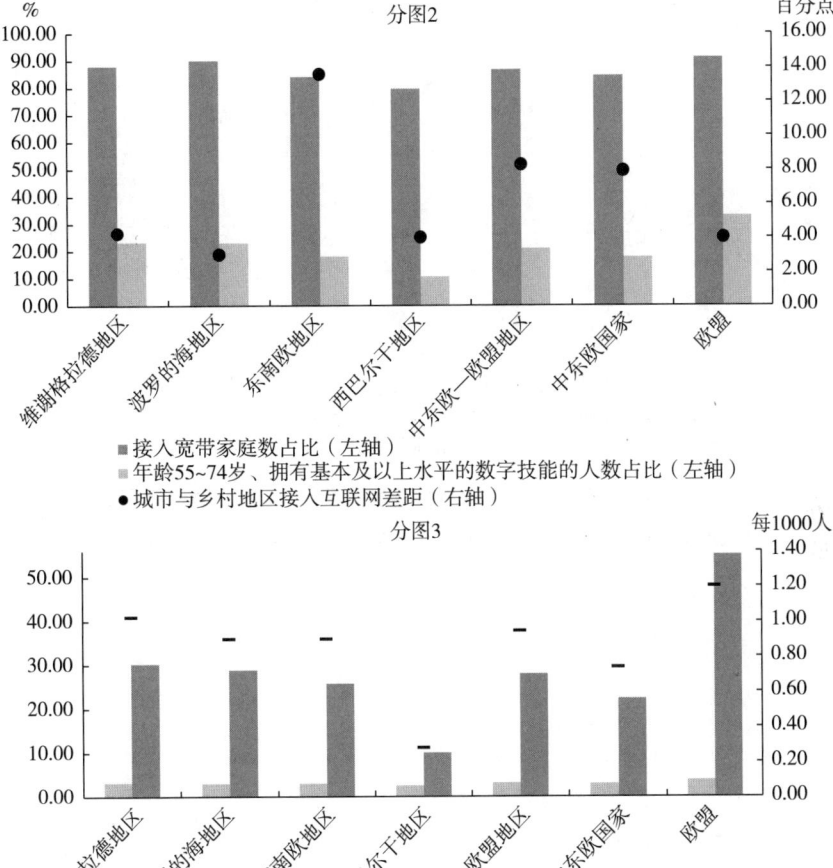

图 3-5　2021 年中东欧国家可持续发展目标 9 的分项评估指标（续）

（资料来源：联合国可持续发展解决方案网络、欧洲环境政策研究所）

（四）可持续发展目标 13 "气候行动"

我们再从二氧化碳排放量来看，鉴于中东欧国家工业化程度普遍不及欧盟，在生产以及进出口活动中所产生的人均二氧化碳排放量相对较低，例如 2019 年该地区化石燃料燃烧和水泥生产产生的二氧化碳排放量为 5.95 吨/人，而同期该指标在欧盟却为 6.6 吨/人（见图 3-6）。

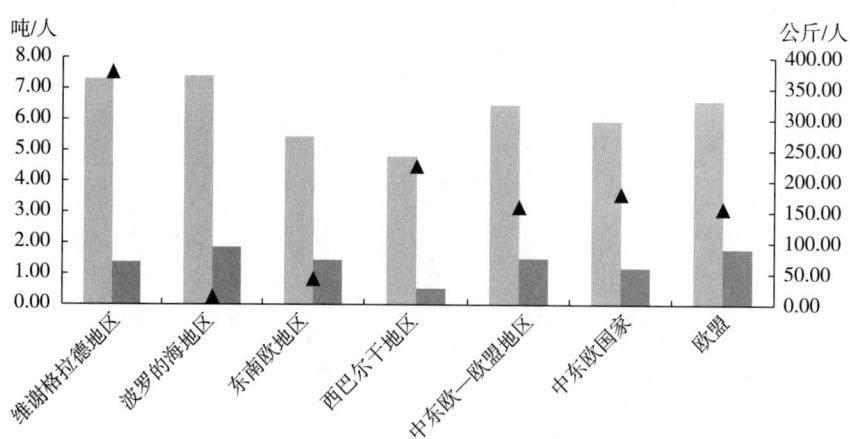

图3-6 2021年中东欧国家可持续发展目标13的分项评估指标

(资料来源:联合国可持续发展解决方案网络、欧洲环境政策研究所)

第四章　中东欧地区绿色转型的机遇与挑战

第一节　欧盟可持续投资计划为中东欧国家绿色转型提供的机遇

一、欧盟绿色新政可持续投资计划[①][②]

(一) 内容简介

为实现"欧盟绿色新政"设定的众多目标，欧盟需要将大量资金投入其中。据欧盟委员会测算，若想实现2030年的阶段性气候和能源目标，欧盟平均每年需要追加2600亿欧元的额外投资，约占欧盟2018年GDP的1.5%。因此，欧盟委员会提出了"欧盟绿色新政可持续投资计划"(Sustainable Europe Investment Plan)，希望在未来10年，利用公共机构和私有资本进行1万亿欧元的投资，以协助欧盟绿色转型旗舰计划的融资（见图4-1）。[③]

公共机构资金来源主要包括欧盟预算（EU Budget）、欧盟投资基金（InvestEU Fund）、欧盟碳排放权交易体系（EU Emission Trading System, EU ETS）框架下的欧盟创新与现代化基金（Innovation and Modernisation Funds）、欧洲投资银行（EIB）提供的资金以及欧盟公正过渡机制（Just Transition Mechanism）框架下的公正过渡基金（Just Transition Fund）。值得注意的是，公正过渡机制针对的是欧

---

① European Commission. The European Green Deal, COM (2019) 640 Final, Brussels, 2019-12-11.
② European Commission. European Green Deal Investment Plan, COM (2020) 21 Final, Brussels, 2020-01-14.
③ 实施绿色转型的专项投资、实施"气候主流化"将欧盟所有项目预算的25%用于气候变化，将欧洲投资银行（EIB）转型为欧盟的气候银行，到2025年将其气候融资比重翻番，鼓励成员国开发银行及相关机构全面开展绿色投资等。

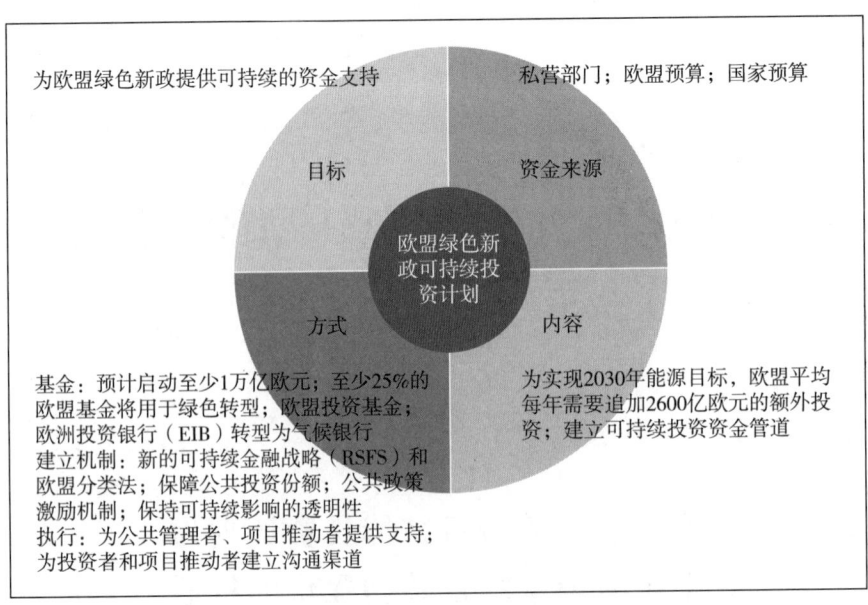

图 4-1　欧盟绿色新政可持续投资计划

(资料来源：欧盟委员会)

盟地区受绿色转型影响最大的地区和行业，例如对化石燃料依赖性高的地区和碳密集型产业，通过加大对上述地区和行业的投资规模，达到确保"不让任何国家掉队"（Leave No One Behind）的目标，因此，对于长期依赖化石燃料的中东欧地区来说，该机制的实施对其绿色经济转型具有重要意义。私有资本同样是欧盟绿色转型融资的关键。2021年7月6日，欧盟委员会正式发布了一项"新的可持续金融战略"（Renewed Sustainable Finance Strategy，RSFS）。该战略包括六项行动计划，旨在确保公共机构更易于可持续融资的同时，将私有资本引向可持续的项目。[①] 新的可持续金融战略披露了"可持续金融分类法"［Sustainable Finance Taxonomy Regulation（（EU）2020/852）］，目的是帮助投资者和机构对可持续经济活动作出知情的投资决策，为市场参与者建立对"可持续"概念的清晰认知，最终达到稳固可持续投资基础的目的。具体的方式包括为零售投资产品贴上明确的标签、制定欧盟绿色债券标准等。此外，该战略还将应对气候和环境的风险融入金融体系（欧盟审慎框架）之中，从而可以更加有效地去评估现有资本要求对绿色

---

① 2021年7月6日，欧盟委员会正式发布了更新后的可持续金融战略（Renewed Sustainable Finance Strategy，RSFS），该战略包括六项行动计划。通过向中小企业和消费者提供获得转型融资的适当工具和激励措施，提高他们的包容性。提高经济和金融体系对可持续性风险的抵御能力；增加金融部门对可持续发展的贡献；确保欧盟金融体系的完整性，并监督其有序地向可持续性过渡；制定国际可持续金融倡议和标准，支持欧盟伙伴国。

资产的适用性。从全球范围来看，越来越多的国际投资者对绿色经济产生了浓厚的投资兴趣。特别是在新冠肺炎疫情大流行后世界经济复苏之际，绿色投资成为拉动新一轮经济发展的新动力。其中，作为绿色融资的主要工具之一——绿色债券正在飞速发展，彭博绿色咨讯数据显示，2021年前6个月全球发行的绿色债券总额达到2481亿美元，超过了2020年全年总额。欧盟在其"欧盟下一代"复兴计划中表示，2021—2027年将发行约2970亿美元的绿色债券。①

欧盟出台的绿色新政可持续投资计划主要包括以下三个层面。

第一，通过欧盟预算，该计划预计在未来10年启动至少1万亿欧元的可持续投资资金，在气候和环境领域投入如此规模的欧盟公共预算将是前所未有的。在欧盟范围内，保证绿色过渡的公正性是欧盟可持续投资计划的核心之一，在"公正过渡机制"（Just Transition Mechanisum）的框架下，受绿色转型影响较大的国家和地区将获得欧盟可持续投资的特别青睐。

第二，该投资计划为私有资本和公共部门创造一个较为有利的框架，其主要目标是确保在未来建立一个集成本效益、公正以及社会平衡和公平为一体的绿色转型过程。其中，欧盟分类法（EU Taxonomy）②、能源效率优先原则（Energy Efficiency First Principle）、可持续性证明（Sustainability Proofing）将是保障私人投资者和金融机构获得可持续性投资工具的关键因素；欧洲学期制（European Semester）③、环境执行评审制（Environmental Implementing Review）、能源联盟框架下的国家能源和气候计划（National Energy and Climate Plans）以及不同部门环境立法所要求的计划（如废物、水、生物多样性和空气）是公共部门明确其投资需

---

① 更多信息请参考：https：//www.cdmfund.org/29268.html。
② 2020年6月18日，欧盟委员会正式发布了一套针对可持续经济活动的完整分类方法（EU Taxonomy），并于当年7月12日起正式施行。该分类法是全球范围内首个对"可持续活动"进行详细定义与分类的官方性质的方案；其出台与实行意味着，在全欧洲范围内，只有符合欧盟分类法的项目才可以被称为绿色项目，只有针对这些项目的融资才可以被称为绿色融资。这对于全球绿色产业来说具有指导性意义。欧盟分类法旨在对"绿色"概念作出基本定义，这将对所有绿色金融机构起到指导性作用。在一套完整的分类体系出台前，投资人、被投资项目与融资机构处于双向不透明的状态中，各方只能通过松散的、直觉型的理解对项目是否符合"绿色"标准进行判断。这导致投资者对资金更加谨慎，可持续项目难以获得融资，且融资机构存在"洗绿"的空间，严重降低了绿色资金的效率。目前，绿色融资主要来自四类主流渠道：绿色债券、绿色贷款、私募基金与上市公司。其中，绿色债券是目前最为成熟的融资工具。更多信息请参考中欧能源合作平台：http：//www.ececp.eu/zh/%E7%BB%BF%E8%89%B2%E9%87%91%E8%9E%8D%E6%96%B0%E6%97%B6%E4%BB%A3%EF%BC%9A-%E6%AC%A7%E7%9B%9F%E5%88%86%E7%B1%BB%E6%B3%95%E4%B8%8E%E4%B8%AD%E5%9B%BD%E6%96%B0%E7%89%B9%E5%BE%81%E7%9A%84%E5%85%B3%E8%81%94/。
③ 欧洲学期制是欧盟内部经济、财政、劳动力和社会政策协调周期，是欧盟经济治理框架的一部分。设立该制度的主要目的是确保欧盟成员国在每年上半年与欧盟其他国家讨论其经济和财政预算计划，从而能在下半年实施相适应的国家计划。更多信息请参考欧洲理事会官网：https：//www.consilium.europa.eu/en/policies/european-semester/。

求的指导性纲领。

第三，该投资计划还将为公共管理者和项目推动者在确认、构架和执行可持续项目时提供针对性的支持。对公共管理部门的支持主要是在评估财政需求以及规划后续投资计划；对私营部门项目推动者主要提供直接的资金支持。

（二）投资计划资金来源

根据欧盟委员会2020年公布的投资计划，在未来10年欧盟预算将撬动至少1万亿欧元的绿色可持续投资资金，这项资金的来源主要由四部分组成（见图4-2）。①

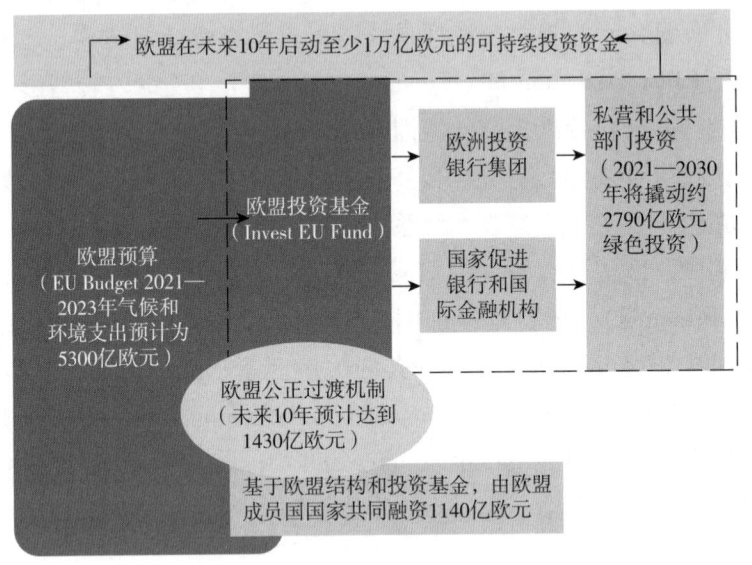

注：图中深灰色方框代表欧盟预算提供的资金，浅灰色方框代表由欧盟预算撬动的资金。

图4-2　欧盟绿色新政可持续投资计划资金来源结构

（资料来源：欧盟委员会）

第一，直接来自欧盟预算的气候和环境方面的支出在2021—2023年预计将达5300亿欧元，满足欧盟"2021—2027年多年期财政预算"（2021—2027 Multiannual Financial Framework, MFF）框架中将其25%的资金用于"气候主流化"的目标；

第二，上述资金还将间接撬动欧盟成员国1140亿欧元的国家共同融资（通

---

① 在欧盟预算体系之外，欧盟碳排放权交易体系框架下的欧盟创新与现代化基金同样为欧盟绿色转型提供一定规模的资金支持，其资金部分来源于拍卖碳排放额度。根据欧盟可持续投资计划，该基金预计将提供250亿欧元的资金。更多信息请参考：European Commission. European Green Deal Investment Plan, COM (2020) 21 final, Brussels, 2020-01-14。

过欧盟结构和投资基金①）；

第三，基于欧盟预算的担保，欧盟投资基金将在2021—2030年撬动约2790亿欧元与气候和环境相关的私人和公共投资；

第四，在欧盟公正过渡机制框架下，2021—2027年来自欧盟预算、欧盟成员国共同融资、欧盟投资基金以及欧洲投资银行的资金将达1000亿欧元，按照该标准进行推算，在未来10年欧盟预计将累积1430亿欧元的公正绿色转型资金。

二、欧盟公正过渡机制资金来源及预先分配方案②

正如我们前文所提，保证绿色过渡的公正性是欧盟绿色新政的核心之一。向气候中性以及可持续经济的过渡不仅需要整个欧盟投入大量投资，还需要保证顶层设计的一系列绿色政策在各个层级能够强有力地被执行，这无疑对欧盟地区严重依赖化石燃料、碳产业密集型的地区和国家构成了较大的挑战，例如，中东欧地区的波兰、罗马尼亚、捷克等国。气候中和要求这些国家必须对其经济进行根本性的改革和重组，改变商业模式的结构，加速发展新技术等。因此，欧盟只有解决好这些地区和国家在绿色过渡过程中所面临的诸多问题，才能达成其"不让任何国家掉队"（Leave No One Behind）的最终目标。基于此，欧盟委员会建立了"公正过渡机制"，提供针对性的支持政策，以帮助绿色转型压力较大的地区和国家进行更加有效的投资。

欧盟公正过渡机制包括以下三大支柱：公正过渡基金（Just Transition Fund）、欧盟投资基金（Invest EU）下的过渡专项计划以及由欧洲投资银行（EIB）担保、用于进行额外投资的公共部门贷款工具（见表4-1）。其中，公正过渡基金预计提供300亿~500亿欧元无须偿还的拨款，过渡专项计划主要用于吸引更多的私人投资（450亿欧元），公共部门贷款工具预计将撬动250亿~300亿欧元的公共融资。③

---

① 欧盟结构和投资基金（European Structural and Investment Funds，ESIF）由欧洲地区发展基金（European Regional Development Fund，ERDF）、聚合基金（Cohesion Fund，CF）、欧洲社会基金（European Social Fund，ESF）、欧洲农村发展农业基金（European Agricultural Fund for Rural Development，EAFRD）和欧洲海事和渔业基金（European Maritime and Fisheries Fund，EMFF）组成，其资金来源于欧盟预算，属于欧盟财政专项支出。更多信息请参考：姜建清. 中东欧经济研究报告2018—2019 [M]. 北京：中国金融出版社，2019.

② European Commission. European Green Deal Investment Plan, COM (2020) 21 Final, Brussels, 2020-01-14.

③ 此外，欧盟排放交易体系设立的"现代化基金"（EU ETS Modernisation Fund）还将对上述公正过渡机制资金进行一定程度的补充。在2021—2023年，10个欧盟成员国有望获得额外的140亿欧元（具体数额取决于最终的碳价格水平）的低碳投资。值得注意的是这些国家有9国来自中东欧地区，它们分别是罗马尼亚、保加利亚、匈牙利、拉脱维亚、爱沙尼亚、捷克、波兰、斯洛伐克和克罗地亚。

表 4-1　　　　　　　欧盟公正过渡机制资金来源构成

欧盟的公正过渡机制框架在未来将提供至少 1000 亿欧元的绿色转型资金		
支柱 1： 公正过渡基金	支柱 2： 欧盟投资基金（Invest EU）下的过渡专项计划	支柱 3： 公共部门贷款工具（EIB）
预计提供 300 亿~500 亿欧元无须偿还的拨款 ● 75 亿欧元来自欧盟多年期财政预算 ● 欧洲地区发展基金和欧洲社会基金分配的资金 ● 欧盟成员国共同融资的资金	将启动 450 亿欧元的投资	将撬动 250 亿~300 亿欧元的投资

资料来源：欧盟委员会。

支柱 1 涉及的公正过渡基金主要由三部分资金构成。第一，来自欧盟多年期财政预算的 75 亿欧元。第二，来自欧洲地区发展基金和欧洲社会基金的资金。第三，欧盟成员国共同融资的资金。

为了获得欧盟的公正过渡专项资金，欧盟成员国需要制订并提交各自的"领土公正过渡计划"（Territorial Just Transition Plans，TJTPs）。在上述计划中，各成员国须介绍本国需要欧盟公正过渡基金资助的地区和行业概况，分析减排计划对这些地区的经济、社会和环境的影响。此外，计划书还需要着眼于区域经济发展、劳动力市场培训和再培训需求以及环境保护，为欧盟成员国提供关键的业绩指标和管理机制，为拟订到 2030 年的过渡进程勾勒出一份时间表。[①] 结合上述信息，基于欧盟委员会设立的一系列评判指标，在公正过渡机制框架下欧盟各成员国可获得的公正过渡基金分配额度将被大致估算出，27 国将获得来自欧盟多年期财政预算总额为 75 亿欧元（2018 年价格）的欧盟资金（见图 4-3）。[②] 欧盟委员会的评判指标包括：（1）碳排放强度（Carbon Emission Intensity）超过欧盟平均水平地区的工业温室气体排放量；（2）采煤/煤褐行业的就业水平；（3）碳排放强度超过欧盟平均水平地区的工业就业水平；（4）泥煤生产规模；（5）油页岩生产规模。[③]

总体来看，在欧盟公正过渡机制框架下，若中东欧国家所提交的领土公正过渡计划得以通过，该地区绿色转型进程在一定程度上将获得公正过渡基金的有效保障。除了上文梳理的来自欧盟多年期财政预算的 75 亿欧元，在欧盟公正过渡机

[①] 更多信息请参考 EU Funds 官网：https://eufunds.ie/home/our-funds/just-transition-fund/。
[②] European Commission. Just Transition Mechanism and Just Transition Fund Allocation Table. January 2020.
[③] European Commission. Allocation Method for the Just Transition Fund. January 2020.

第四章 中东欧地区绿色转型的机遇与挑战

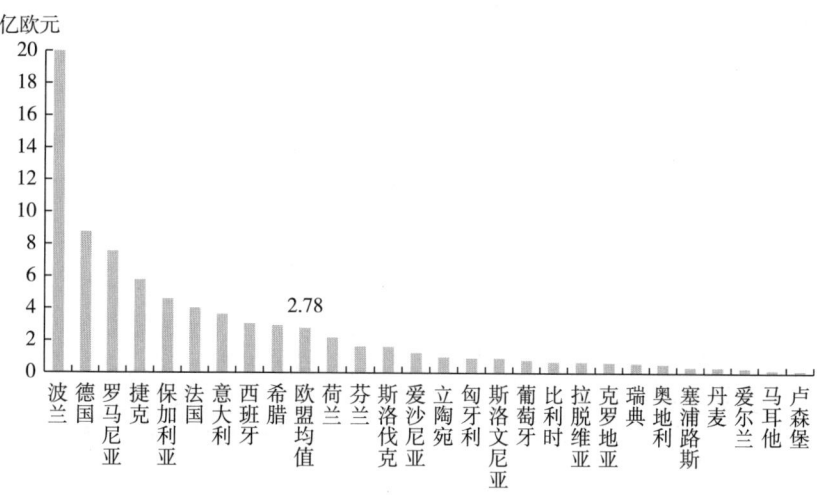

注：图中所示各国资金分配金额仅为预估值。

图 4-3 欧盟公正过渡机制框架下来自欧盟多年期财政预算的公正过渡基金预先分配金额（2018 年价格，按国别）

（资料来源：欧盟委员会）

制支柱 1、支柱 2 和支柱 3 下，欧盟预计将提供总额为 1045.9 亿欧元的绿色转型资金（现价），每个成员国平均将获得 38.7 亿欧元的资金；对比来看，中东欧—欧盟地区共计获得 635.7 亿欧元（现价），占欧盟总额的 60.8%，平均每个国家获得 57.8 亿欧元，高于欧盟 38.7 亿欧元的平均水平。在公正过渡机制下，波兰是受益最大的中东欧国家，预计将获得 273.4 亿欧元（现价）的绿色转型资金支持，占欧盟资金总额的 26.1%；其次是罗马尼亚和捷克，两国将分别获得 101.2 亿欧元（现价）和 77.6 亿欧元（现价）的预先分配资金；克罗地亚所获的转型资金规模在中东欧地区最小（8.8 亿欧元，现价），占欧盟资金总额的比例仅为 0.8%（见图 4-4）。①

三、中东欧国家领土公正过渡计划②

正如上文提及，欧盟公正过渡资金在预分配方案中会更偏向受绿色转型影响最大的地区和行业，如对化石燃料依赖性高的地区和碳密集型产业，这就意味着在欧盟范围内，公正过渡资金预分配金额规模将不一致，如图 4-4 所示，预分配

---

① European Commission. Just Transition Mechanism and Just Transition Fund Allocation Table. January 2020.
② CEE Bankwatch Network. Status of the Territorial Just Transition Plans in Central and Eastern Europe. December 2021.

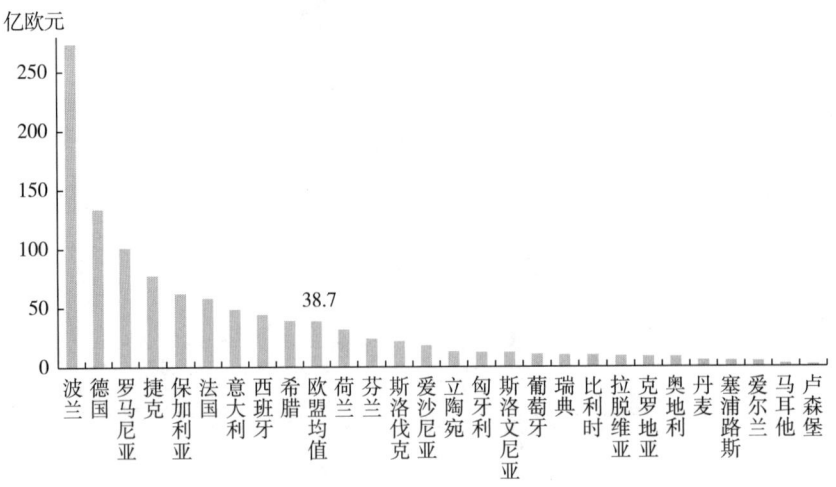

注：图中所示各国资金分配金额仅为预估值。

图 4-4　欧盟公正过渡机制框架下欧盟成员国所获资金分配方案（现价，按国别）

（资料来源：欧盟委员会）

份额较高的 4 国，波兰、德国、罗马尼亚和捷克所获资金总额为 586.1 亿欧元，占欧盟 27 国资金总额的比重高达 56%；与之相比，预分配份额较低的 4 国，卢森堡、马耳他、爱尔兰和塞浦路斯所获资金总额仅为 11.9 亿欧元，占欧盟 27 国资金总额的比重只有 1.1%。有鉴于此，我们将重点分析中东欧—欧盟地区转型压力最大的 3 国——波兰、罗马尼亚和捷克为获取公正过渡资金而制定的"领土公正过渡计划"。

（一）波兰

在波兰领土公正过渡计划中，有五个地区和两个子区域被纳入其中，前者包括 Eastern Wielkopolska、Upper Silesia、Lubelskie、Łódzkie 和 Western Małopolska，后者包括 Wałbrzych 和 Zgorzelec。它们当中的大部分地区的主要产业均与采矿和能源相关，但是由于各个地区产业规模和转型决心的坚定程度不同，其制订的过渡计划差异较大。例如，Eastern Wielkopolska 地区提交的计划详细说明了该地区产业的过渡过程，以及实现 2030 年阶段性目标的具体步骤，并设定了超过波兰国家能源和气候计划的转型目标；与 Eastern Wielkopolska 地区类似，Wałbrzych 子区域在其计划中宣布了将在 2040 年实现气候中和的目标。Upper Silesia 和 Western Małopolska 地区提交的过渡计划暂时还未能满足欧盟的基本标准。这是因为 Upper Silesia 地区的矿井仍未确定具体的淘汰日期，而 Western Małopolska 地区的矿井计划将继续开采至 2049 年。同样，在 Lubelskie、Łódzkie 和 Zgorzelec 三个地区/子区域还面临更严重的问题。例如，Lubelskie 地区不仅没有承诺逐步淘汰煤炭的日期，还提出一项开采炼焦煤的计划，以延长其生产经营活动；位于 Zgorzelec 子区域的 Turów 煤矿预计将持续运营至 2044 年。

基于此，截至 2021 年底，波兰仅有 Eastern Wielkopolska、Upper Silesia 和 Wałbrzych 三个地区/子区域的领土公正过渡计划获得欧盟委员会的批准，这意味着它们在未来将得到欧盟公正过渡机制的援助。其余四个地区/子区域尚处于谈判阶段，预计将在 2022 年第二季度或第三季度才能作出最终决定。然而，值得注意的是，即使波兰部分地区的过渡计划得到批准，但在其执行方面还有很多不确定性。例如，Upper Silesia 地区最近为一个煤矿颁发了开采许可证，与此同时，至少还有一个开采许可证正在等待审批。

总体来看，除了上文提及的 Lubelskie、Łódzkie 和 Zgorzelec 三个地区/子区域过渡问题较为棘手以外，波兰领土公正过渡计划已较为充分地对转型过渡时期的社会、就业、经济和环境影响进行了充分的说明。此外，Eastern Wielkopolska 地区的过渡计划还特别提及了针对女性求职者的支持方案。

（二）罗马尼亚

罗马尼亚针对该国六个区域提交了领土公正过渡计划，它们分别是 Hunedoara、Gorj、Dolj、Galati、Prahova 和 Mures 地区。其中 Hunedoara 和 Gorj 是煤矿区，其余四个区域是罗马尼亚二氧化碳排放浓度较高的地区。该计划由罗马尼亚投资和欧洲项目部主导，已于 2021 年 7 月提交欧盟委员会进行审查。

整体来看，罗马尼亚的过渡计划仍有许多不足之处，首先，该计划尚未明确提供过渡过程的细节以及时间表；其次，虽然罗马尼亚在其计划中提到了气候中和性经济发展，却缺乏一条可实现并且可信的途径；再次，过渡计划仅与罗马尼亚国家和气候计划的目标看齐，然而，后者实际上已与欧盟整体目标脱节，导致其过渡计划目标也落后于其他中东欧国家；最后，罗马尼亚提交的计划中未提及性别平等的问题，这意味着当欧盟委员会在进行审核时，该国又将多面临一个障碍。

此外，与波兰类似，罗马尼亚的过渡计划在实施过程中同样存在高度不确定性。这主要体现在罗马尼亚在其计划中反复提及在未来将天然气作为本国能源过渡解决方案的一部分，然而，天然气并非公正过渡机制下的支持范围；氢能源虽然也被安排在过渡过程中，然而罗马尼亚并未具体说明氢能源是通过可再生能源还是化石燃料进行生产。

不过，值得肯定的是，罗马尼亚在计划中明确了在过渡时期如何解决社会、就业、经济和环境的影响问题，并且为再培训、创造就业和减少排放制定了行动大纲。除此之外，罗马尼亚还为本国经济多样性发展以及其他经济活动描绘了详细的实现途径。

（三）捷克

捷克区域发展部负责制订了一份涵盖三个区域的领土公正过渡计划书，这三个地区分别为 Ustecký、Moravskoslezský 和 Karlovarský。然而，该计划同样需要在多个方面进行改进。首先，捷克未能提供一个过渡过程具体的时间线；其次，该计划沿用了捷克国家能源和气候计划的目标，但是该目标在近期没有进行任何更新，以至于无法反映出欧盟 2030 年减排至少 55% 的最新目标；再次，捷克未能表明其对于化石燃料的态度，具体表现在，该国在确定逐步淘汰煤炭的最后期限、逐步取消政府对化石燃料补贴的计划以及应对能源缺乏的措施方面均未能提供详细执行步骤；最后，在社会包容性、性别平等方面，捷克过渡计划中未提及如何改善煤矿区女性就业所面临的问题。不过，在经济多样性、经济转型基础性问题等方面，捷克在计划书中作出了较为详细的说明。

（四）小结

通过梳理上述三个中东欧国家提交的领土公正过渡计划，我们看到由于国与国之间、地区与地区之间存在着较大的差异，它们提交的过渡计划中所设定的目标水平同样不一致。例如，波兰在国家能源和气候计划的基础上再次提升了本国的领土公正过渡计划目标，并基于转型压力较大地区社会和经济的实际需求，从当地利益相关参与者的角度出发，制订了更具有吸引力的具体行动方案以及时间表，加强了过渡计划在未来实施时的确定性。与之相比，罗马尼亚和捷克的领土公正过渡计划均缺乏"雄心勃勃"的目标，即两国设定的转型目标未能与欧盟最新气候中和目标相匹配。同时，由于两国在制订的计划中未能提供可靠的实现途径以及行动时间表，这将导致整体计划不能激发需要转型地区的投入热情。对此，中东欧银行观察网络（CEE Bankwatch Network）认为，首先，在制订过渡计划草案的各个阶段，应确保遵循执行伙伴关系原则，即所有利益攸关方均应获得对草案提出的修正的建议和反馈；在最终方案提交给欧盟委员会之前，应向利益相关者提供发表评论的机会；提交之后，过渡计划的最终版也应提供给所有利益相关方。其次，中东欧国家设定的领土公正过渡目标普遍较低，此后应加强与欧盟气候中和目标的一致性，也就是为 2030 年逐步淘汰煤炭和油页岩制订一个明确的计划和时间表。最后，由于大部分中东欧国家在过渡计划中的讨论重点是为过渡地区相关部门工作的男性劳动者提供提工作，较少地考虑女性劳动者的就业转型，因此，未来应更多地将与性别相关的社会和经济问题纳入过渡计划之中。

研究专题3　为西巴尔干地区建立公正过渡基金的可能路径①

由于西巴尔干国家承诺到2050年实现碳中和，5国将同样面临着严峻的转型挑战，也就是将经济从基于化石燃料转向基于可再生能源。这无疑将给西巴尔干5国带来重大的经济和社会影响，尤其是对严重依赖煤炭的地区。考虑到西巴尔干5国经济各个领域均与欧盟紧密相联，那么保持与欧盟相同的气候目标，对5国未来的经济发展至关重要。例如，针对欧盟绿色新政框架下的欧盟碳边境调节机制（Carbon Border Adjustment Mechanism，CBAM）以及欧盟碳排放权交易系统（EU Emissions Trading Scheme，EU ETS），西巴尔干5国需对各自国内产业和能源结构逐步进行调整。

与欧盟成员国相比，西巴尔干5国面临的转型困难将更大，具体表现在：第一，5国的经济基础更加薄弱，用于支持能源转型的财政支出十分有限；第二，5国能源结构较为单一（见图4-5），大部分国家对煤炭的依赖程度远高于欧盟（见表4-2）；第三，5国燃煤的污染程度更严重，已大大超过法定限制。根据能源与清洁空气研究中心（Centre for Research on Energy and Clean Air，CREA）和中东欧银行观察网络联合出版的研究报告②，一部分西巴尔干国家在

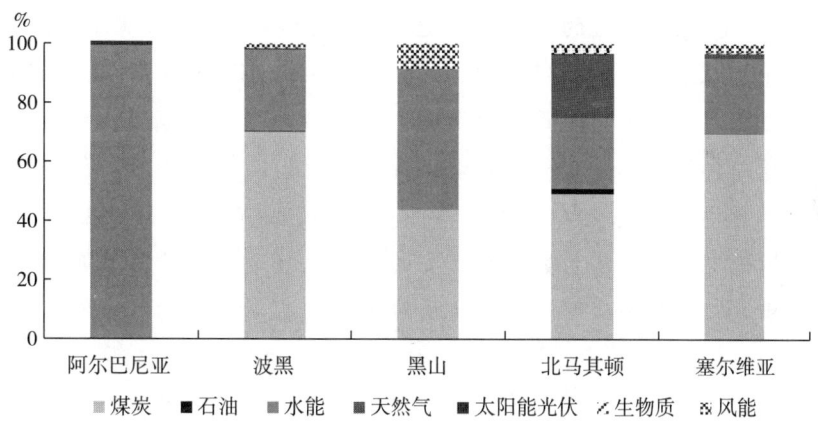

注：黑山最新数据为2019年。

图4-5　2020年西巴尔干5国能源结构

（资料来源：国际能源署、欧盟统计局）

---

① 更多信息请参考：The Green Tank and CEE Bankwatch Network. A Just Transition Fund for the Western Balkan Countries. 2021。

② CREA and CEE Bankwatch Network. Comply or Close. September 2021.

使用燃煤时并未遵守其国家减排计划（National Emission Reduction Plans, NERPs）所设定的空气污染限制标准，反而排放了更多的污染物。据统计，2020年西巴尔干国家共计有16座燃煤发电厂，它们所产生的SO_2排放量是欧盟221座燃煤电厂排放量总和的2.5倍。

表4-2　　　　2020年欧盟与西巴尔干5国燃煤发电总量及占比

国别/地区	发电总量（GWh）	煤炭发电总量（GWh）	占比（%）
阿尔巴尼亚	5313	0	0
波黑	16319	11446	70.1
黑山	3431	1504	43.8
北马其顿	5347	2635	49.3
塞尔维亚	38096	26538	69.7
欧盟	3041941	392807	12.9

注：黑山最新数据为2019年。

资料来源：国际能源署。

为了应对上述挑战，并且能够与欧盟同步实现阶段性（2030年目标）和2050年碳中和的最终目标，西巴尔干国家同样需要投入大规模资金助力该地区的绿色转型。在近期欧盟的一项"西巴尔干半岛和乌克兰转型煤炭地区倡议"（Initiative for Coal Regions in Transition in the Western Balkans and Ukraine）[①]中，欧盟委员会表示将积极支持西巴尔干国家的能源转型，参与此次倡议的还有世界银行、能源共同体秘书处、欧洲复兴开发银行、欧洲投资银行、波兰国家环境保护和水资源管理基金以及欧洲学院。然而，绿色智库（The Green Tank）和中东欧银行观察网络认为目前最重要的一环无疑是尽快为西巴尔干国家设立独立的公正过渡基金，从财政上支持该地区国家应对与转向绿色能源相关的过渡挑战。

目前来看，在西巴尔干地区，虽然建立完善的公正过渡基金的条件尚未成熟，但是仍有发展这一基金的可能性，例如，此前已经讨论过建立类似于欧盟排放交易体系的西巴尔干地区碳定价机制，若运行成熟后便可嵌入到欧盟排放交易体系之中。此外，所有西巴尔干国家均承诺继续遵守已签署的绿色议程《索菲亚宣言》（Sofia Declaration）[②]，即承诺采取一系列行动，如引入碳定价工

---

① European Commission. Initiative for Coal Regions in Transition in the Western Balkans and Ukraine, European Commission, last updated 22 October 2021, accessed 10 November 2021.

② Regional Cooperation Council. Sofia Declaration on the Green Agenda for the Western Balkans.

具和以市场为基础的可再生能源支持计划,以及逐步取消煤炭补贴。2021年11月3日,西巴尔干各国通过了基于《能源共同体条约》(Energy Community Treaty)的脱碳路线图①,进一步表明该地区国家致力于引入碳定价机制的决心。

从基金资金来源来看,可能有以下几个途径。第一,能源共同体秘书处一项专项研究发现,引入碳定价机制后,可通过拍卖碳排放额来获得部分资金以支持煤炭地区的绿色转型;第二,欧盟委员会的"西巴尔干地区经济和投资计划"(Economic and Investment Plan for the Western Balkans)② 中的90亿欧元的一部分也可以用于支持该地区的公正过渡基金(见信息专题1);第三,根据欧盟委员会的提议还可使用来自碳边境调节机制的收入,根据该机制的提案,欧盟进口商在进口特定领域的产品时,需参照欧盟碳排放权交易体系的碳排放价格,缴费购买相应的碳含量交易许可。对于这一部分收入,可根据"污染者付费原则"(Polluter Pays Principle),将其中的部分资金用于建立西巴尔干公正过渡基金。

第二节 中东欧—欧盟国家能源转型发展近况及挑战

一、欧盟能源政策背景和目标

正如本篇第三章所提,从"欧盟绿色新政"发布的详细行动规划来看,能源系统进一步脱碳的目标被列在了首位,凸显了其在新一轮绿色政策框架中的核心地位。③ 而能源领域实现低成本脱碳的关键因素又涵盖了五个方面,即可再生能源④、能源效率、快速淘汰煤炭、对天然气进行脱碳处理以及各领域可持续解决方案的智能融合。因此,发展可再生能源始终是欧盟各国提升核心竞争力、保障能源安全以及应对气候变化的重要战略举措。

欧盟是最早制定可再生能源量化目标的经济区域。在1997年12月"京都议定书"及其相应目标得到通过之后,欧洲一致同意为实施这些目标制定联合战

---

① Energy Community. Decarbonisation Roadmap, Energy Community, 30 November 2021.
② European Commission. Western Balkans: An Economic and Investment Plan to Support the Economic Recovery and Convergence, 6 October 2020.
③ 更多信息请参考第三章第一节内容。
④ 可再生能源包括风能、太阳能、水能、海洋能、地热能、生物质能和生物燃料。通过热泵和可再生电力生成的额外能量,如用于交通运输,也算作可再生能源范畴。可再生能源是矿物燃料(主要是进口矿物燃料)能源的重要替代方案。增加可再生能源的使用可以减少温室气体排放、加强能源供应安全性、促进创新和技术发展,同时提供就业机会。更多信息请参考 European Parliament 官网:https://www.europarl.europa.eu/factsheets/en/sheet/70/renewable – energy#_ ftnref1。

略。在此背景下，2001年9月欧盟通过的第一个指令即是旨在提高可再生电力发电份额的可再生能源目标指令，即"第2001/77/EC号指令"。此后，随着气候变化和能源安全问题的持续升温，欧盟推出了更全面、目标更高的可再生能源指令（见表4-3）。2008年12月，欧盟成员国就未来10年的能源政策达成一致，推出了"2020年气候和能源一揽子计划"，即著名的"20-20-20"战略，其中就包括在2020年将可再生能源占总能源消耗的比重提高至20%的阶段性目标（RED Ⅰ）。2018年12月，欧盟又制定了在2030年实现32%的可再生能源利用目标（RED Ⅱ）。2021年7月，欧盟委员会通过的"Fit for 55"一揽子立法提案[1]再次对可再生能源指令进行了修订，明确了到2030年可再生能源在欧盟最终能源消耗的比重从32%上升至40%。[2]

表4-3　　　　　　　　欧盟可再生能源指令

指令	日期	详细内容
第2001/77/EC号指令：关于促进内部电力市场中可再生能源发电	2001年9月27日通过；2001年10月27日生效（有效期至2011年12月31日）	包括2010年可再生能源发电占比（RES-E）22.1%的指示性目标，以及各成员国指示性目标
第2003/30/EC号指令：关于促进运输行业使用生物燃料或其他可再生燃料	2003年5月8日通过；2003年5月17日生效（有效期至2011年12月31日）	包括到2010年各成员国生物燃料在运输燃料中占比5.75%的目标
第2009/28/EC号指令：关于促进可再生能源利用（RED I）[3]	2009年4月23日通过；2009年6月25日生效	第2001/77和2003/30号指令的更新版。制定了到2020年可再生能源占比至少达到20%的具有法律约束力的目标；还制定了各成员国具有约束力的可再生能源发电占比目标和具有强制力的生物燃料目标
2018/2001/EU可再生能源修订指令（RED Ⅱ）	2018年12月11日通过；2018年12月24日生效	为欧盟制定了一项新的、具有约束力的到2030年达到至少32%的可再生能源目标，其中包括2023年可能对欧盟目标进行上调修订的条款。要求各成员国必须制定本国的能源和气候行动计划，以显示其为实现目标所做的贡献，以及政策的贯彻执行情况
可再生能源修订指令（RED Ⅲ）	2021年7月14日通过	到2030年可再生能源在欧盟最终能源消耗的比重从32%上升至40%，对建筑行业、交通领域、工业领域的可再生能源应用比例和碳排放强度作出具体要求

资料来源：中国—欧盟能源合作平台。

---

[1] 该提案旨在确保使欧盟经济和社会走上到2030年实现温室气体减排55%的正确轨道。这份文件可谓是欧盟委员会就气候和能源问题制定的最为综合、全面的立法提案，不仅为增加就业和未来具有韧性且可持续的欧洲经济奠定了基础，而且还以公平、经济高效和有竞争力的方式为欧盟经济的彻底转型创造了条件。

[2] 中国—欧盟能源合作平台，支持中欧可再生能源发电建设，欧盟对外政策工具资助项目，2020年6月。

[3] Directive 2009/28/EC of the European Parliament and of the Council of 23 April 2009 on the Promotion of the Use of Energy from Renewable Sources and Amending and Subsequently Repealing Directives 2001/77/EC and 2003/30/EC（2009年4月23日欧洲议会和理事会关于促进使用可再生能源的第2009/28/EC号指令，修正并继而废止第2001/77/EC与第2003/30/EC号指令）。更多信息请参考：乔斯·德贝克和彼得·维斯，欧盟气候政策说明，欧洲联盟，2016。

二、欧盟可再生能源的发展趋势

得益于一系列政策框架的支持,欧盟可再生能源领域发展迅速且韧性十足。若按应用的主要领域来比较分析,可再生能源在电力系统的应用强度远超在供热与制冷行业以及交通运输行业的应用,是欧盟可再生能源发展的最大亮点。

欧盟可再生能源电力的发展大致经历了两个阶段。根据数据的可得性,我们将第一个阶段设定为1990—2005年,第二个阶段设定为2006—2020年。国际能源署(International Energy Agency,IEA)和欧盟统计局数据显示,在第一个阶段,欧盟化石燃料和可再生能源发电量占该地区发电总量的比重均保持在一个相对稳定的水平,其中化石燃料发电量的比重较高,15年均值为54.6%,而可再生能源发电量占发电总量的平均比重仅为13.7%(见图4-6)。

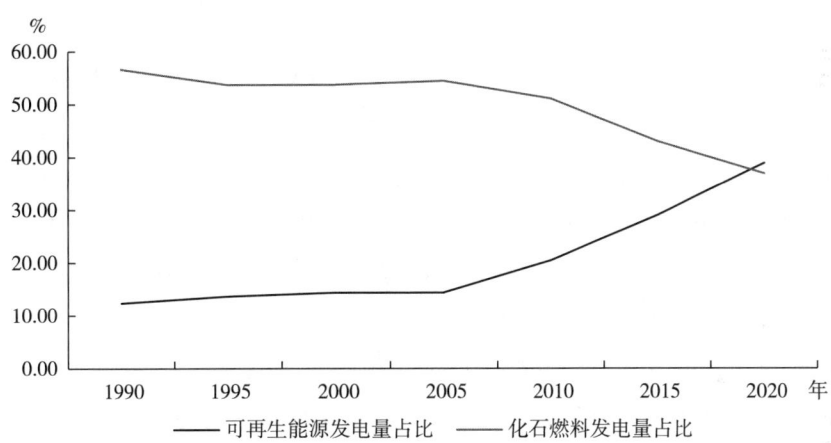

注：图中可再生能源主要包括水能、太阳能、风能和生物燃料,化石燃料主要包括煤炭、石油和天然气。

图4-6 1990—2020年欧盟可再生能源和化石燃料发电量占总发电量比重变化趋势

(资料来源：国际能源署、欧盟统计局)

然而,自2006年起,该趋势开始发生了较为明显的转变,欧盟可再生能源电力进入到第二个发展阶段。具体表现为,在可再生能源发电量占比持续上升的同时,化石燃料发电量占比稳步下降,直到2020年,欧盟可再生能源发电量占发电总量的比重(38.9%)超越了化石燃料发电量的比重(36.9%)。发生上述转变的主要原因是,随着太阳能光伏和风能发电成本的快速下降,这两类可再生能源不仅成为全球增速最快的发电资源,而且也是欧盟可再生能源电力发展的主要动力(见图4-7)。根据国际能源署发布的《可再生能源2021》数据,2020年欧盟安装了14GW的分布式光伏发电系统,这是自2011年以来的最高水平。在未来,国际能源署认为在分布式光伏发电系统政策以及企业直购电协议(Corporate

PPA）的支持下，欧盟太阳能光伏装机总规模将会进一步提升。①

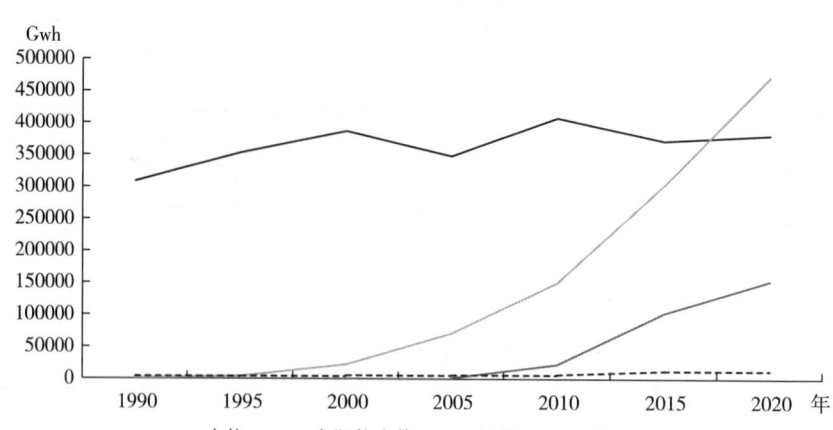

注：图中其他可再生能源包括潮汐、地热和太阳热能。

图 4-7　1990—2020 年欧盟三类主要可再生能源发电量变化趋势

（资料来源：国际能源署）

此外，基于欧盟各成员国的国家能源和气候计划（National Energy and Climate Plan, NECPs），国际能源署还预测，欧盟在 2026 年可再生能源装机总容量将达到 750GW，平均每年增加 40GW；若这一速度持续下去，到 2030 年，欧盟可再生能源装机总量将高于 800GW（见图 4-8）。②

欧盟能源转型的发展趋势同样可以通过可再生能源在最终能源消耗中的占比来进行评估。整体来看，近 15 年来，欧盟可再生能源在最终能源消耗中的占比急剧上升。根据欧盟统计局 2022 年 2 月更新的数据（见表 4-4），2005 年欧盟可再生能源比例仅为 10.2%，在"可再生能源指令 I"（RED I）出台一年之后的 2010 年，该比值上升至 14.4%，在此后的 10 年期间（2010—2020 年）欧盟可再生能源比例再次提高了 7.7 个百分点达 22.1%，超过了 2020 年气候和能源一揽子计划中所设定目标 2.1 个百分点，其中可再生能源发电占比从 21.3% 增至 37.5%，可再生能源供热和制冷占比从 17% 增至 23.1%，交通运输部门的可再生能源利用占比从 5.5% 增至 10.22%。

从国别来看，2020 年欧盟 27 个成员国均取得了不俗的成绩，除了法国的可再生能源占比较其 2020 年目标值低 0.8 个百分点以外，其余 26 国都达到（约等于或超过）此前设定的国家目标。其中，以瑞典、芬兰和拉脱维亚为代表的欧盟

---

① International Energy Agency. Renewables 2021, December 2021.
② Internatioanal Energy Agency. Renewables 2021, December 2021.

第四章 中东欧地区绿色转型的机遇与挑战

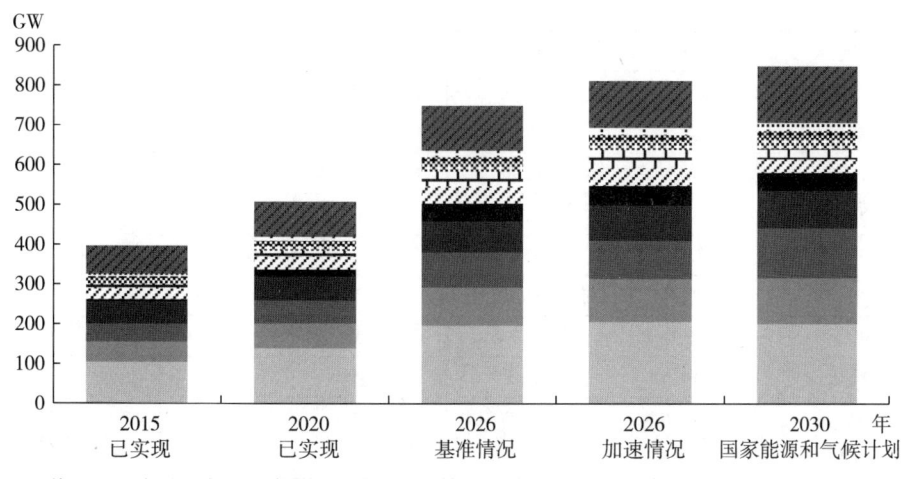

注:"2026年基准情况"、"2026年加速情况"以及2030年数据均为国际能源署预测值,其中,2030年可再生能源装机总容量预测值是基于欧盟各成员国各自提交的国家能源和气候计划。

图4-8 2015—2030年欧盟成员国可再生能源装机总容量发展趋势
(资料来源:国际能源署)

北部国家可谓"遥遥领先",在2005—2020年,三国可再生能源占比始终名列前茅;截至2020年底,该指标在上述三国分别高达60.1%、43.8%和42.1%,分别超过欧盟均值38个、21.7个和20个百分点。

表4-4 2005—2020年欧盟及其成员国可再生能源在最终能源消耗的占比

单位:%

国别/地区	2005年	2010年	2015年	2020年	2020年目标
比利时	2.3	6.0	8.1	13.0	13
保加利亚	9.2	13.9	18.3	23.3	16
捷克	7.1	10.5	15.1	17.3	13
丹麦	16.0	21.9	30.5	31.6	30
德国	7.2	11.7	14.9	19.3	18
爱沙尼亚	17.5	24.6	29.0	30.1	25
爱尔兰	2.8	5.8	9.1	16.2	13
希腊	7.3	10.1	15.7	21.7	18
西班牙	8.4	13.8	16.2	21.2	20
法国	9.3	12.7	14.8	19.1	20
克罗地亚	23.7	25.1	29.0	31.0	20
意大利	7.5	13.0	17.5	20.4	17
塞浦路斯	3.1	6.2	9.9	16.9	13
拉脱维亚	32.3	30.4	37.5	42.1	42

续表

国别/地区	2005年	2010年	2015年	2020年	2020年目标
立陶宛	16.8	19.6	25.7	26.8	23
卢森堡	1.4	2.9	5.0	11.7	11
匈牙利	6.9	12.7	14.5	13.9	13
马耳他	0.1	1.0	5.1	10.7	10
荷兰	2.5	3.9	5.7	14.0	14
奥地利	24.4	31.2	33.5	36.5	34
波兰	6.9	9.3	11.9	16.1	15
葡萄牙	19.5	24.2	30.5	34.0	31
罗马尼亚	17.6	22.8	24.8	24.5	24
斯洛文尼亚	19.8	21.1	22.9	25.0	25
斯洛伐克	6.4	9.1	12.9	17.3	14
芬兰	28.8	32.2	39.3	43.8	38
瑞典	40.0	46.1	52.2	60.1	49
欧盟	10.2	14.4	17.8	22.1	20

注：1. 根据欧盟的定义，各成员国定量目标的起点时间节点是2005年可再生能源在能源结构中的比例。

2. 表中国别排序按照各国英文名字母顺序。

资料来源：欧盟统计局。

三、中东欧—欧盟国家可再生能源的发展趋势

在中东欧—欧盟地区，可再生能源电力发展的整体趋势与欧盟相似，即化石燃料发电量占发电总量的比重在逐年下降的同时，可再生能源发电量的占比在稳步增加。然而，由于中东欧国家的能源规模和结构存在较大的差异，不同国家可再生能源的发展进度并不一致。

我们以维谢格拉德地区4国、保加利亚和罗马尼亚6国为例（见图4-9），可以看到，截至2020年底罗马尼亚和斯洛伐克2国可再生能源发电在总发电量中的占比分别在2016年和2012年超过其化石燃料发电量在发电总量中的比重（见图4-9分图5和分图6）；与之形成对比的是，保加利亚、捷克、匈牙利和波兰4国可再生能源发电量占比虽然也在增长，分别从1990年的4.46%、2.32%、0.63%和2.43%上涨至2020年的19.55%、14.08%、15.28%和18.26%，但是截至2020年底，其上涨程度还不足以超越本国化石燃料发电量在发电总量中的比重，且远低于欧盟38.9%的平均水平（见图4-6和图4-9分图1至分图4）；其中，波兰因长期严重依赖煤炭发电，其化石燃料发电占发电总量的比重始终高居不下，截至2020年底，该比值在波兰仍然高达81.12%（见图4-10）。

第四章 中东欧地区绿色转型的机遇与挑战

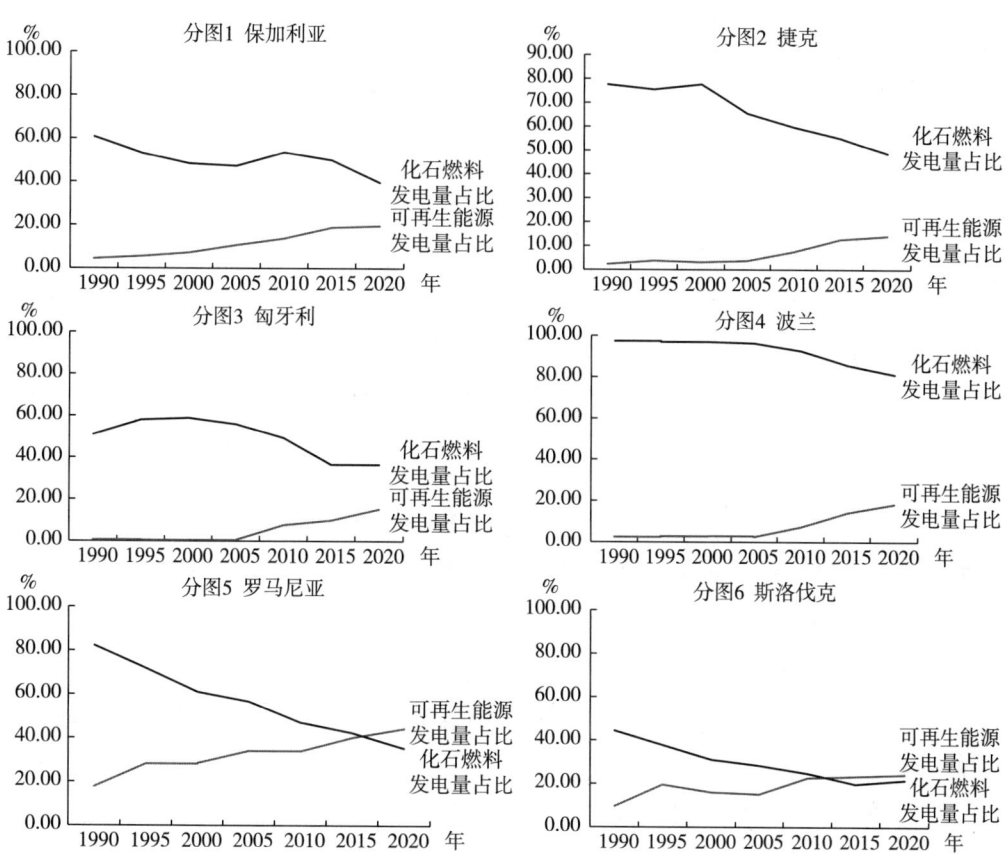

注：图中可再生能源主要包括水能、太阳能、风能和生物燃料，化石燃料主要包括煤炭、石油和天然气。

图4-9 1990—2020年中东欧6国可再生能源和化石燃料发电量占本国总发电量比重的变化趋势

（资料来源：国际能源署、欧盟统计局）

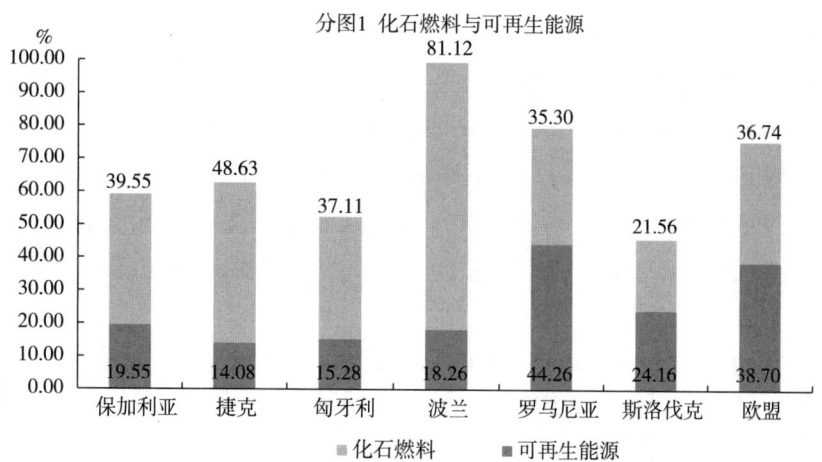

图4-10 2020年中东欧6国可再生能源和三类化石燃料发电量占总发电量比重

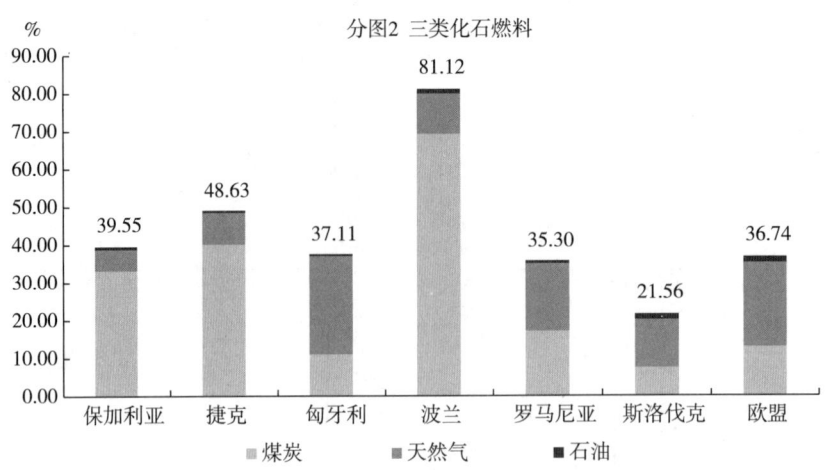

注：图中可再生能源主要包括水能、太阳能、风能和生物燃料，化石燃料主要包括煤炭、天然气和石油。

图4-10　2020年中东欧6国可再生能源和三类化石燃料发电量占总发电量比重（续）

（资料来源：国际能源署）

在可再生能源方面，中东欧国家具有各自的优势资源、拥有不同的开发潜力，这些不同之处又决定了它们在绿色转型过程中使用的转型策略有所不同。对大部分中东欧国家来说，太阳能光伏和风能是最受青睐的可再生资源，因为这两类可再生能源发电经历了较长的发展周期，已逐渐成为成熟的可再生能源发电技术，基于技术进步、规模经济效应等因素的影响，其发电成本在近十几年已大大降低，而且在可预见的未来，两类可再生能源的发电成本还有进一步下降的空间，甚至可以与化石燃料的发电成本相当，极具竞争力。

具体来看，匈牙利是中东欧地区大力推进太阳能光伏发电的国家之一。为实现国家能源和气候计划设定的目标（到2030年90%的国内电力实现零排放），匈牙利通过实施光伏上网补贴等政策来支持太阳能的扩张。[①] 根据国际可再生能源署（International Renewable Energy Agency，IRENA）的统计数据，匈牙利太阳能光伏电站装机总容量在短短的5年里增加了近10倍，从2015年的172MW增加到2020年的1953MW。这使得2020年太阳能光伏发电量在匈牙利可再生能源发电总量中的占比达到了45.9%，远高于欧盟12.9%的平均水平（见图4-11）。

---

① 2017年1月1日，匈牙利政府修改了光伏发电补贴机制。2017年以前申请的项目适用于强制电价机制（KAT），2017年之后申请的项目适用于补贴机制（METAR）。KAT机制相对于METAR有更好的收益，因此电力生产商在2017年前集中申请了项目牌照。匈牙利对KAT机制下批准的牌照约2GW，预计实际能够建成电站约1.5GW，其余过期牌照将被取消。同时，2017年起METAR机制也开始运作，匈牙利国家能源局（MEKH）每年预计为符合条件的申请者发放800MW的牌照。更多信息请参考：http：//hu.mofcom.gov.cn/article/ztdy/202103/20210303046939.shtml。

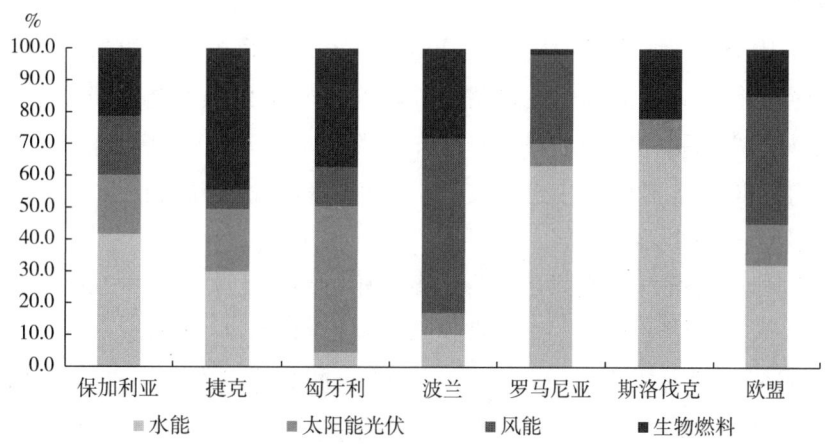

图 4-11　2020 年中东欧 6 国四类可再生能源发电量占可再生能源发电总量比重
（资料来源：国际能源署）

波兰是中东欧地区能源转型压力较大的国家之一。近年来，越发严格的欧盟气候政策以及本国国内对气候变化日益加剧的担忧使得波兰政府加大了对可再生能源的政策支持，例如波兰政府放宽陆上风能开发的限制、扩大对海上风力发电的投资、对小规模太阳能生产进行补贴等。截至 2020 年底，波兰国内 18.3% 的电力来自可再生能源，其中一半以上来自风能（见图 4-11）。2021 年第二季度，波兰 7 个装机总量约为 6GW 的海上风电项目获得批准，预计将在 2026—2030 年正式上线。此外，2021 年 10 月波兰修订了《可再生能源法》，将拍卖期限从 2021 年延长至 2027 年，并引入了拍卖量的长期计划，这将促使波兰分布式光伏容量在未来将更快速地增长。根据国际能源署预测，波兰在 2021—2026 年将增加 23GW 的可再生能源产能，其中太阳能光伏增长近 75%，其次是陆上风能。[①]

另外，我们还注意到，部分中东欧国家也拥有较丰富的水资源，水能发电为这些国家可再生能源发电作出了重要的贡献，典型代表国是斯洛伐克、罗马尼亚和保加利亚。国际能源署统计数据显示，截至 2020 年底，3 国水能发电量分别占本国可再生能源发电总量的比重分别为 68.6%、63.3% 和 41.7%，高于欧盟 32.2% 的平均水平。然而，利用水能发电目前争议较大，例如斯洛伐克和罗马尼亚计划建立的水力发电项目位于自然保护区内，这可能会对该地区环境产生较大的影响。

与此同时，太阳能和风能也并非十全十美。首先，两类资源严重依赖天气以及气候的变化。然而，随着科技的进步，这些局限性尽量被最小化，例如，利用卫星数据来预测日照量。其次，与化石燃料发电不同，太阳能和风能均属于间歇

---

① Internatioanal Energy Agency, Renewables 2021, December 2021.

性可再生能源，这意味着太阳能光伏和风力涡轮机技术是无法按需发电的。因此，对于太阳能光伏和风能发电占比较高的国家，为解决因能源的不稳定性而引发的能源存储等一系列问题，欧盟实施了以信息流通和多种能源利用为基础的集中智能能源网络的绿色能源战略。目前，这类实时协调和管理能源供需的数字化能源平台正在欧盟能源体系中迅速发展，中东欧地区的保加利亚、匈牙利和爱沙尼亚已分别拥有一个。

我们同样利用可再生能源在最终能源消耗中的占比来评估中东欧国家能源转型发展的成效。整体来看，在能源系统的转型过程中，中东欧地区国家在可再生能源领域成绩斐然（见图4-12），以2020年的数据为例：首先，2020年中东欧—欧盟地区国家最终能耗中的可再生能源占比均达到了其国家目标；其次，2020年中东欧—欧盟地区，有6国可再生能源占比超过了欧盟的平均水平（22.1%），按比值高低依次为拉脱维亚（42.1%）、克罗地亚（31%）、爱沙尼亚（30.1%）、斯洛文尼亚（25%）、罗马尼亚（24.5%）和保加利亚（23.3%）；最后，从各国达成国家目标的满意程度来看，大部分中东欧国家超过原定的国家目标值，如克罗地亚（11个百分点）、保加利亚（7.3个百分点）、爱沙尼亚（5.1个百分点）、捷克（4.3个百分点）、希腊（3.7个百分点）和斯洛伐克（3.3个百分点）。

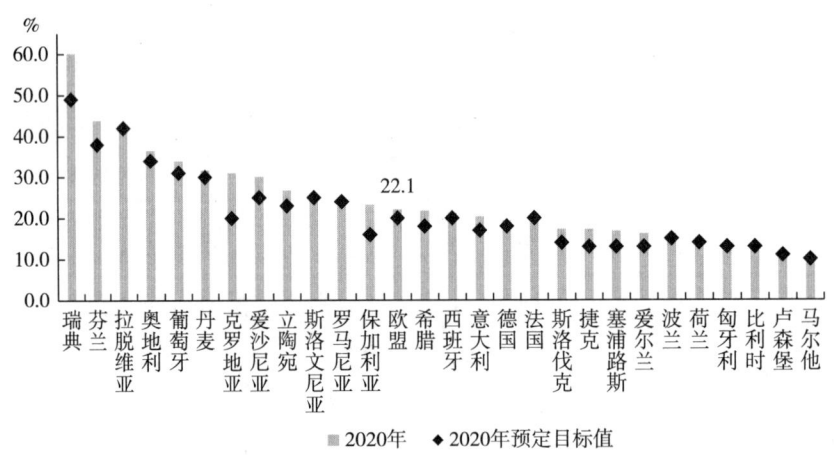

图4-12　2020年欧盟及成员国可再生能源在最终能源消耗中的占比及2020年预定目标值
（资料来源：欧盟统计局）

与此同时，我们也观察到中东欧—欧盟地区的区域之间的可再生能源发展非常不平衡，同样呈现出"北强"的特征，即该地区最北部的波罗的海地区可再生能源发展水平显著高于东南欧地区和维谢格拉德地区。根据欧盟统计局2022年

2月更新的数据,自2005年以来,波罗的海地区可再生能源占最终能源消耗的比重就远超欧盟相应年份的均值,并始终保持了与欧盟几乎一致的增长速度。截至2020年底,波罗的海地区可再生能源在最终能耗中的占比高达33%,远超欧盟22.1%的均值,分别高于东南欧地区和维谢格拉德地区6.8个和17.4个百分点(见图4-13)。

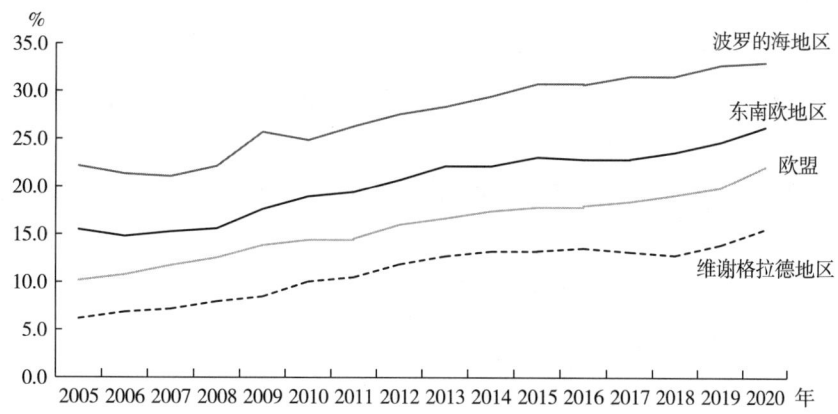

图4-13 2005—2020年中东欧—欧盟地区可再生能源在最终能源消耗中的占比增长趋势

(资料来源:欧盟统计局)

四、中东欧—欧盟国家能源转型所面临的挑战

整体来看,中东欧地区国家已经不同程度地开启了能源转型进程,由于各国能源规模和结构存在较大的差异,不同国家能源转型策略和步伐并不一致,然而,它们却相当程度地面临着相同的挑战。

第一,中东欧地区绿色能源生产过程中所需生产要素过度依赖进口。例如,此前我们曾提到风电是波兰国内可再生能源发电的主要支柱,然而,波兰的太阳能光伏在近些年同样增长非常迅速。国际可再生能源署数据显示,在2015—2020年,波兰太阳能光伏装机总容量激增了超过34倍,从108MW激增至3936MW。如此高速的发展速度导致波兰在可再生能源生产过程中所需的设备、原料等生产要素需要大量进口,对外部资源和市场依赖性较大,同时也累积了一定的风险。2018年波兰进口的与可再生能源生产相关的产品总额约为3310万美元,其中德国和中国分别占波兰进口总额的28%和18.2%,两国几乎为波兰提供了近一半的可再生能源生产所需的生产设备和原料。[①]

---

① Pakulska, T. Green Energy in CEE Countries. New Challenges on the Path to Sustainable Development. Energies 2021, 14, 884. https://doi.org/10.3390/en14040884.

第二，中东欧国家太阳能光伏板利用率偏低将给环境带来额外的压力。欧盟能源转型的加速推动太阳能光伏产业发展成为可再生能源最主要的方式。受益于国家政策支持，大部分中东欧国家太阳能光伏能源系统发展十分迅猛，太阳能光伏的动态发展使得光伏板的利用与回收再利用成为一项紧急事件。根据数据可得性，我们以中东欧地区的波兰和罗马尼亚进行案例分析。根据预测模型，2020—2030年波兰和罗马尼亚太阳能光伏板所覆盖的总面积将分别介于1598万~1795.4万平方米和658万~739.3万平方米。假设光伏电池的平均寿命为20年，这意味着2010年开始使用的电池板在2030年将会被淘汰。那么根据波兰以及罗马尼亚目前太阳能光伏系统的规模，两国被废弃的光伏电池板的总面积将分别在2040年和2035年达到峰值1547.2万平方米和622.8万平方米。①我们以电子废弃物回收利用率作为参考指标，根据欧盟统计局的数据，与绿色经济发达的欧盟国家相比，波兰和罗马尼亚两国的回收利用率在欧盟范围内均属于较低水平（见图4-14）。

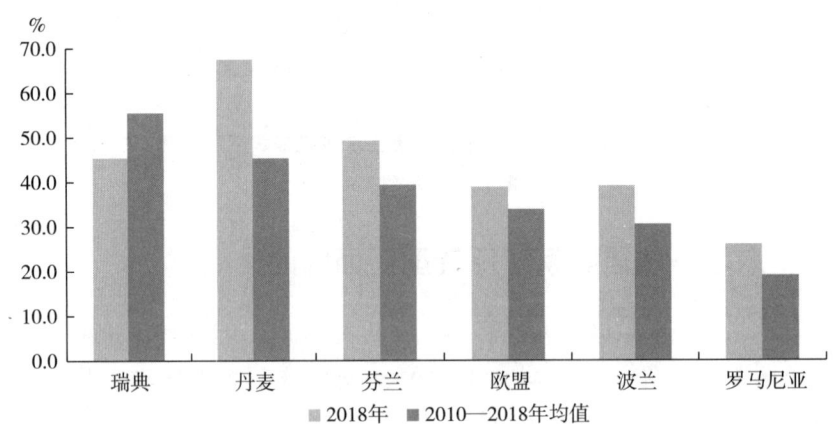

图4-14 2010—2018年波兰、罗马尼亚和绿色经济发达国家电子废弃物回收利用率

（资料来源：欧盟统计局）

若波兰和罗马尼亚在未来分别保持其2018年的回收利用率水平，两国在2030—2050年回收的太阳能板总面积将分别达到557万平方米和162万平方米，累计的未回收光伏板总面积在2050年分别为1150万平方米和547万平方米；若波兰和罗马尼亚能够将本国回收利用率提升至绿色经济发达国家2018年的平均水平，根据预测模型，到2050年两国累计未回收光伏板总面积将分别降低至575万平方米和237万平方米，太阳能光伏板对环境的负面影响将显著降低。②

---

①② Pakulska, T. Green Energy in CEE Countries. New Challenges on the Path to Sustainable Development. Energies 2021, 14, 884. https：//doi.org/10.3390/en14040884.

第三，俄乌冲突迫使中东欧国家大大缩短其能源转型过渡期。通过能源多样化来改善欧洲能源供应安全是欧盟长期追求的核心目标之一。在俄乌冲突爆发之前，欧盟计划将满足特定条件的核能和天然气项目纳入可持续投资范畴，以缓解部分欧盟成员国能源转型压力，然而，这一提案却在欧盟内部引起了较大的分歧，赞成方的主要代表是希望重振其核工业的法国和大部分以化石燃料（如天然气）为主要能源来源的中东欧国家，反对方是已经放弃核能，并寄希望于发展风能、太阳能和新的天然气发电站的国家，如德国、奥地利和西班牙。不过，在经过漫长的拉锯和激辩之后，欧盟委员会最终于2022年2月批准了一项补充气候授权法案，即在严格条件下，将特定的核能和天然气活动纳入欧盟分类法涵盖的可持续经济活动清单中，归类为"过渡"，也就是说，这类活动尚不能被技术和经济上可行的低碳替代品取代，但确实有助于缓解气候变化，并有可能在向气候中和经济转型中发挥重要作用。① 基于此，此项法案的通过对中东欧地区来说，特别是那些严重依赖天然气的中东欧国家，原本会相当程度地缓解它们当前所面临的能源转型压力。然而，2022年2月底爆发的俄乌冲突导致这些中东欧国家转型压力骤升，迫使它们不得不重新审视其能源转型的优先事项。

总体来看，俄罗斯一直是欧盟地区化石燃料能源最重要的来源国，据统计，2020年欧盟天然气、石油和煤炭对俄罗斯进口依存度分别为41.4%、36.5%和19.3%。从国别来看，中东欧地区的国家几乎都从俄罗斯进口天然气，其中北马其顿和波黑2国的天然气能源100%进口自俄罗斯，拉脱维亚、塞尔维亚、爱沙尼亚、保加利亚、斯洛伐克、克罗地亚、捷克和希腊8国从俄罗斯进口的天然气份额均占到本国天然气进口总额的50%与95%之间，斯洛文尼亚、匈牙利和波兰3国的进口占比略低于50%（见图4-15）。

鉴于中东欧地区对俄罗斯天然气依赖性普遍较高，自俄乌冲突爆发之后，部分中东欧国家已经在其能源转型战略上采取了积极的行动。例如，斯洛伐克目前

---

① 2022年2月，欧盟委员会通过法案，将满足特定条件的核能和天然气项目纳入可持续投资范畴。这一法案将提交欧洲议会和欧盟理事会审议，如通过，该法案将于2023年1月1日正式生效。总体来看，法案通过的可能性较大，预期将加速私营投资进入欧盟推进绿色转型的活动中，助力欧盟最终实现碳中和目标。2020年7月，欧盟为可持续经济活动建立的分类条例正式实施。该条例将可持续经济活动分为三类，即"环境可持续"、"有利"和"过渡"。上述法案将满足特定条件的核能和天然气项目归为"过渡"类，即虽然造成碳排放，但目前在技术和经济上不可替代，且不阻碍低碳替代方案发展和应用的经济活动。在能源转型道路上，欧盟国家起步较早，进展也较为显著。但与此同时，可再生能源尚未达到可以提供持续、稳定供给的水平，能源供给的结构性矛盾持续困扰欧洲。与传统能源相比，核能和天然气碳排放相对较低，被视为向可再生能源过渡的重要能源。2021年12月底，欧盟委员会将补充授权法案草案递交欧盟各成员国征询意见时指出，核能和天然气可以作为一种手段，促进向以可再生能源为主的未来过渡。这在欧盟内部引发了很大争议。支持一方强调这两种能源碳排放较低，可提供过渡性保障。反对一方则认为，即便是暂时性的，这两种能源也不应算作绿色能源。更多信息请参考中国经济网：http://intl.ce.cn/sjjj/qy/202202/17/t20220217_37335792.shtml。

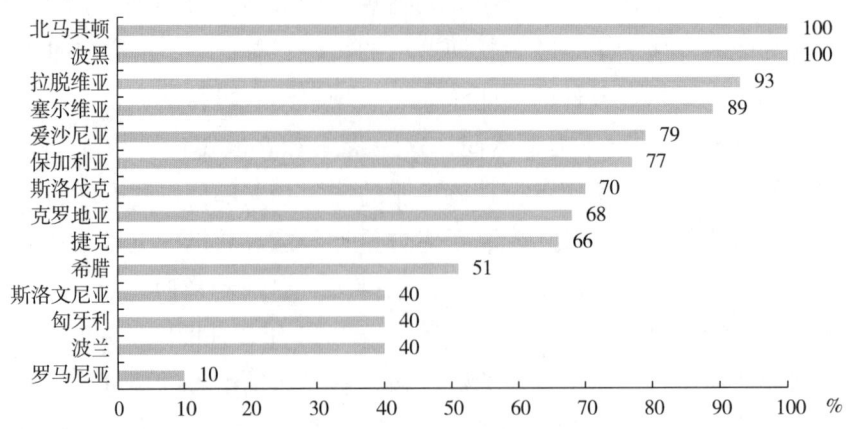

注：暂无阿尔巴尼亚和黑山的数据。

图 4-15　2020 年中东欧国家从俄罗斯进口的天然气占本国天然气进口总量的比重

（资料来源：Statista 数据库）

正在寻求用生物甲烷取代天然气，由于生物甲烷具有与天然气相同的特性，意味着其可以通过天然气管道交付给终端客户。目前，斯洛伐克约有 100 个沼气站，每年可生产 4 亿~5 亿立方米生物甲烷，相当于当前天然气消耗量的 10%；根据现有标准，大约 1/3 的沼气站可以转型生产可被压入天然气管道系统的生物甲烷。与此同时，斯洛伐克经济部正在研究补助方案，以进一步提升新的沼气和生物甲烷的生产商的产能，并对现有的沼气站进行改造升级。[①] 克罗地亚同样也在提升本国天然气终端的再气化能力，以减少对俄罗斯的能源依赖。克罗地亚克尔克液化天然气终端于 2021 年 1 月开始运营，主要向克罗地亚国家传输网络输送天然气。鉴于俄乌冲突引发的能源危机，克尔克液化天然气终端运营商 Hrvatska 宣布，已将该终端的再气化能力提高到每小时 33.8 万立方米。与此同时，克罗地亚天然气国家传输网络与斯洛文尼亚、意大利、匈牙利、塞尔维亚以及黑山相联，该国天然气终端再气化能力的提高也有助于与之联通的邻国受益。[②]

---

① 中欧陆家嘴国际金融研究院、中东欧经济研究所，《中东欧视界》，2022（3）。
② 中欧陆家嘴国际金融研究院、中东欧经济研究所，《中东欧视界》，2022（4）。

第三篇

中国与中东欧地区、欧盟合作近况及其对比

第五章 贸易合作

第一节 中国与中东欧地区合作近况

2012年成立的中国—中东欧国家合作机制，有力地促进了中国与中东欧国家各领域的务实合作，成为跨区域合作的典范。2020年新冠肺炎疫情暴发引发的供应链危机、经济发展低迷、进出口贸易受阻等一系列问题，导致全球经济面临较大下行压力。在此背景下，中国—中东欧国家合作机制虽然面临前所未有的挑战，但双方合作并未陷入停滞。一方面，中国在疫情中反应迅速，经济较快回归正轨，并稳步恢复国际贸易。中国和中东欧国家不断深化防疫合作，中东欧国家防疫工作在欧洲国家中表现亮眼。另一方面，得益于中欧班列和平台建设，中国与中东欧国家的经贸合作快速回温，与部分中东欧国家贸易逆势上扬，这些都为2021年中东欧国家经济复苏注入了动力，成为中国与中东欧国家合作的亮点，也成为中欧关系发展的有效助力。

一、中国与中东欧国家双边贸易发展概况

（一）经贸合作稳中向好

2021年，双边贸易继续保持增长态势，中国海关统计数据显示，中国与中东欧国家双边贸易总值为1335.5亿美元，再创新高，同比增长32%。其中，中国对中东欧国家出口993.8亿美元，同比增幅达34%，系近十年来最高增速；中国从中东欧国家进口341.7亿美元，同比增长26.5%（见图5-1）。

2021年，中国对中东欧国家出口产品主要为机电产品和劳动密集型产品。其中，自动数据处理设备及其零部件和电工器材是主要的机电类出口产品；劳动密

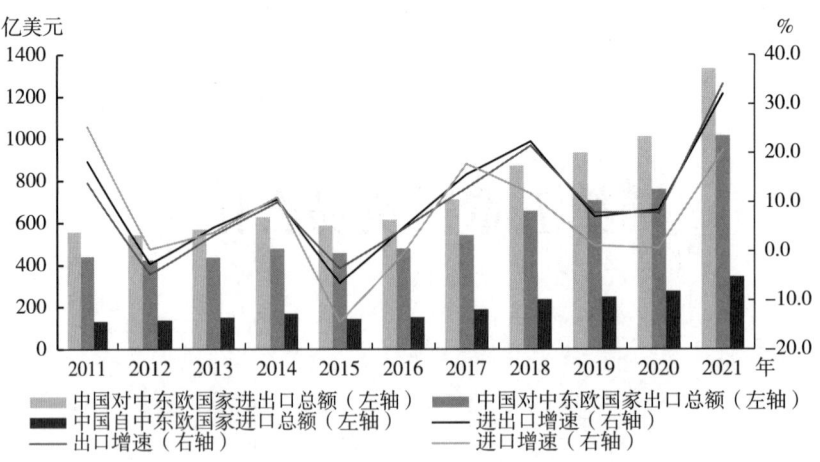

图 5-1　2011—2021 年中国对中东欧国家贸易情况

（资料来源：Wind、中国海关总署）

集型产品主要是服装及衣着附件，纺织纱线、织物及其制品。2021 年，中国自中东欧主要进口机电产品、铜材和木制品等。其中，乘用车、汽车零配件是主要的机电类进口产品。

中东欧国家的机电产品、汽车及零部件、农食产品、轻纺产品、矿产原料等具有比较优势，而中国市场广阔，正推动生产和消费升级，因此扩大自中东欧进口空间很大。2021 年的第二届中国—中东欧国家博览会有 425 家中东欧国家企业参展，自中东欧进口的采购意向达到 74.6 亿元人民币。农产品是中东欧国家对华出口的潜力商品，随着中欧地理标志协定生效，中国从中东欧国家的进口商品结构不断优化，来自中东欧国家的肉制品、乳制品、蜂蜜、葡萄酒、玫瑰精油等商品越来越多地进入中国市场，惠及更多中东欧农户，也给中国消费者带来更多样化选择（见研究专题 4）。2021 年 2 月，习近平主席在"中国—中东欧国家领导人峰会"上发表主旨讲话，明确表示"中方计划今后 5 年从中东欧国家进口累计价值 1700 亿美元以上的商品"、"争取实现未来 5 年中国从中东欧国家的农产品进口额翻番，双方农业贸易额增长 50%"。

（二）医疗卫生领域贸易合作持续发力

自 2015 年首届中国—中东欧国家卫生部长论坛举办以来，在卫生部长论坛机制框架下，中国与中东欧国家在医院合作、卫生政策、公共卫生和卫生人才等合作领域取得了一系列积极进展。2020 年新冠肺炎疫情全球暴发之后，中东欧各国同样面临着不同程度医疗物资短缺的问题。在国内疫情防控形势基本稳定后，中国将公共卫生领域合作作为中国—中东欧双边合作的优先领域。2020年，中国向中东欧国家出口了各类防疫物资，包括N95一次性口罩86亿件，出口金额高达109亿元人民币，防护服出口456.33万件，出口额约为2899.16亿元；在浙江省参与下建成的位于捷克的物流园为中国进出口贸易企业提供商品、运输、仓储、配送等一站式服务，2020年通过该物流园中国向中东欧地区提供了近28吨的医疗防护物质，并为口罩、防护服等急缺物质提供免费作业和仓储空间。2021年初，中国先后共有多批新冠肺炎疫苗抵达塞尔维亚，总数已有300万剂[①]；7月，中塞签署生产中国新冠疫苗谅解备忘录；9月，国药集团、塞尔维亚政府、阿联酋G42集团联合建设的塞尔维亚疫苗工厂举行奠基仪式，疫苗工厂建成后，除保证塞本国疫苗需求外，还将供应欧洲其他国家；12月，塞尔维亚基因测序和生物信息中心举行落成仪式。从联合抗击新冠肺炎疫情到疫苗合作，新冠肺炎疫情后疫苗合作成为中塞合作的新引擎。[②]

（三）中欧班列带动经贸逆势发展[③]

2021年以来，新冠肺炎疫情不断反复，全球供应链面临巨大压力，集装箱运费飙升导致全球进口价格平均上涨11%。在全球海运、空运运力紧张的情况下，中欧班列的陆路运输优势持续显现，为稳定中欧供应链提供了重要支撑。中国国家铁路局数据显示，2021年中欧班列全年开行1.5万列，同比增长22%，货物运送量同比增长29%，至146万标箱。为了保证中欧班列运输效率，铁路部门对中欧班列实行优先装卸、优先挂运、优先交接运输组织模式，班列交接办理时间较2020年压缩了30%以上。

（四）促进经贸发展的合作平台不断丰富

依托于中国—中东欧国家合作框架，双方已建立了许多有效促进经济发展的平台和机制。根据《2021年中国—中东欧国家合作北京活动计划》，2021年如期召开第五届中国—中东欧国家海关检验检疫合作对话会、第二届中国—中东欧国家博览会、中国—中东欧国家联合商会第六次会议、第三届中国—中东欧国家（沧州）中小企业合作论坛等。这些活动均有力促进了中国与中东欧地区的经贸合作，并为更多中东欧国家的中小企业提供了进入中国市场的机会。

[①] 该数据截至2021年4月26日。详细信息请参考：https://www.17plus1-thinktank.com/article/1544.html? source=article_link。

[②] 中国—中东欧国家智库交流与合作网络：https://www.17plus1-thinktank.com/article/1238.html? source=article_link，检索日期：2022年1月8日。

[③] 更多信息请参考研究专题6。

（五）数字经济和跨境电商发挥巨大推动作用

近年来，基于中东欧地区稳定的互联网人口基数，中东欧区域电子商务蓬勃发展，与中国企业在跨境电商、海外仓等领域开展了良好合作。随着中国—中东欧国家电子商务合作对话机制的建立，中国—中东欧数字化领域合作不断加强，电商领域对话交流不断加强，探索新合作模式，为各自经济发展开拓了新的渠道，跨境电商成绩亮眼。以中国物流平台菜鸟网络在欧洲的发展为例，截至2021年底，菜鸟网络在欧洲地区已拥有超过10万平方米的出口海外仓，建成6个数智化分拨中心并投入使用（比利时列日、西班牙马德里、法国巴黎、德国不来梅、意大利罗马、匈牙利布达佩斯），覆盖欧盟24国和英国全境。2022年3月，其在意大利的国家分拨中心完成数智化改造，成为第7个在欧洲的数智化分拨中心。

2021年5月，郑州到匈牙利布达佩斯的"菜鸟号"直航货运航线开通，为两地商品贸易流通提供了更便捷的通道，布达佩斯和郑州的机场成为中东欧国家和中国之间的货运枢纽门户。以布达佩斯为中心的卡车配送网络同时开通，覆盖中东欧多国。相较之前的转运模式，整体物流时效提升20%，成本降低5%。中国先进的电子商务经验，为培育和发展中东欧地区的数字经济产业，进一步为双方贸易往来提供了有益助力。

二、中国与中东欧6国双边贸易发展概况

2021年，中国对中东欧地区贸易额前六大国家分别是波兰、捷克、匈牙利、希腊、斯洛伐克和罗马尼亚（以下简称"中东欧6国"）。中东欧6国在中东欧国家中占有非常重要的地位，并对中国同中东欧国家的未来合作发展具有重要影响。2021年，希腊替代斯洛伐克成为与中国双边贸易额排名第4的中东欧国家，这是该国自2011年以来首次超越斯洛伐克。

2021年，中国与中东欧6国贸易总额同比大增30.9%，达1134.7亿美元，占中国对中东欧地区进出口总额的85%。其中，中国对6国出口之和为842.8亿美元，占中国对中东欧地区出口额的84.8%；中国自6国进口之和为291.9亿美元，占中国自中东欧地区进口额的85.4%，该占比连续三年呈下行趋势。从增速上来看，中国对中东欧6国双边贸易趋势（见图5-2）与中国对中东欧地区整体贸易趋势（见图5-1）基本一致。

第五章　贸易合作

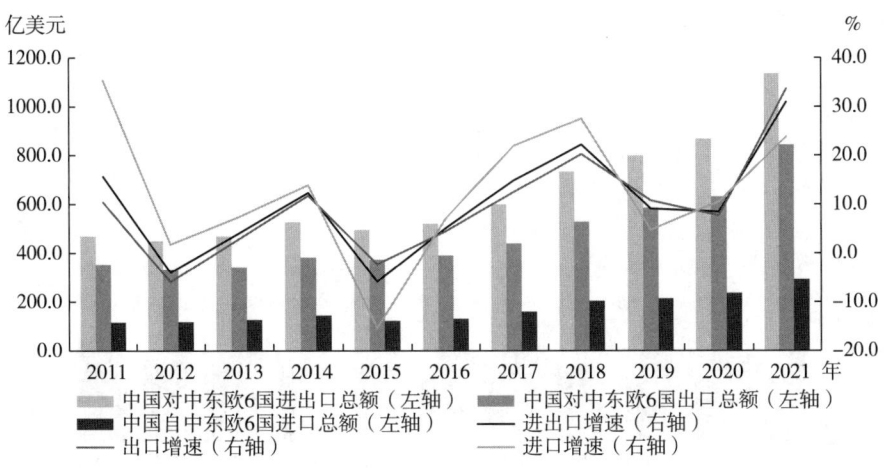

图 5-2　2011—2021 年中国对中东欧 6 国贸易情况

（资料来源：Wind、中国海关总署）

第二节　中国与原欧盟 28 国合作近况

由于新冠肺炎疫情冲击、全球经济负增长和供应链紧张，2020 年全球贸易大幅收缩。2021 年，随着全球经济复苏，国际贸易快速回暖。2021 年中欧双边货物贸易延续增长势头，贸易额快速提升。

一、中国与原欧盟 28 国双边贸易发展概况

（一）双边贸易额大幅上升

2021 年，随着欧洲经济逐渐复苏，中国与欧盟双边贸易规模呈现快速增长势头。中国海关总署数据显示，2021 年中国与欧盟进出口总值达 8281.1 亿美元，创历史新高，较 2020 年增长 27.5%。其中，中国向欧盟出口商品 5182.4 亿美元，同比增长 32.6%；中国自欧盟进口商品 3098.6 亿美元，同比增长 19.9%。中国与德国、荷兰、意大利等多个欧盟大国的双边贸易额同样达到历史高位，同比增速均超 20%。这使得中国在 2021 年继续保持了欧盟第一大贸易伙伴地位，欧盟为中国第二大贸易伙伴。

2021 年，中国与原欧盟 28 国（包括英国）双边贸易总额同样再创新高，达到 9408.0 亿美元，同比大幅增长 26.8%。其中，中国向原欧盟 28 国出口 6052.8

亿美元，同比大增30.6%；中国自原欧盟28国进口3355.1亿美元，同比增长20.5%（见图5-3）。

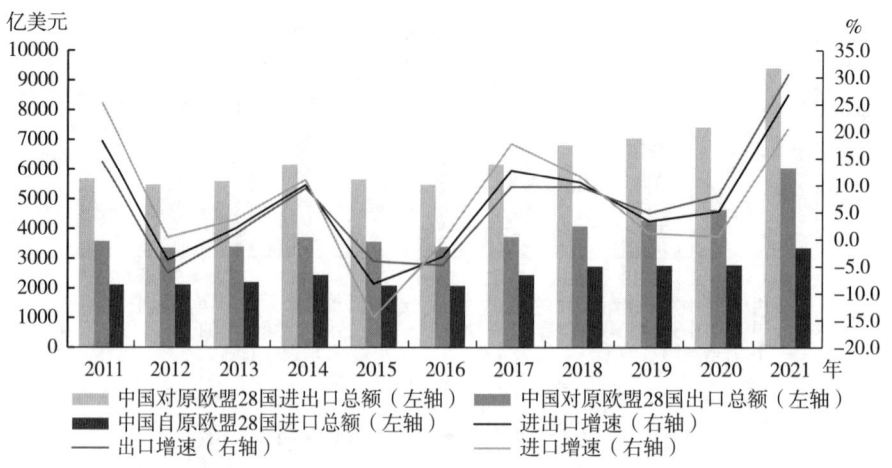

图 5-3 2011—2021年中国对原欧盟28国贸易情况

（资料来源：Wind、中国海关总署）

（二）双边贸易商品结构进一步优化

从贸易结构看，中国对欧盟出口产品结构进一步优化，继续从传统劳动密集型产品向高新技术产品延伸，其中，机械和交通设备占比超过50%。中国对欧盟出口的主要产品有电机电气设备、杂项制品、纺织原料及纺织制品、化学工业及相关工业的产品、贱金属及制品、运输设备、塑料及其制品等。根据HS分类，2021年，中国对欧盟出口机电、音像设备及零附件2328.8亿美元，同比增长31.4%，车辆、航空器、船舶及运输设备、医疗仪器等大类产品出口规模也明显上升，同比增长83.6%。值得注意的是，纺织原料及制品类出口虽然规模仍较大，但是出现了12%的降幅，系唯一一个负增长的出口品类。其中，服装、鞋靴、帽子等产品出口增速在30%以上，而其他纺织品出口同比却下降了65.7%，纺织原料及纺织制品出口结构性分化（见图5-4）。

2021年，中国自欧盟进口的主要产品有机电、音像设备及其零附件，车辆、航空器、船舶及运输设备，化学工业及其相关工业的产品，光学设备及其零件，这四大类商品累计进口额占中国自欧盟进口总额的70.8%（见图5-5）。

（三）中国稳定供给能力为双边贸易发展增添助力

2021年，中国对外贸易强劲增长，突破6万亿美元大关，除欧盟之外，中国与美国、俄罗斯等重要贸易伙伴的货物贸易额同样创新高。2021年，全球供应链

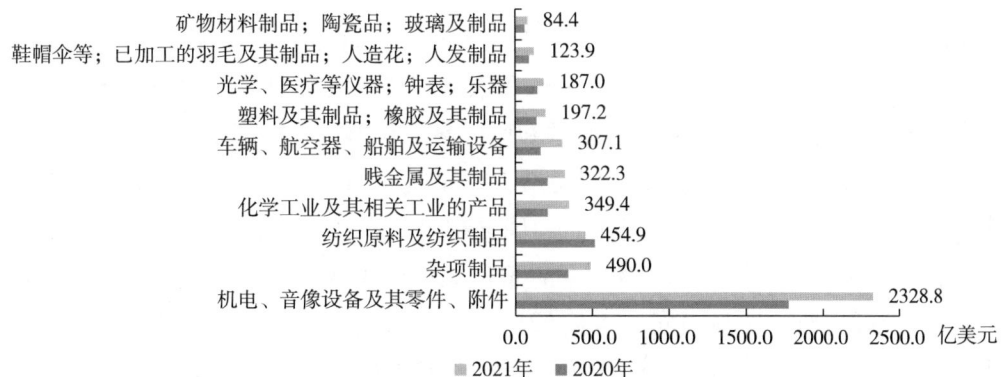

图 5-4　2021 年中国对欧盟出口前十大商品品类

（资料来源：Wind、中国海关总署）

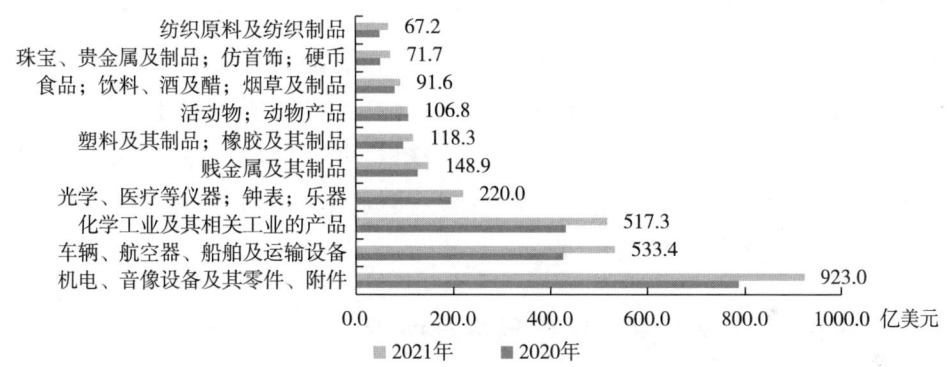

图 5-5　2021 年中国自欧盟进口前十大商品品类

（资料来源：Wind、中国海关总署）

瓶颈严重，而中国受益于有效的防疫政策，工业部门增长势头强劲，成为全球商品市场的主要供给方。中欧班列在疫情期间发挥铁路联运优势，在全球港口严重拥堵、航运受阻的背景下，保障了中欧物流运输渠道畅通，降低了疫情对中欧产业链合作的冲击。

与此同时，2021 年受大宗商品价格上涨和集装箱运价上升影响，中国矿产品出口价格指数全年保持高位，化工及相关产品、贱金属及相关产品的出口价格指数也呈上升趋势，带动钢材、未锻造的铜及铜材、化肥、药品等相关贸易品出口金额增速明显快于出口数量增速，这表明价格效应对出口额大幅增长有明显作用。

(四) 欧盟经济复苏带动进口需求

2021年欧盟经济开始逐渐恢复，进口需求随之增加。据统计，欧元区GDP在2021年同比增速达5.3%，其中法国和意大利经济复苏势头强劲，全年增速分别高达7%和6.5%；尽管供应链瓶颈和原材料短缺影响了德国制造业发展，德国经济仍然恢复了正增长，2021年同比增长2.8%。在此背景下，欧盟成员国对于能源、医药以及高技术品零部件的进口明显提升。2021年，欧盟从中国进口的电气产品占商品贸易总额的22.5%，贸易额同比增长31%；从中国进口的化学医药产品占比为3.4%，贸易额同比增长62%。从国别来看，德国、荷兰与中国双边贸易规模明显扩大，贸易额较2020年分别增加430亿美元和246.5亿美元，其中，两国从中国进口同比分别增长14%和9.6%。

(五) 经贸协定促进中欧务实合作

2021年3月，《中华人民共和国政府与欧洲联盟地理标志保护与合作协定》（以下简称《中欧地理标志协定》）生效，该协定对中欧各275个地理标志制定保护规则和互认清单，旨在通过加强产权保护、打击劣质仿冒，保护中欧消费者权益，提升双边经贸合作质量。中国涉及的产品清单包括蔬果、茶叶、火腿牛肉等食品以及裘皮、刺绣等工艺品，欧洲产品清单以酒、奶制品为主。在此带动下，2021年欧盟从中国进口的植物产品和刺绣制品同比分别增长10.8%和29.5%，向中国出口酒品饮料同比增长47.2%。

二、中国与欧洲6国双边贸易发展概况

中国对欧洲地区贸易额前六大国家是德国、荷兰、英国、法国、意大利和西班牙（以下简称欧洲6国），2021年，中国与欧洲6国贸易同比大增25.3%，达6717亿美元，占中国对原欧盟28国出口额的71.4%；值得注意的是，2015年中国与欧洲6国双边贸易总额占中国与欧盟双边贸易额的比例为75.6%，而该占比自2015年以来呈逐年下降之趋势。2021年，中国对欧洲6国出口之和为4303.7亿美元，占中国对原欧盟28国出口额的71.1%，系2009年以来的最低占比（其间最高占比为2010年的74.7%）；中国自欧洲6国进口之和为2413.2亿美元，占中国自原欧盟28国进口额的71.9%，与2020年持平。从增速上来看，中国对欧洲6国双边贸易趋势（见图5-6）与中国对原欧盟28国整体贸易趋势高度一致（见图5-3）。

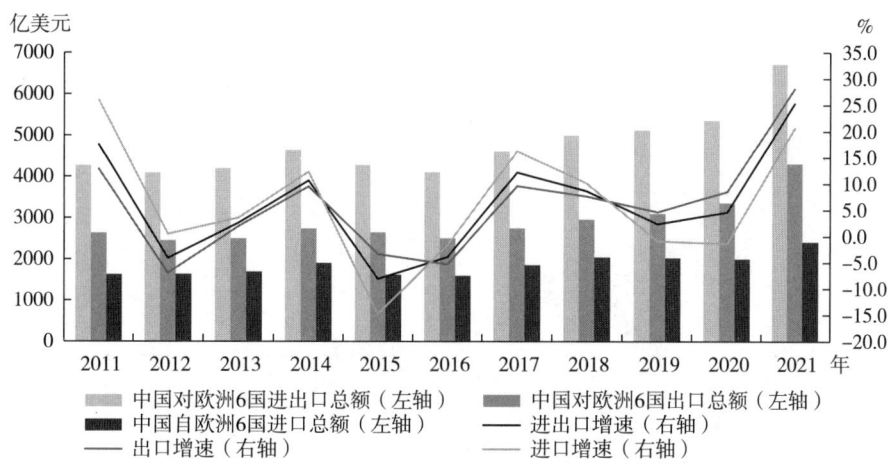

图 5-6 2011—2021 年中国对欧洲 6 国贸易情况

(资料来源：Wind 资讯)

第三节 中国与中东欧、欧盟主要国家合作近况对比分析

一、中国与中东欧国家的贸易增速整体高于中国与欧洲的贸易增速

2021 年，中国与中东欧、原欧盟 28 国的双边贸易合作继续保持积极趋势，双边贸易额均再创新高，同比增速也分别达近 10 年来新高，为 32% 和 26.8%。尽管中东欧国家经济体量有限，但中国与中东欧国家的经贸合作增速已稳步高于中国与欧盟的数据增长，这一趋势在 2021 年得到进一步强化。据中国商务部统计，2021 年中国与中东欧国家贸易增速高于同期中国对外贸易增幅和中欧贸易的增幅。2021 年中国与中东欧国家贸易规模相当于中国对原欧盟 28 国进出口贸易总额的 13.9%，创 13 年来新高，该比值在过去 13 年中继续保持稳步增长（见图 5-7）。

中国与中东欧 6 国较中国与欧洲 6 国在双边贸易上表现出更强劲的增长趋势。2021 年，中国对中东欧 6 国的进出口贸易额占中国对欧洲 6 国的进出口贸易额的 16.9%，再创新高，该占比自 2009 年以来保持稳步上升趋势（见图 5-8）。

此外，相关贸易指数亦证实中国与中东欧国家的贸易增长整体高于中国与欧洲的贸易增长。宁波航运交易所发布的数据显示，自 2015 年 3 月（指数基期）以来，"中国—中东欧国家贸易指数：进出口综合"整体高于"海上丝路贸易指数（STI）：欧洲进出口"，且差距不断扩大。2021 年 12 月，"中国—中东欧国家

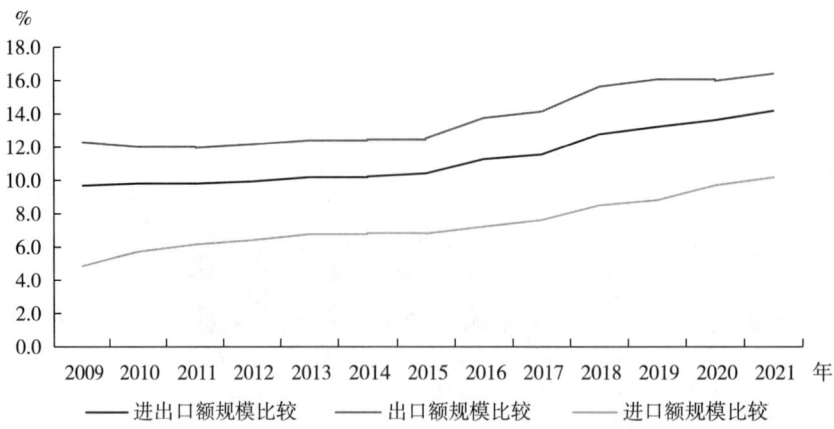

图 5-7 2009—2021 年中国与中东欧国家、原欧盟 28 国贸易规模比较

（资料来源：中国海关总署）

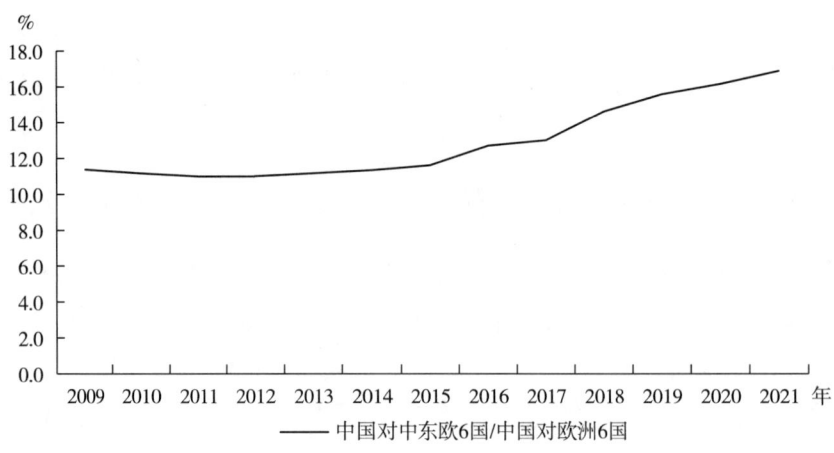

图 5-8 2009—2021 年中国对中东欧 6 国与中国对欧洲 6 国进出口贸易规模对比

（资料来源：Wind 资讯）

贸易指数：进出口综合"为 336.04，远高于"海上丝路贸易指数（STI）：欧洲进出口"的 233.37（见图 5-9）。

二、双边贸易商品结构略有差异，但总体进一步优化

2021 年，中国对中东欧、原欧盟 28 国出口继续保持强劲，增速均超过 30%。从出口商品结构来看，2021 年，中国对中东欧、欧盟出口产品结构进一步优化，机电产品出口规模大幅上升，纺织原料及纺织制品规模占比进一步下降，表明中国对中东欧和欧盟出口产品继续从传统劳动密集型产品向高新技术产品延伸。然

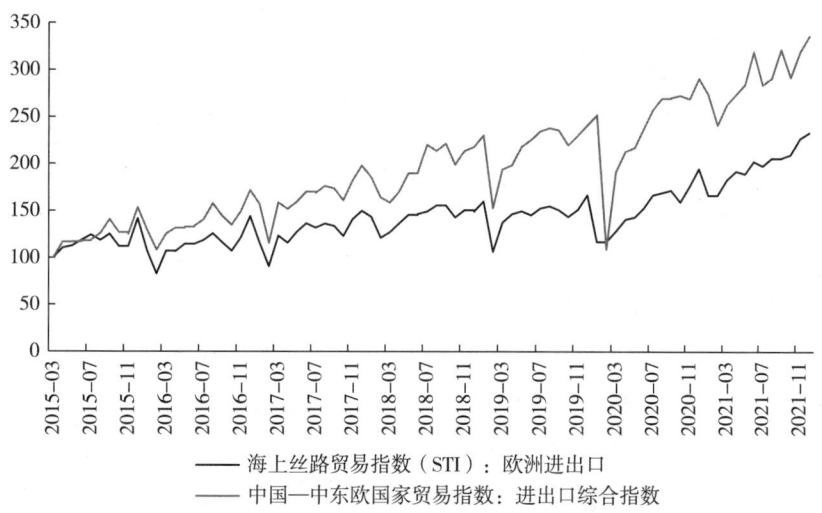

图 5-9　2015 年 3 月至 2021 年 12 月中国—中东欧国家贸易指数及 STI 指数情况

（资料来源：Wind 资讯、宁波航运交易所）

而，尽管中国对中东欧和欧盟两者均以机电产品出口为主，但在具体产品上仍略有差异。中国对中东欧国家主要出口自动数据处理设备及其零部件和电工器材；中国对欧盟主要出口机械和交通设备。

2021 年，中国自中东欧、原欧盟 28 国进口继续大幅上涨，增速均超过 20%，但都低于出口增速。从主要进口产品类别看，中国自中东欧主要进口乘用车、汽车零配件等机电类产品；中国自欧盟主要进口机电、音像设备及其零附件，车辆、航空器、船舶及运输设备，化学工业及相关工业的产品，光学设备及其零件等。比较来看，中国自欧盟进口的产品含有更高技术含量和附加值，自中东欧进口的产品则主要以中间品为主。

研究专题 4　中国与中东欧国家农产品贸易近况分析

农产品[①]贸易是中国—中东欧国家合作机制下的重要专题，扩大农产品出口中国规模也一直是中东欧国家的一项重要诉求。2021 年 2 月 9 日，习近平主席在中国—中东欧国家领导人峰会上表示，"要深化农业合作，争取实现未来 5 年中国从中东欧国家的农产品进口额翻番，双方农业贸易额增长 50%"。2022 年 2 月 6 日，波兰总统杜达在北京与习近平主席会见时再次提出扩大波兰农产

---

① 本专题所指"农产品"是以中国海关总署"进（出）口主要商品参数"中"农产品"统计口径为准，具体包括商品编码：01-24、290543、290544、3301、3501-3505、38091、38246、4101-4103、4301、5001-5003、5101-5103、5201-5203、5301、5302，网址链接为 http://43.248.49.97/，访问时间：2022 年 3 月 31 日。

品输华的请求。由此可见，无论是中国还是中东欧国家，均有扩大相互间农产品贸易规模的主观意愿，也取得了一定的客观成效。在中国—中东欧国家合作机制建立的10年间，中国与中东欧国家的农产品贸易规模增长明显，2012年中国与中东欧国家农产品进出口总额为10.01亿美元，2021年增加至16.05亿美元，年均增长率为4.83%。对中国与中东欧国家农产品贸易状况进行分析，有助于进一步挖掘贸易潜力空间，推动贸易规模可持续增长。

一、中国与中东欧国家农产品贸易概况

2012年至2021年，中国与中东欧国家农产品贸易呈现的总体趋势是进出口贸易规模扩大，中国进口额迅速增长，中东欧国家贸易逆差明显减少。如图5-10所示，2012年，中国向中东欧国家出口农产品6.92亿美元，进口中东欧国家农产品仅为3.09亿美元，贸易逆差达到3.83亿美元。中国—中东欧国家合作机制启动后，中国与中东欧国家农产品进出口企业明显受到政策利好的激励，进出口双向贸易额均在2014年出现了大幅增长。随后经过市场力量调整期，在2018年再一次明显提速。这一轮快速增长虽然在2020年因疫情阻碍受挫回落，但2021年再度强势反弹，进出口额达到16.05亿美元，其中，中国进口中东欧国家的农产品达到7.83亿美元，同比增长40.17%。可以预见，在中国与中东欧各国政府的共同推动下，中国与中东欧国家的农产品进出口贸易增长仍有较强的政策支撑面，农产品贸易平衡有望近期实现①。

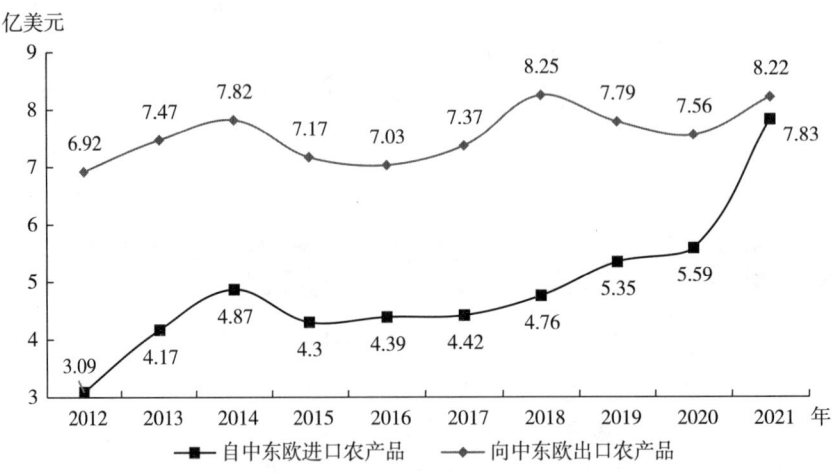

图5-10 2012—2021年中国与中东欧国家农产品贸易规模

[资料来源：联合国商品贸易数据库（comtrade.un.org/data）]

---

① 爆发于2022年2月24日的俄乌冲突为全球农产品贸易增加了不确定因素。

第五章 贸易合作

二、中国与中东欧国家农产品贸易结构分析

（一）贸易国别结构分析

中国与中东欧国家全面开展农产品贸易，但80%的贸易发生在中国与波兰、保加利亚、捷克、罗马尼亚、匈牙利和希腊6个国家之间（见图5-11）。2012年上述6国与中国的农产品进出口贸易额占中国与中东欧国家农产品贸易额的85.18%，到2021年这一比例变化为88.38%。

在这6个国家中，波兰、捷克和罗马尼亚3国在2012—2021年10年间均稳居第1、第3和第4位。其中，波兰、捷克与中国的农产品进出口均较为活跃。波兰，无论出口或进口贸易，均是中国在中东欧地区最主要的农产品贸易伙伴，2021年中波农产品贸易额在中国与中东欧国家农产品进、出口贸易额中的占比均超过1/3。2021年中捷农产品贸易占比在10%左右。

相比波兰和捷克，罗马尼亚的特点在于进口中国农产品的排名明显优于出口，2021年罗马尼亚自中国进口农产品1.39亿美元，位列中东欧国家第2位。而保加利亚则主要表现为对华出口的强劲增长，2012年保加利亚对华出口的农产品仅有380万美元，到2021年已增至3.95亿美元，占同期中国与中东欧国家农产品贸易额的19.06%，跃升至第二大农产品进口来源国和贸易伙伴国。匈牙利在中国与中东欧国家农产品贸易中的占比在过去10年间起起伏伏，2019年和2020年跌出前5位，2021年重回第5位。

此外，需要关注希腊近年来与中国的农产品贸易变化趋势。近年来希腊与中国的农产品贸易额反而从2012年的2.04亿美元跌至2021年的1.46亿美元，在中国与中东欧国家农产品贸易总额中的占比也由18.94%降至6.11%，排名由第2位跌至第6位。

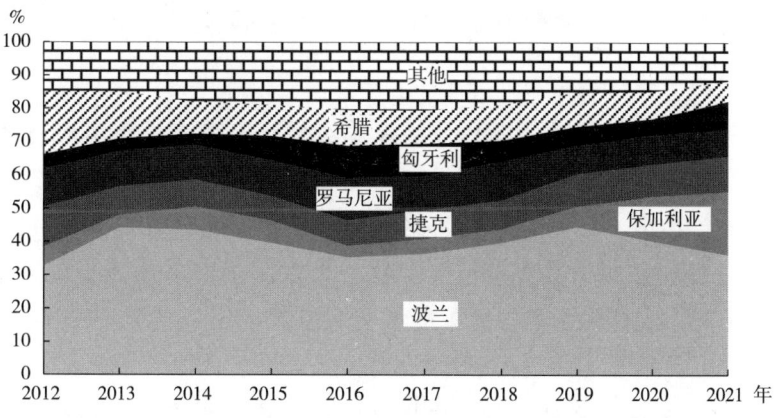

图5-11 2012—2021年中国与中东欧国家农产品贸易国别结构

（资料来源：国际贸易研究与决策支持系统）

(二)贸易流向结构分析

近年来,中东欧国家一直致力于拓展中国市场,扩大农产品输华规模。对比 2012 年至 2021 年数据发现,这一努力已取得一定成效。2012 年,与中国农产品贸易保持顺差的中东欧国家仅 3 个,分别是希腊、捷克和匈牙利,其中希腊贸易顺差额最大。2021 年,与中国农产品贸易实现顺差的中东欧国家已增至 7 个,分别是保加利亚、匈牙利、捷克、爱沙尼亚、波兰、塞尔维亚和北马其顿,其中保加利亚对中国农产品贸易顺差达到 1.37 亿美元。2012 年,波兰与中国的农产品贸易逆差额达到 2.12 亿美元,截至 2021 年末波兰输华农产品已达 5.78 亿美元,贸易差额也由逆差转为顺差(见图 5-12)。

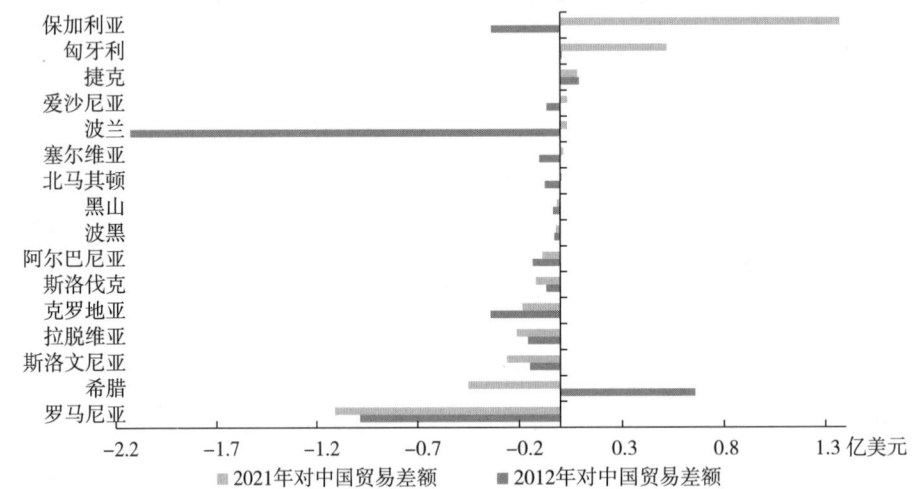

注:2021 年北马其顿贸易顺差仅为 3400 美元。

图 5-12 中国与中东欧国家农产品贸易差额对比

(资料来源:国际贸易研究与决策支持系统)

(三)贸易主体结构分析

进口方面,中国各省份 2021 年积极落实中国—中东欧国家领导人峰会精神,扩大中东欧农产品进口规模。2021 年中国进口中东欧农产品同比增长 40.17%,相比 2020 年,各省份的排名也发生明显调整,2021 年中东欧国家农产品进口额排名前五的省份是北京、福建、广东、上海和浙江。各省份位次的主要变化是山东省由 2020 年的第 2 位跌至全国第 6 位,福建省则由第 5 位跃升至第 2 位。

从排名前五的进口省份来看,中国从中东欧进口农产品的驱动力分为三种模式。

一是以上海、浙江为代表，以终端消费需求为驱动力，主要进口食品消费品类商品。如 2021 年上海进口的中东欧农产品中乳制品占比 11.68%、糖食及含可可的食品占 14.68%。浙江的中东欧农产品进口中乳制品占比 22.73%、啤酒占 10.98%、冷冻水果及坚果占 10.03%。

二是以福建、广东为代表，以农副业加工原料及中间品为主要进口品类，进口规模扩大的驱动力主要来自农业产业合作。2021 年福建在对中东欧农产品贸易中表现亮眼，其主要进口商品集中在葵花子油渣和初榨低芥酸菜子油两项，分别占福建从中东欧进口农产品总额的 37.26% 和 32.30%。广东则进口了较多的乳清（占 10.46%）、无水乳糖（占 8.11%）、乳白蛋白（占 7.13%）等产品。

三是以北京为代表，进口中东欧农产品结构较为均衡，兼顾食品消费品与农业原料。2021 年北京进口的主要中东欧农产品包括低芥酸菜籽油（占 34.86%）、乳制品（占 19.25%）和玉米（占 17.85%），仅这 3 类商品进口额即占同期进口总额的 70% 以上。

出口方面，2021 年向中东欧国家出口农产品位居前五的省份包括山东、江苏、浙江、辽宁、广东，共计向中东欧国家出口农产品 4.69 亿美元，占全国出口中东欧农产品的 57.05%。山东主要出口的商品是蛋白胨衍生物（占 15.90%）、狗食或猫食饲料（占 13.95%）等。江苏则出口了较多的非食用油脂（占 40.24%）和盐渍猪肠衣（占 13.31%）。浙江主要出口的商品与其他省份不同，天然蜂蜜出口占 15.54%，填充用羽毛羽绒出口占 14.87%。辽宁省出口产品集中于鱼类产品。广东省出口产品主要以非食用油脂和不含可可的糖食为主。

（四）贸易商品结构分析

1. 进口商品结构分析

2021 年中国自中东欧国家进口农产品 7.83 亿美元，其中乳制品进口额达到 2.03 亿美元，在中国进口中东欧农产品总额中的占比超过 1/4，紧随其后的 HS 编码是 15、23 章产品动植物油脂产品、食品工业残渣及动物饲料，2021 年中国分别从中东欧国家进口两类产品 1.27 亿美元和 1.06 亿美元。前三类主要进口农产品在中国进口中东欧农产品总额中的占比已达到 55.70%。

细分到 HS8 位产品，我们可以发现各大类中进口的主要产品均较为集中。

乳制品大类中，进口最多的单项产品是"未浓缩及未加糖或其他甜物质的乳及稀奶油，含脂量超过 1%，但不超过 6%"，占该类目的 51.79%，此大类中乳、乳清、奶粉等乳制品超 99%。

动植物油脂大类中"初榨的低芥子酸菜籽油"一项产品占86.07%。

食品工业的残渣大类中仅"葵花子的油渣饺及其他固体残渣"一项产品就占92.79%。

其他动物产品大类的进口更为集中，98%为"填充用羽毛、羽绒"。

表5-1　　　　2021年中国主要进口中东欧农产品情况

排名	商品名称	进口额（亿美元）	占中东欧农产品进口总额比重（%）
1	04 乳品；蛋品；天然蜂蜜；其他食用动物产品	2.03	25.94
2	15 动、植物油、脂及其分解产品；精制的食用油脂；动、植物蜡	1.27	16.17
3	23 食品工业的残渣及废料；配制的动物饲料	1.06	13.59
4	12 含油子仁及果实；杂项子仁及果仁；工业用或药用植物；稻草、秸秆及饲料	0.54	6.88
5	22 饮料、酒及醋	0.47	6.03
6	10 谷物	0.45	5.71
7	05 其他动物产品	0.27	3.44
8	21 杂项食品	0.23	2.91
9	17 糖及糖食	0.20	2.61
10	19 谷物、粮食粉、淀粉或乳的制品；糕饼点心	0.16	2.10

资料来源：笔者根据国际贸易研究与决策支持系统数据计算整理。

2. 出口商品结构分析

2021年中国向中东欧国家出口农产品8.22亿美元，出口商品集中度不及进口商品集中度，排名第1的出口农产品为鱼类产品，2021年中国向中东欧国家出口额为1.03亿美元，也是唯一突破1亿美元的出口农产品，在中国出口中东欧农产品总额中的占比为12.53%。其他的主要出口农产品包括动植物油脂产品、其他动物产品、蔬果及制品等。从出口商品大类来看，排名前10的商品进口金额占73.35%。

表5-2　　　　2021年中国主要出口中东欧农产品情况

排序	商品名称	出口额（亿美元）	占出口中东欧农产品总额比重（%）
1	03 鱼、甲壳动物、软体动物及其他水生无脊椎动物	1.03	12.53
2	15 动、植物油、脂及其分解产品；精制的食用油脂；动、植物蜡	0.79	9.64

续表

排序	商品名称	出口额（亿美元）	占出口中东欧农产品总额比重（%）
3	05 其他动物产品	0.71	8.63
4	20 蔬菜、水果、坚果或植物其他部分的制品	0.64	7.75
5	21 杂项食品	0.60	7.30
6	12 含油子仁及果实；杂项子仁及果仁；工业用或药用植物；稻草、秸秆及饲料	0.56	6.85
7	23 食品工业的残渣及废料配制的动物饲料	0.49	5.91
8	07 食用蔬菜、根及块茎	0.44	5.35
9	09 咖啡、茶、马黛茶及调味香料	0.40	4.81
10	08 食用水果及坚果；甜瓜或柑橘属水果的果皮	0.38	4.57

资料来源：笔者根据国际贸易研究与决策支持系统数据计算整理。

细分到HS8位产品，鱼类产品中排名前三位的是：冻狭鳕鱼鱼片出口1.32万吨、冻比目鱼鱼片出口0.35万吨、其他冻的墨鱼及鱿鱼出口0.35万吨，这三项出口金额占该类目近六成。

动植物油脂大类的出口十分集中，仅一项"化学改性动植物油脂"出口金额占该类产品的88.08%，出口的产品86%输往罗马尼亚。

其他动物产品大类中出口盐渍猪肠衣占该类金额35.17%，填充用羽毛羽绒占29.56%，盐渍绵羊肠衣占18.93%，这三项已超该类出口金额八成。

蔬菜、水果、坚果或植物其他部分的制品大类出口产品种类较多，主要产品包括番茄酱罐头（占18.23%），未列名非醋制作的未冷冻蔬菜及什锦蔬菜（占12.19%），未列名制作或保藏水果、坚果（占11.19%），调味紫菜（占11.10%）。

杂项食品大类出口最多的是未列名食品，一项产品就占该类总金额的79.09%，其次是酱油占5.07%。

含油子仁及果实大类中，出口较多的产品依次是白瓜子（占34.25%）、未列名食用植物产品（占26.92%）、其他葵花子（占7.94%）、罂粟子（占7.00%）、枸杞（占6.52%）。

食品工业的残渣及废料和配制的动物饲料大类中，出口最多的单项产品是"其他零售包装的狗食或猫食饲料"，单项产品占该类金额的七成。其次是"制成的饲料添加剂"占26.18%。

三、中国与中东欧国家农产品贸易潜力分析

采用显示性比较优势指数（RCA）可以测算一国产业的贸易竞争力，将其与贸易实际情况对比可分析贸易潜力领域。利用这一方法测算中国在农产品贸易领域的主要中东欧贸易伙伴的农产品 RCA，将具有贸易竞争力的产品（RCA＞2.5）与其出口中国的主要农产品品类进行对比，可以预测中国与中东欧主要农产品贸易伙伴之间具有贸易潜力的产品。

数据显示，在波兰、捷克、匈牙利和罗马尼亚 4 国，其在全球市场具有贸易竞争力的农产品并未成为出口中国的主要产品，是未来中国与上述 4 国推进农产品贸易的重点潜力产品。其中，波兰具有贸易竞争力的农产品主要集中在食品消费品领域，如烟草、可可制品、肉、鱼等产品。农业加工原料的竞争力主要表现在生毛皮及棉花产品。捷克和罗马尼亚具有贸易竞争力的农产品则侧重农业加工原料，如捷克的羊毛和甘露糖醇，罗马尼亚的麻、羊毛、生丝、谷物、果仁及饲料等。相比上述 4 国，保加利亚与希腊对华输出的主要农产品多为其在全球范围内具有贸易竞争力的产品，如保加利亚的谷物、果仁及饲料，希腊的棉花、蔬菜水果、动植物油脂等。除上述产品外，保加利亚的羊毛、精油、可可制品、淀粉及动植物油脂等产品仍有较大的潜力可以挖掘。希腊的毛皮、烟草制品及鱼等产品也具有足够的竞争力，可以进一步扩展输华规模。

表 5－3　主要中东欧伙伴国农产品贸易竞争力与主要输华农产品对比

序号	国别	具有贸易力农产品（RCA＞2.5）	主要出口中国农产品（出口占比＞5%）
1	波兰	24 烟草及烟草制品 4301 生毛皮 18 可可及可可制品 16 肉、鱼、甲壳动物等及其制品 5203 已梳的棉花 02 肉及食用杂碎	04 乳品；蛋品；天然蜂蜜；其他食用动物产品 22 饮料、酒及醋 19 谷物、粮食粉、淀粉或乳的制品；糕饼点心 17 糖及糖食
2	保加利亚	5103 羊毛及动物细毛或粗毛的废料，包括废纱线 3301 精油，香膏，提取的油树脂，含浓缩精油的脂肪、固定油、蜡及类似品，精油萜烯副产品，精油水馏液及水溶液 10 谷物 12 含油子仁及果实；杂项子仁及果仁；工业用或药用植物；稻草、秸秆及饲料 18 可可及可可制品 3505 糊精及其他改性淀粉；淀粉、糊精或其他改性淀粉为基本成分的胶 15 动、植物油、脂及其分解产品；精制的食用油脂；动、植物蜡 23 食品工业的残渣及废料；配制的动物饲料	10 谷物 12 含油子仁及果实；杂项子仁及果仁；工业用或药用植物；稻草、秸秆及饲料 23 食品工业的残渣及废料；配制的动物饲料

续表

序号	国别	具有贸易力农产品（RCA＞2.5）	主要出口中国农产品（出口占比＞5%）
3	捷克	5103 羊毛及动物细毛或粗毛的废料，包括废纱线 290543 甘露糖醇	12 含油子仁及果实；杂项子仁及果仁；工业用或药用植物；稻草、秸秆及饲料 22 饮料、酒及醋 23 食品工业的残渣及废料；配制的动物饲料 13 虫胶；树胶、树脂及其他植物液、汁
4	罗马尼亚	5302 大麻 5103 羊毛及动物细毛或粗毛的废料，包括废纱线 24 烟草、烟草及烟草代用品的制品 5002 生丝（未加捻） 10 谷物 01 活动物 12 含油子仁及果实；杂项子仁及果仁；工业用或药用植物；稻草、秸秆及饲料	15 动、植物油、脂及其分解产品；精制的食用油脂；动、植物蜡 08 食用水果及坚果；甜瓜或柑橘属水果的果皮 22 饮料、酒及醋 18 可可及可可制品
5	匈牙利	01 活动物	02 肉及食用杂碎 05 其他动物产品 22 饮料、酒及醋 21 杂项食品 5101 未梳的羊毛
6	希腊	5201 未梳的棉花 4102 绵羊或羔羊生皮 20 蔬菜、水果、坚果或植物其他部分的制品 4301 生毛皮 24 烟草、烟草及烟草代用品的制品 08 食用水果及坚果；甜瓜或柑橘属水果的果皮 04 乳品；蛋品；天然蜂蜜；其他食用动物产品 03 鱼、甲壳动物、软体动物及其他水生无脊椎动物 4103 其他生皮 15 动、植物油、脂及其分解产品；精制的食用油脂；动、植物蜡	5201 未梳的棉花 20 蔬菜、水果、坚果或植物其他部分的制品 19 谷物、粮食粉、淀粉或乳的制品；糕饼点心 3502 白蛋白、白蛋白盐及其他白蛋白衍生物 08 食用水果及坚果；甜瓜或柑橘属水果的果皮 15 动、植物油、脂及其分解产品；精制的食用油脂；动、植物蜡 22 饮料、酒及醋 04 乳品；蛋品；天然蜂蜜；其他食用动物产品

资料来源：笔者根据国际贸易研究与决策支持系统数据计算整理。

中东欧其他国家具有贸易竞争力的农产品主要包括：

阿尔巴尼亚：鱼、肉及制品，食用蔬菜，生牛皮，精油，果仁等。

波黑：生牛皮、鱼、肉制品。

克罗地亚：麻、生牛皮、活动物、烟草及其制品、可可及其制品、精油、谷物、肉、鱼及其制品。

爱沙尼亚：可可及可可制品、乳品；蛋品；天然蜂蜜；动植物油脂产品。

拉脱维亚：谷物；饮料、酒及醋；酪蛋白、酪蛋白酸盐及衍生物；肉、鱼及其他制品；乳品；蛋品；天然蜂蜜；麦芽；淀粉；生毛皮；活动物；果仁；工业用或药用植物；稻草、秸秆及饲料。

黑山：生牛皮；精油；肉、鱼及其制品；饮料、酒及醋；烟草及其制品；肉及食用杂碎；绵羊或羔羊生皮。

塞尔维亚：烟草及其制品；谷物；食用水果及坚果；生牛皮；甘露糖醇；麦芽；淀粉等；食品工业的残渣及废料；配制的动物饲料。

斯洛文尼亚：生牛皮、生马科动物皮。

北马其顿：烟草及其制品；其他生皮；蔬菜、水果、坚果或植物其他部分的制品；食用蔬菜、根及块茎。

斯洛伐克在所有农产品类目上没有商品RCA超过2.5。

中国与中东欧国家农产品贸易还有较大的潜力空间可以挖掘，中东欧各国农产品的贸易竞争力要切实转化为中国市场的占有率还有诸多的影响因素，如中国消费者对中东欧农产品的认可度还有待提高、中东欧国家农产品的同质竞争还比较严重、中东欧企业在中国市场的品牌推广与渠道建设能力还有待提高等。因此，要深化中国与中东欧国家的农产品贸易还需要各国政府、企业的协力推动，只有在品牌建设、产业合作等方面持续努力才能取得更大的成果。

第六章　投资与金融合作

第一节　中国与中东欧地区投资合作近况

一、中国对中东欧国家直接投资

据中国商务部统计，2020年，中国对中东欧国家的直接投资流量为4.5亿美元，同比下降9%；对中东欧单个国家的平均直接投资流量为0.3亿美元。截至2020年底，中国对中东欧国家的直接投资存量为37.3亿美元，同比增长32%，占中国对外直接投资存量的0.14%；对中东欧单个国家的平均直接投资存量为2.3亿美元（见图6-1）。

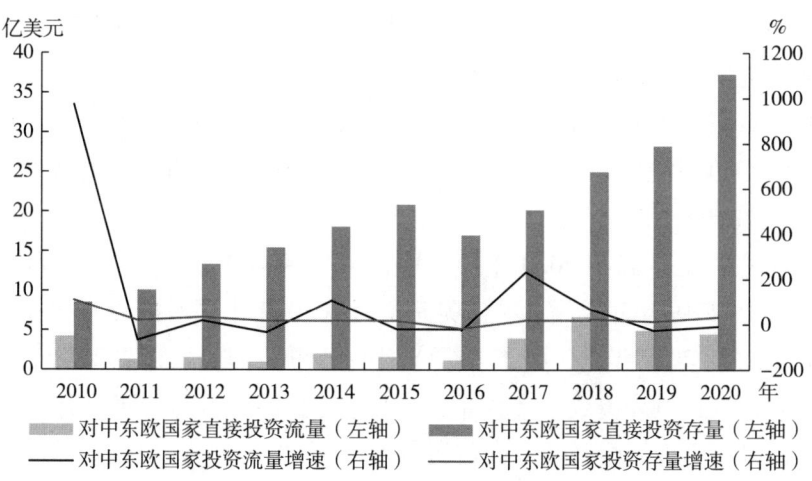

图6-1　2010—2020年中国对中东欧国家直接投资流量、存量及增速

（资料来源：中国商务部）

如图 6-2 所示，2020 年，中国对中东欧国家直接投资流量出现正增长的国家有 6 个，分别为克罗地亚、波兰、塞尔维亚、黑山、希腊和拉脱维亚，其中，增幅最大的国家是希腊（1158%），其次是克罗地亚（438%）和塞尔维亚（315%）；下降幅度最大的是斯洛文尼亚，中国对其 2020 年的直接投资流量为创纪录的 -1.33 亿元（2019 年为 2684 万美元）。

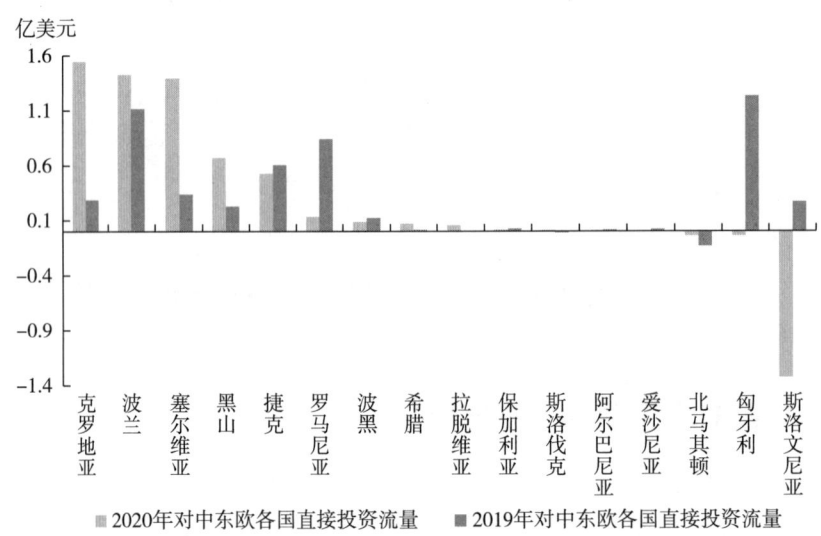

图 6-2 2019 年和 2020 年中国对中东欧各国直接投资流量

（资料来源：中国商务部）

从投资存量来看，中国对中东欧各国的变动不一。截至 2020 年底，中国对中东欧国家中直接投资存量较高的 6 个国家依次为捷克、波兰、匈牙利、罗马尼亚、塞尔维亚和克罗地亚，6 国之和为 31 亿美元，占中国对中东欧国家直接投资存量总额的 83%。从变化程度来看，中国对捷克投资的增幅最大（316.9%），对克罗地亚（156.7%）和塞尔维亚（88.5%）次之；降幅最大的是对爱沙尼亚，同比下降 92%（见图 6-3）。

值得注意的是，截至 2020 年底，中国对捷克实际投资存量达到创纪录的 12 亿美元，较 2019 年底大增 9.1 亿美元，而 2020 年中国对捷克直接投资流量为 0.53 亿美元，比 2019 年（0.61 亿美元）小幅下跌，因此预计 2020 年存量大增的原因可能是股权比例变更或上市企业股价升值。据悉，目前在捷中资企业有 50 余家，业务涉及制造业、金融业、商贸服务业等领域。此外，由于中欧班列从中国通达捷克，中国企业在布拉格建立了更多的海外仓和物流中心，跨境电子商务发展势头强劲。

第六章　投资与金融合作

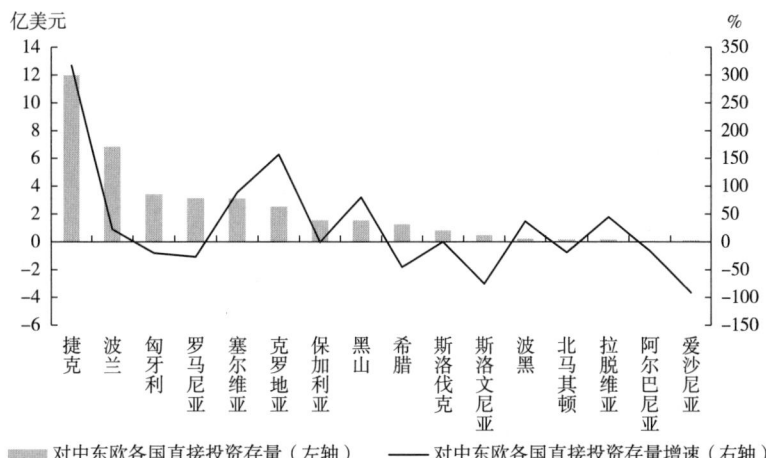

图 6-3　截至 2020 年底中国对中东欧各国直接投资存量及增速

（资料来源：中国商务部）

二、中东欧国家对中国直接投资

据国家统计局数据，2020年，中东欧国家对中国直接投资额共计6218万美元，其中包括斯洛文尼亚、罗马尼亚、匈牙利、波兰、捷克、保加利亚、爱沙尼亚、希腊和斯洛伐克9国，较2019年减少1个国家拉脱维亚。除斯洛文尼亚和罗马尼亚2国外，其余7国对中国直接投资额增速均为负值。2020年斯洛文尼亚[①]对中国直接投资额为4125万美元，同比大增255.6%，创历史新高（见图6-4）。

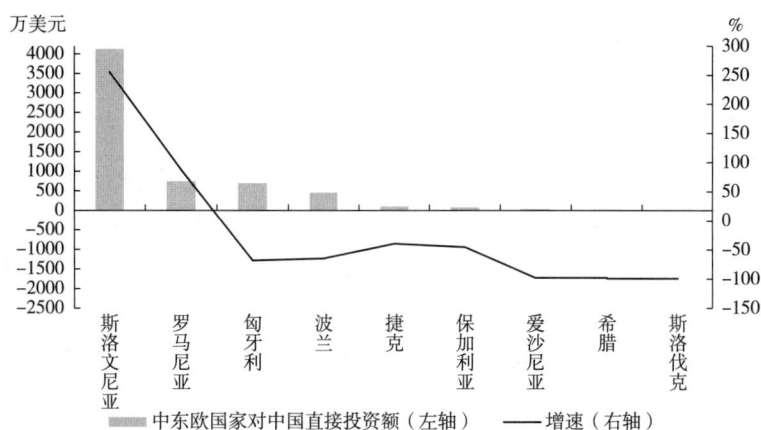

图 6-4　2020 年中东欧部分国家对中国直接投资流量及增速

（资料来源：国家统计局）

---

① 2020年，斯洛文尼亚有轮毂电机全集成产业化项目、超轻型可循环使用智能纸托盘项目和途赛氪超级跑车项目等落户浙江宁波。

截至2020年底，中东欧国家中有12个国家对中国有直接投资，累计投资总额为15.5亿美元。其中，匈牙利、捷克、罗马尼亚、波兰、希腊是中东欧国家中对中国投资额前5大国家，累计投资金额分别为3.7亿美元、3亿美元、2.9亿美元、2.1亿美元和1亿美元。截至2020年底，上述5国对中国的累计投资金额达12.7亿美元，占同期中东欧国家对中国累计直接投资额的85.7%（见图6-5）。

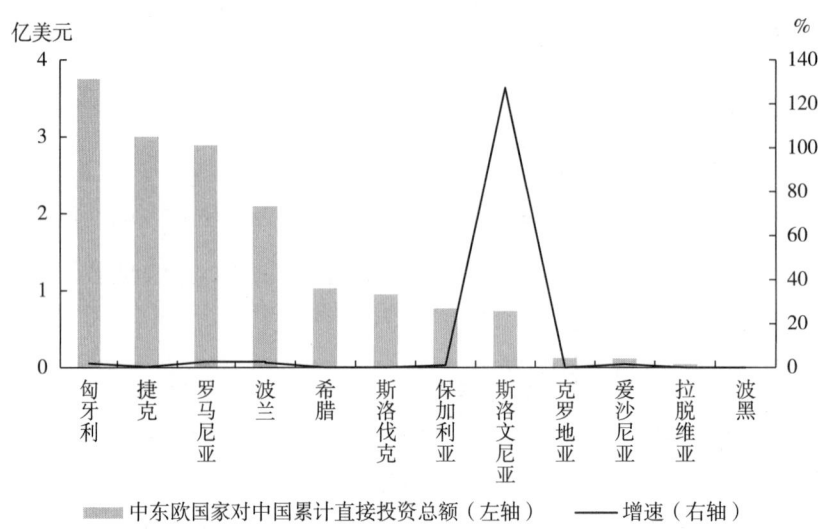

图6-5 截至2020年底中东欧部分国家对中国累计直接投资总额及增速

（资料来源：国家统计局）

三、中国在中东欧国家的主要投资领域

对于中东欧国家来说，来自中国的投资能够促进中东欧国家在基础设施、能源、疫情后的数字化、绿色转型等方面的发展。此外，中国现代化经验，如"一带一路"框架下的互联互通、数字化发展等，也能给中东欧国家带来积极的影响。据不完全统计，截至2021年底，中国企业在中东欧国家投资涉及能源、矿产、基础设施、物流、汽车零配件、机械、化工、通信、金融、农业等诸多领域。

近年来，新能源领域成为中国与中东欧国家产业合作的快速增长领域，主要体现在：第一，中国—中东欧国家新能源领域合作项目众多，包括保加利亚的伊赫迪曼光伏项目、克罗地亚塞尼风电项目、黑山莫祖拉风电站、塞尔维亚潘切沃联合循环电站、匈牙利考波什堡太阳能电站项目、中国—中东欧基金投资收购的波兰光伏电站首批4个项目等；① 第二，中国与中东欧国家合作程度加深，例如

---

① 电力规划设计总院，中国—中东欧国家能源项目对话与合作中心. 中国—中东欧能源合作报告［R］. 2020.

中国国家能源投资集团在希腊注册了其新能源公司欧洲总部，未来两国在该领域的合作有望得到进一步的扩大和加深①；第三，在西巴尔干地区，由于其投资活动受欧盟财政规则约束的限制程度较低，可以更灵活地选择来自中国的优惠贷款以及中国承包商。

中国在中东欧国家的另一大重点投资领域是制造业。以汽车制造业为例，随着近年来欧洲电气化进程的加速推进，汽车行业进入新旧产能交替关键期。中国新能源汽车制造企业和动力电池供应商通过协作，形成强大产业合力，与中东欧国家在新能源领域开展的合作成果丰硕。2021年9月，总投资额预计约1.83亿欧元的中国恩捷集团锂电池隔膜生产基地项目落户匈牙利。中东欧地区成熟的汽车工业吸引了京西重工、亚普汽车、延锋汽车、继峰汽车等多家汽车零配件及内饰企业在当地投资建厂。比亚迪汽车公司在与保加利亚能源公司Bulmineral成立电动公交合资公司之后，在匈牙利设立了新能源汽车生产基地，将自身科研优势与匈牙利汽车领域的技术人才优势相结合，在欧洲新能源汽车市场占据了一席之地。此外，中国车企还纷纷在中东欧各国建立研发运营中心，这对于中国汽车行业深入地了解欧洲市场需求、更好地探索产品细节有积极影响。

在数字领域，中国与中东欧国家合作总体规模虽然不大，但是发展势头较好，以华为为例，自2000年首次进入欧洲大陆，2004年进入中东欧市场以来，其业务几乎遍布全欧洲，在中东欧所有国家均建有分级机构；据中国外交部网站2021年2月公布的"中国—中东欧国家领导人峰会成果清单"，其中一项商业合作文件就是《华为公司与沃达丰匈牙利公司关于匈牙利沃达丰Spring 5G项目合作协议》《华为公司与塞尔维亚电信公司关于塞尔维亚电信固网现代化改造二期项目建设合作协议》。新冠肺炎疫情暴发之后，阿里巴巴集团利用自身的跨境电商平台、菜鸟物流和云服务为中东欧国家提供云上教学和工作，以及为居家办公提供数据资源支持。②

在矿产投资领域，中企在中东欧投资的典型代表是紫金矿业集团。自2018年以来，紫金矿业先后收购了塞尔维亚的博尔铜矿和佩吉铜金矿，投资总额预计约50亿美元，远超当年承诺投资额度。2021年10月，佩吉铜金矿上部矿带正式投产。据塞财政部数据，2022年1—3月，塞尔维亚出口15强企业前三位均为中资企业，分别是塞尔维亚紫金矿业公司、河钢塞尔维亚公司和塞尔维亚紫金铜业公司，出口额分别为2.768亿欧元、2.347亿欧元和2.1亿欧元。其中，塞尔维亚紫

---

① 华红娟. 中国与中东欧国家产业深度合作的实现路径研究［J］. 区域经济评论，2020（5）.
② 中国—中东欧国家智库交流与合作网络：https：//www.17plus1-thinktank.com/article/1380.html?source=article_link，检索日期：2022年1月8日。

金矿业公司运营不到一年即跃居首位。据悉自紫金矿业赴塞尔维亚投资以来,当地员工平均薪酬增长50%、矿石资源总税收增长3倍,紫金矿业已跃居塞最大出口商之一,对塞经济、就业贡献巨大,塞尔维亚也借此跃居欧洲第二大铜生产国。

第二节 中国与欧盟投资合作近况

一、中国对原欧盟28国直接投资

2020年,中国对原欧盟28国的直接投资流量达到创纪录的110.2亿美元,同比增长3%,占中国对外直接投资流量总额的7.2%,较2019年占比略有下降;对原欧盟28国单个国家的平均直接投资流量为3.9亿美元。截至2020年底,中国对原欧盟28国的直接投资存量为1006.6亿美元,同比增长7%,占中国对外直接投资存量的3.9%。存量在百亿美元以上的国家为荷兰、英国、德国、卢森堡、瑞典。对原欧盟28国单个国家的平均直接投资存量为36亿美元(见图6-6)。

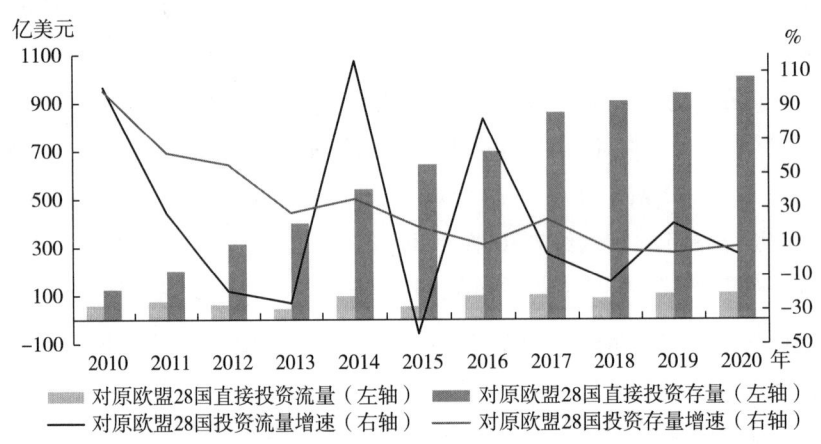

图6-6 2010—2020年中国对原欧盟28国直接投资流量、存量及增速

(资料来源:中国商务部)

二、原欧盟28国对中国直接投资

据国家统计局数据,2020年,原欧盟28国中除拉脱维亚和克罗地亚两国外,均对中国有直接投资,合计总额66.7亿美元,同比下降8.7%。其中,投资额前五大国分别为荷兰25.5亿美元、德国13.5亿美元、英国9.8亿美元、法国5.1亿美元和卢森堡2.3亿美元(见图6-7)。

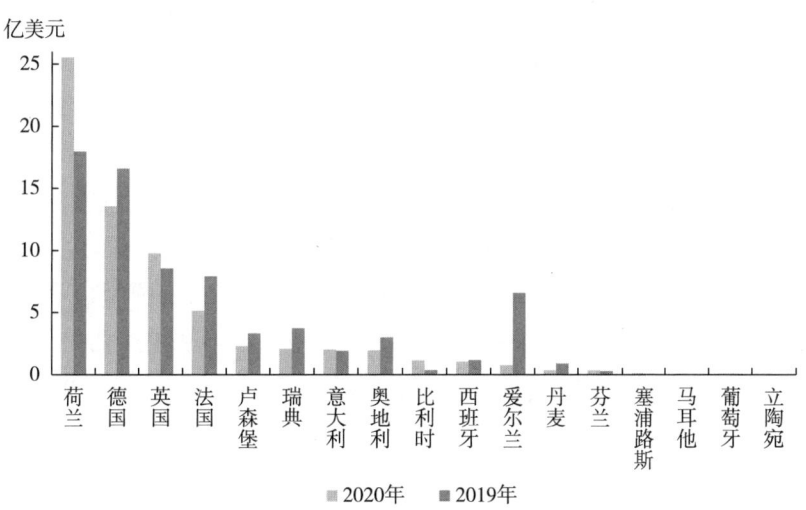

图 6-7　2019—2020 年部分欧洲发达国家对中国直接投资流量

（资料来源：国家统计局）

截至 2020 年底，原欧盟 28 国对中国累计投资总额为 1355 亿美元，且 28 国均对中国有直接投资。其中，累计投资规模最大的是德国，投资额累计为 346.7 亿美元，占比 25.6%；其次是荷兰，投资额累计为 232.9 亿美元，占比 17.2%；第三是英国，投资额累计为 228.4 亿美元，占比 16.9%。1997—2020 年，原欧盟 28 国对中国投资额（流量）年均增速为 3.8%；原欧盟 28 国对中国累计投资额年均增速为 17.6%。

三、中国对欧盟主要投资行业

截至 2020 年底，中国共在欧盟设立直接投资企业 2800 家，已覆盖欧盟的全部成员国，在所雇用的员工中，本地员工占比不断上升，2020 年雇用外方员工近 25 万人。中国对欧盟的投资继续保持多样化的特点，涉及制造业、采矿业、金融业、租赁和商务服务业以及批发和零售业等。2020 年，中国企业投资欧盟的首个目标行业仍然是制造业，投资规模达 31.11 亿美元，同比下降 44.3%，占中国投资欧盟总额的 30.8%，投资资金主要流向瑞典、德国、波兰、法国、奥地利等；第二大领域是采矿业 26.59 亿美元，同比增长 6.3 倍，占 26.3%，主要集中在荷兰；信息传输/软件和信息技术服务业为第三大投资领域，总规模达 17.97 亿美元，同比增长 121.2%，占 17.8%，主要流向荷兰、德国等；在批发和零售业的投资规模为 8.71 亿美元，同比增长 126.8%，主要集中在荷兰、法国、德国、卢森堡等；租赁和商务服务业投资规模为 6.91 亿美元，同比增长 99%，主要流向德国、卢森堡、塞浦路斯等；金融业总投资为 4.38 亿美元，同比下降 43.5%，主要流向卢森堡、意大利、爱尔兰等；居民服务/修理和其他服务业为 1.48 亿美元，同比增长 132.2%，主要流向卢森堡、德国等；科学研究和技术服务业 1.41 亿美元，同比下降 77.9%，主要流向德国、西班牙、意大利等；建筑业 0.79 亿美元，同比增长 9.9%；交通运输/仓储和邮政业 0.61 亿美元，同比增长 31.3%；电力/热力/燃气及水的生产和供应业 0.53 亿美元，同比增长 67.1%（见图 6-8）。①

从增速上来看，2020 年中国对欧盟直接投资增长最快的两个行业分别是批发和零售业、信息传输/软件和信息技术服务业，后者近年来增速均处于较高水平；降幅最大的三个行业分别是科学研究和技术服务业（-77.9%）、制造业（-44.3%）、金融业（-43.5%）。

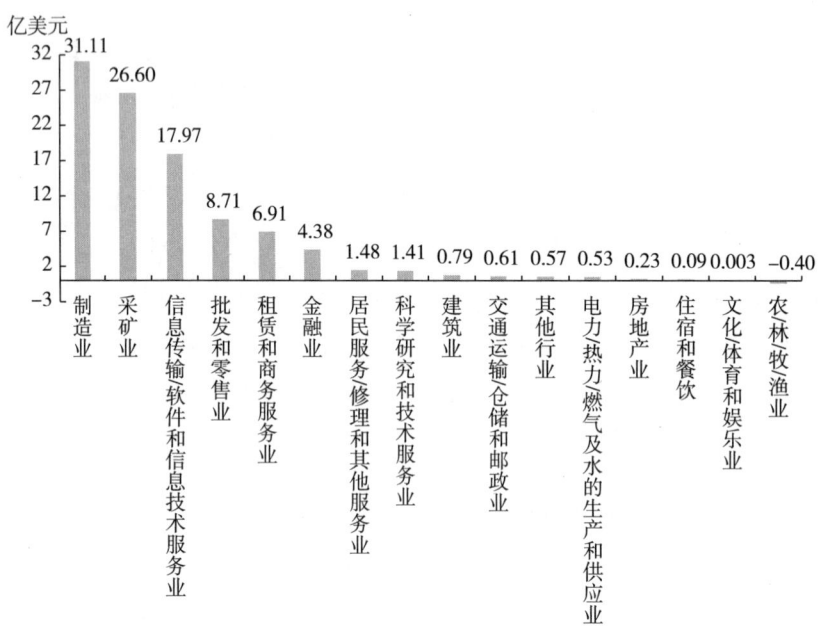

图 6-8 2020 年中国对欧盟直接投资（流量）按行业分布

（资料来源：中国商务部）

四、中国企业在欧盟投资发展趋势

2020 年，中国对欧洲地区直接投资流量为 126.9 亿美元，同比增长 20.6%，占 2020 年中国对外直接投资流量的 8.3%，较 2019 年提高 0.5 个百分点。截至 2020 年底，中国在欧洲地区投资存量为 1224.3 亿美元，占中国对外直接投资存量的 4.7%。

---

① 中国商务部，国家统计局，国家外汇管理局. 2020 年度中国对外直接投资统计公报［R］. 2021-09.

中国对欧投资主要分布在荷兰、英国、卢森堡、德国、俄罗斯联邦、瑞典、瑞士、法国、意大利、爱尔兰、捷克、西班牙等国。中国企业在欧洲43个国家和地区设立了境外企业，覆盖率达到87.8%，仅次于在亚洲的规模；在欧洲设立的境外企业超过4600家，主要分布在德国、俄罗斯、英国、荷兰、法国、意大利、西班牙等国家。

尽管存在诸多不确定因素，但欧洲地区仍是中国企业投资的主要目的地之一。2019年欧洲一度超过第二位的拉丁美洲和第三位的北美洲，成为仅次于包含中国香港在内的亚洲的第二大直接投资目的地；但是，在规模占比上继续保持增长，2020年中国对欧洲直接投资流量占当年中国对外直接投资流量总量的比重（8.3%）高于2019年的7.7%和2018年的4.6%（见图6-9）。

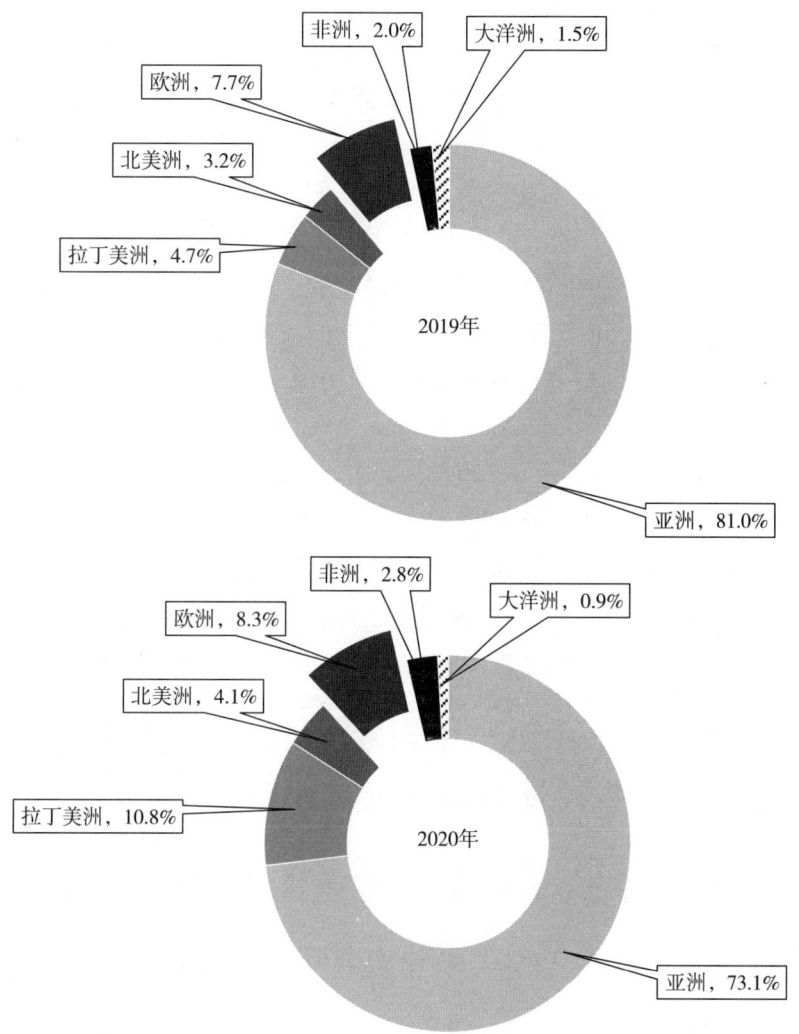

图6-9　2019—2020年中国对外直接投资流量地区分布（占比）

（资料来源：中国商务部）

从并购金额看，2020年中国企业对外投资并购项目分布前10位的国家和地区中，欧洲地区只有法国进入前10，芬兰、德国和英国在并购金额上掉出10名以外①。2020年，中企在欧洲宣布的海外并购金额为125亿美元（142笔），同比下降48.6%，主要投向TMT、房地产、酒店与建造以及先进制造与运输业，其中对德国和意大利的投资有较大幅度的增长；2020年，中国对英国投资在欧洲降幅最大，并购金额下降了79.6%（英国已于2020年1月31日正式脱离欧盟，这进一步增加了中企在欧洲投资的不确定性）。②

2021年中企宣布的海外并购总额为570亿美元，同比增长19%，但较2019年仍下降28%；宣布的交易数量为516笔，同比减少4%，创7年来最低。其中，欧洲为中企宣布海外并购数量最多的大洲。2021年，中企在欧洲宣布的海外并购数量为161笔（金额为159.8亿美元），同比增长13%，主要投向消费品、TMT以及医疗与生命科学行业；对荷兰、英国、丹麦和卢森堡等国的投资金额有大幅增长，而对传统的热门投资目的地德国和法国的并购额则均处于历史较低水平；与2020年相比，2021年中企在欧洲医疗与生命科学行业的并购数量增长100%，并购金额更大涨354%，涨幅超过其他大洲，尤其在芬兰和意大利取得较大突破。③

据不完全统计，中企在欧洲的并购项目包括：高瓴以44亿欧元收购荷兰飞利浦家电；腾讯宣布以9.19亿英镑收购英国游戏工作室Sumo Group；非凡中国宣布以5100万英镑收购英国鞋履品牌Clarks；曲美家居以7.41亿挪威克朗收购北欧最大的高端家具制造商之一Ekornes Holding AS；品渥食品宣布以2150万欧元收购德国Pinlive - Hochwald GmbH；迈瑞医疗以5.32亿欧元收购芬兰著名体外诊断上游原料供应商Hytest；微创医疗以1.23亿欧元收购德国Hemovent；康龙化成以1.2亿美元收购英国Allergan Biologics；中国生物制药以1.1亿美元收购比利时Softhale等。三峡集团所属三峡国际与葡萄牙电力所属葡电新能源（EDP Renováveis）签署协议，收购西班牙Flores陆上风电项目100%股权。

第三节 中国与中东欧、欧盟主要国家投资合作近况对比分析

一、中国对中东欧、欧洲发达地区直接投资对比

从直接投资流量来看，中东欧国家在总规模和单国平均规模上均普遍远远低

---

① 中国商务部，国家统计局，国家外汇管理局. 2020年度中国对外直接投资统计公报［R］. 2021-09.
② 安永. 2020年全年中国海外投资概览［R］. 2021-02.
③ 安永. 2021年中国海外投资概览［R］. 2022-02.

于原欧盟28国。2020年，中国对中东欧国家的直接投资流量为4.5亿美元，对中东欧单个国家的平均直接投资流量为0.3亿美元。中国对原欧盟28国的直接投资流量达到创纪录的110.2亿美元，对原欧盟28国单个国家的平均直接投资流量为3.9亿美元。从直接投资存量上来看亦如此。

从投资增速来看，总体上中国对中东欧国家直接投资较对原欧盟28国直接投资表现得更为积极。2010—2020年，中国对中东欧国家直接投资流量的平均增速为110%，同期对原欧盟28国直接投资流量增速为23%。但在具体年份上，中国对中东欧国家直接投资流量增速仅在2010年、2012年、2017年和2018年超过了原欧盟28国。尤其是2019年和2020年，中国对中东欧国家直接投资流量增速均为负值，分别为-26%和-9%，同期对欧盟原28国直接投资流量增速分别为21%和3%（见图6-10）。

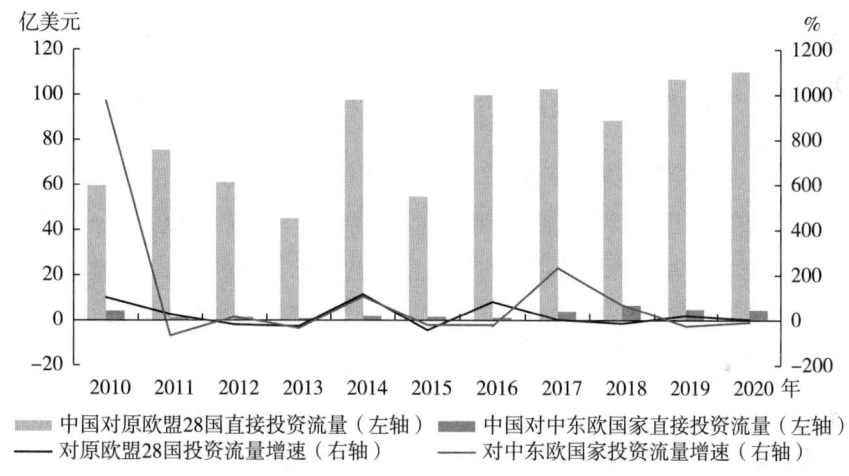

图6-10 2010—2020年中国对原欧盟28国、中东欧国家直接投资流量及增速
（资料来源：中国商务部）

二、中东欧、欧洲发达地区对中国直接投资对比

相比中东欧国家，原欧盟28国对中国直接投资覆盖更为广泛。截至2020年底，原欧盟28国均对中国有直接投资，中东欧国家中仍有4国（北马其顿、塞尔维亚、阿尔巴尼亚、黑山）尚未对中国有直接投资；从投资规模来看，原欧盟28国依然保持远超中东欧国家的水平，截至2020年底，28国平均对中国的累计投资额约为48亿美元，平均每国对中国投资额为1.73亿美元；同期有直接投资发生的中东欧国家平均每国对中国的累计投资额仅为1.29亿美元。此外，2020

年，原欧盟28国中对中国投资额（流量）前三大国同样远高于中东欧国家中对中国投资额（流量）前三大国（见图6-11）。

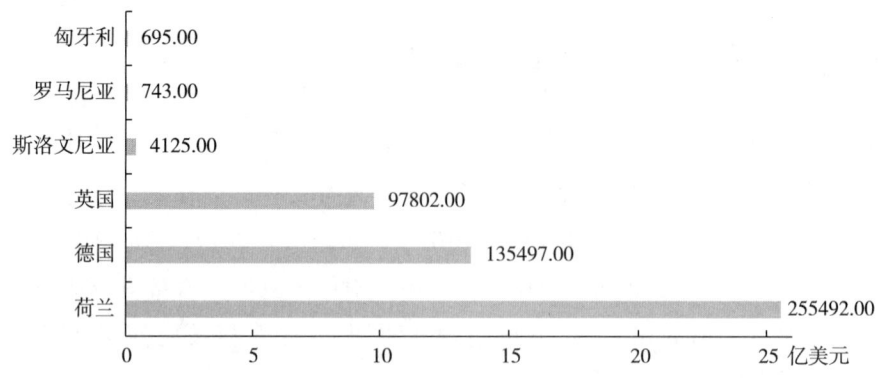

图6-11 2020年原欧盟28国、中东欧17国中对中国投资额（流量）前三大国比较
（资料来源：国家统计局）

三、中国与中东欧、欧洲发达地区双向投资领域对比

中国对中东欧国家的投资经营主要集中在制造业、建筑业及能源相关产业。根据《中国企业对中东欧国家营商环境看法调研报告（2020）》[①]，被调研企业中，制造业投资占中东欧国家投资总额比重为37.6%，居首位。这与中国对欧盟的投资结构基本类似——截至2020年底，中国对欧盟的制造业投资占比同样是所有投资领域中最高的，达34.7%（见图6-12）。

中国在建筑业的投资占中东欧国家投资的30.3%，建筑业是仅次于制造业的第二大投资领域。这与很多中国企业参与中东欧地区基础设施建设有关。与之对比，2020年，中国对欧盟的建筑业投资比重仅为0.2%，远低于对中东欧国家的30.3%。产生如此大的差距主要有两点原因：第一，由于欧盟承包商实力强大，其90%的项目由自己的承包商完成，西班牙、法国、意大利、奥地利、波兰和德国均承担了大量建设项目。根据美国《工程新闻纪录》（Engineering News-Record，ENR）发布的2020年度"全球最大250家国际承包商"榜单，西班牙企业ACS以389.5亿美元国际营业额排名榜首，德国企业霍克蒂芙（HOCHTIEF）以293.03亿美元的国际营业额排名第2位，法国企业万喜（VINCI）以244.99亿

---

① 该报告由中国—中东欧国家联合商会中方理事会专家指导委员会于2020年通过调查问卷形式展开调研，收集在中东欧17国已开展业务的中国企业的项目经营情况和其对当地基础设施、金融服务、法规政策和人才素质等营商环境要素的评价整理得出。更多信息请参考：刘作奎.中国企业对中东欧国家营商环境看法调研报告（2020）[J]. 欧亚经济，2020（4）.

第六章 投资与金融合作

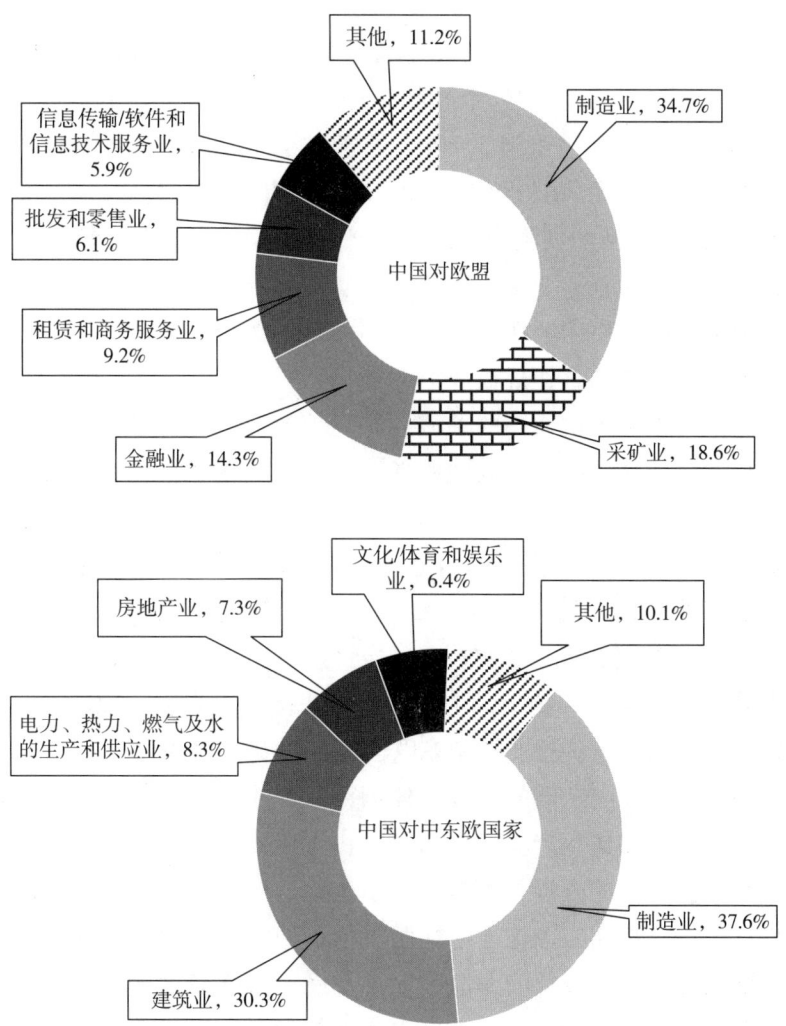

注：1. 中国对欧盟投资的主要行业数据选用的是2020年中国对欧盟直接投资存量（分行业）比重数据。

2. 因中国对中东欧国家的直接投资存量按行业分类未有相关数据发布，故采用在中东欧开展投资经营活动的中国企业的行业划分数据来作为参考。

图 6-12 中国对欧盟及中东欧国家投资的前五大领域比较

［资料来源：中国商务部、《中国企业对中东欧国家营商环境看法调研报告（2020）》①］

美元的国际营业额位居第3位；中国企业未能进入欧洲地区市场业务前10强榜单②。第二，得益于欧盟资金不断增加，增长基础相对较低，以及新兴的非欧盟市场地理优势和经济增长预期，中东欧国家基础设施投资需求增长较基础设施体

---

① 刘作奎. 中国企业对中东欧国家营商环境看法调研报告（2020）[J]. 欧亚经济，2020（4）.

② 在地区市场业务前10强榜单中，中国企业除未能进入欧洲、美国、加拿大市场的前10强外，在其他市场榜单中均占有席位。

系成熟的西欧地区更为强劲。

中国与中东欧投资合作的第三大领域是能源行业，中国对该地区电力、热力、燃气及水生产和供应业投资占比为8.3%，而中国对欧盟的电力、热力、燃气及水生产和供应业投资比重为2.7%，低于对中东欧国家的投资比重。这与中国能源企业在中东欧，尤其是巴尔干地区开展投资有一定关联。正如上文所提，新能源领域是目前中国与中东欧国家产业合作增长最快的领域，除了保加利亚的伊赫迪曼光伏项目、克罗地亚塞尼风电项目、匈牙利考波什堡太阳能电站项目以外，中国国家能源投资集团还在希腊注册了其新能源公司欧洲总部，未来有望进一步扩大在新能源领域的合作规模。[①]

中国对中东欧投资占比较高的领域还有房地产业（7.3%），其中很大一部分为并购和投资酒店或从事旅游和其他服务业，然而，这些行业在欧盟的投资占比相对较少。

中国对欧盟投资占比较高的行业还有采矿业（18.6%），主要分布在荷兰、卢森堡、塞浦路斯等；金融业（14.3%），主要分布在卢森堡、德国、法国、意大利等；租赁和商务服务业（9.2%），主要分布在卢森堡、德国、捷克、法国、荷兰等；批发和零售业（6.1%），主要分布在法国、卢森堡、德国、荷兰、意大利、比利时等。然而，这些行业在中东欧国家的投资占比相对较少。

综上，中国企业在中东欧的投资和经营活动，主要集中在制造业、建筑业和能源行业；房地产业和文化产业、信息产业占据中游；高科技产业投资、涉及产业链合作和高技术合作的投资并不多。塞尔维亚、波兰和匈牙利是目前中国企业的主要合作伙伴国；维谢格拉德地区和西巴尔干地区是中国企业开展合作较多的区域，企业活跃度较高；波罗的海地区较不活跃，合作热度相对较低，在波罗的海地区的投资项目也相对较少。从走出去企业的经营业务来看，中国企业在中东欧地区开展的经营活动中，工程承包类占绝对优势，占比达到50%，其次是投资并购活动，占比超20%，之后是绿地投资，占比约16%。

第四节　中国与中东欧地区、欧洲发达国家金融合作近况对比分析

一、货币互换协议对比

自2008年国际金融危机爆发之后，为防止外汇市场出现混乱，稳定汇率，中

---

① 华红娟．中国与中东欧国家产业深度合作的实现路径研究［J］．区域经济评论，2020（5）．

国与全球20多个国家和地区货币当局签署了人民币的双边本币互换协议，用于双边贸易投资结算或为金融市场提供短期流动性支持，是国家间经济金融领域合作深化的表现。2008年至2021年12月，中国人民银行先后与39个国家和地区的中央银行或货币当局签署了双边本币互换协议。

中国人民银行公开资料显示，自2009年3月11日中国人民银行与白俄罗斯共和国国家银行宣布签署规模为200亿元人民币/8万亿白俄罗斯卢布的双边货币互换协议后，陆续已与冰岛、乌克兰、英国、欧洲央行等10个欧洲国家和地区的中央银行或货币当局签署了双边本币互换协议，总金额超过1万亿元人民币（见表6-1）。

表6-1 中国人民银行与欧洲国家/地区中央银行或货币当局签署双边本币互换一览表

序号	国别/地区	协议签署时间	互换规模	期限
1	白俄罗斯	2009.3.11 2015.5.10（续签）	200亿元人民币/8万亿白俄罗斯卢布 70亿元人民币/16万亿白俄罗斯卢布（续签）	3年
2	冰岛	2010.6.9 2013.9.11（续签） 2016.12.21（续签）	35亿元人民币/660亿冰岛克朗 35亿元人民币/660亿冰岛克朗（续签） 35亿元人民币/660亿冰岛克朗（续签）	3年
3	乌克兰	2012.6.26 2015.5.15（续签） 2018.12.10（续签）	150亿元人民币/190亿乌克兰格里夫纳 150亿元人民币/540亿乌克兰格里夫纳（续签） 150亿元人民币/620亿乌克兰格里夫纳（续签）	3年
4	英国	2013.6.22 2015.10.20（续签） 2018.11（续签） 2021.11（续签）	2000亿人民币/200亿英镑 3500亿人民币/350亿英镑（续签） 3500亿人民币/350亿英镑（续签） 3500亿人民币/400亿英镑（续签）	3年 5年
5	匈牙利	2013.9.9 2016.9.12（续签） 2020.1（续签）	100亿人民币/3750亿匈牙利福林 100亿人民币/4160亿匈牙利福林（续签） 200亿人民币/9290亿匈牙利福林（续签）	3年
6	阿尔巴尼亚	2013.9.12 2018.4.3（续签）	20亿元人民币/358亿阿尔巴尼亚列克 20亿元人民币/342亿阿尔巴尼亚列克（续签）	3年
7	欧洲中央银行	2013.10.8 2016.9.27（续签） 2019.10（续签）	3500亿人民币/450亿欧元 3500亿人民币/450亿欧元（续签） 3500亿人民币/450亿欧元（续签）	3年
8	瑞士	2014.7.21 2017.7.21（续签）	1500亿人民币/210亿瑞士法郎 1500亿人民币/210亿瑞士法郎（续签）	3年
9	俄罗斯	2014.10.13	1500亿人民币/8150亿俄罗斯卢布	3年
10	塞尔维亚	2016.6.17	15亿元人民币/270亿塞尔维亚纳尔	3年

注：数据截至2021年底。

资料来源：中国人民银行。

2021年11月12日，中国人民银行与英格兰银行续签规模为3500亿元人民币/400亿英镑的双边本币互换协议。货币互换规模从此前的3500亿元人民币/350亿英镑调整为3500亿元人民币/400亿英镑。协议有效期5年，经双方同意可以展期。

截至2021年12月底，中国人民银行与匈牙利、阿尔巴尼亚和塞尔维亚3个中东欧国家签署了双边本币互换协议，总金额达200亿元人民币。从覆盖的国家范围来看，2021年，除了英国，中国与欧洲各经济体之间未有新签货币互换协议。从互换规模上来看，西欧发达地区国家依然远远高于中东欧国家。

二、双方银行在对方国家设立银行分支机构情况对比

（一）中国在欧洲发达国家、中东欧国家设立银行分支机构比较

截至2021年末，中国四大行境外机构覆盖超过62个国家，境外分支机构数量超过1200个，中国工商银行和中国银行是中国银行业走出去的主力军。中国银行海外机构覆盖全球62个国家和地区，中国工商银行49个，中国建设银行30个，中国农业银行18个。其中，中国工商银行海外机构覆盖欧洲国家和地区数量达15个，覆盖中东欧国家数量为3个，分别是捷克、波兰和希腊；中国银行海外机构覆盖欧洲国家和地区数量达20个，覆盖中东欧国家数量为6个，分别是匈牙利、捷克、波兰、塞尔维亚、希腊和罗马尼亚；中国建设银行海外机构覆盖欧洲国家和地区数量达11个，覆盖中东欧国家仅有波兰；中国农业银行海外机构覆盖欧洲国家和地区数量达4个，暂未覆盖中东欧国家。

（二）欧洲发达国家、中东欧国家在中国设立银行分支机构比较

2021年，外资银行整体经营状况受新冠肺炎疫情影响较大，营收呈现宽幅震荡态势，但在疫情新常态下，多家外资银行仍保持韧性，营业收入快速回升。在外资银行的全球版图中，亚洲乃至中国市场的地位依然重要。随着渣打、汇丰、德银等外资银行2021年年报相继出炉，从营业收入、利润表现等财务指标看，亚洲市场尤其是中国市场业务依然是2021年拉动外资银行业绩表现的重要动力来源。以汇丰为例，2021年，汇丰除税前利润达189亿美元，亚洲业务贡献除税前利润达122亿美元，占比达64.6%。

从外资银行的业务布局来看，2021年以来，多家银行纷纷加码绿色金融和ESG（环境、社会和公司治理）相关业务，与此同时，对跨境金融、财富管理等本就有坚实业务基础的领域不断加大投入力度。2022年4月，汇丰控股全资子公司香港上海汇丰银行有限公司宣布完成其增持中国内地合资证券公司——汇丰前海证券有限责任公司（汇丰前海证券）39%股权的交易，将持股比例从51%提高

至90%。渣打银行也宣布了继续拓展中国市场的新举措：推出面向企业客户的可持续活期存款，支持企业将盈余资金投入可持续发展相关项目。未来，伴随中国银行业、保险业对外开放的稳步推进，外资银行将继续加大在中国市场的投资力度。

截至2021年12月底，在中国的外资法人银行已达41家，其中外资股东背景为法国、德国、瑞士、英国的外资法人银行分别有3家、1家、1家、1家（见图6-13）。外国及港澳台地区银行分行共计116家，其中外资股东背景为奥地利、比利时、荷兰、法国、德国、瑞士、英国等欧洲国家的外资银行分行共有26家，欧洲各外资分行在中国的布局主要以北京和上海两地为中心（见表6-2和表6-3）。截至目前，还未有来自中东欧国家的外资法人银行，也未有中东欧国家的银行分行。

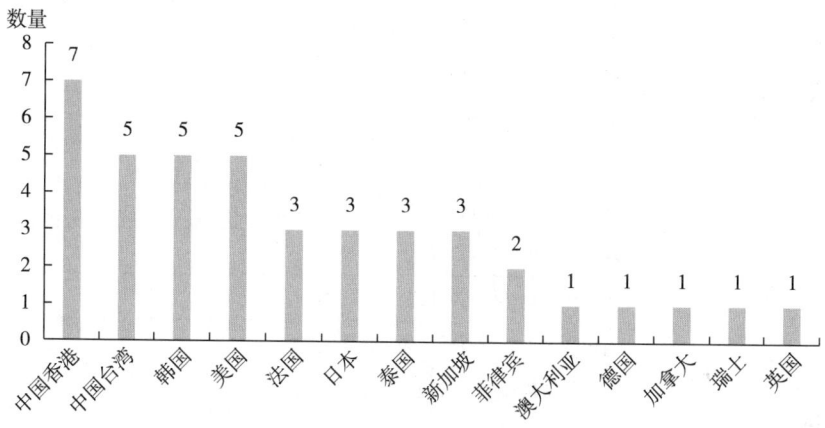

注：数据截至2021年底。

图6-13 41家外资银行股东地区分布

（资料来源：中国银保监会）

表6-2 欧洲法人银行的注册地与外资背景

序号	名称	境内法人注册地	外资股东背景
1	法国巴黎银行（中国）有限公司	上海	法国
2	法国兴业银行（中国）有限公司	北京	法国
3	东方汇理银行（中国）有限公司	上海	法国
4	渣打银行（中国）有限公司	上海	英国
5	德意志银行（中国）有限公司	北京	德国
6	瑞士银行（中国）有限公司	北京	瑞士

注：数据截至2021年底。

资料来源：中国银保监会。

表 6-3 来自欧洲的外资银行分行名单

国家	数量（家）	分行名称
荷兰	5	荷兰合作银行有限公司上海分行
		荷兰合作银行有限公司北京分行
		荷兰安智银行股份有限公司上海分行
		荷兰安智银行股份有限公司北京分行
		荷兰银行有限公司上海分行[①]
瑞典	4	北欧银行瑞典有限公司上海分行
		瑞典北欧斯安银行有限公司上海分行
		瑞典银行有限公司上海分行
		瑞典商业银行公共有限公司上海分行
意大利	3	意大利裕信银行股份有限公司上海分行
		意大利联合圣保罗银行股份有限公司上海分行
		意大利西雅那银行股份有限公司上海分行
德国	3	德国北德意志州银行上海分行
		德国商业银行股份有限公司上海分行
		德国商业银行股份有限公司北京分行
西班牙	3	西班牙桑坦德银行有限公司上海分行
		西班牙桑坦德银行有限公司北京分行
		西班牙对外银行有限公司上海分行
法国	2	法国外贸银行股份有限公司上海分行
		法国外贸银行股份有限公司北京分行
英国	1	英国巴克莱银行有限公司上海分行
瑞士	1	瑞士信贷银行股份有限公司上海分行
俄罗斯	1	俄罗斯外贸银行公众股份公司上海分行
挪威	1	挪威银行公共有限公司上海分行[②]
比利时	1	比利时联合银行股份有限公司上海分行
奥地利	1	奥地利奥合国际银行股份有限公司北京分行

注：数据截至2021年底。

①虽然荷兰银行有限公司上海分行未包含在中国银保监会公布的《外国及港澳台银行分行名单（截至2021年12月31日）》中，但通过"天眼查"查询获知该分行仍存续，因而依然将此分行列入表中。

②虽然该分行未包含在中国银保监会公布的《外国及港澳台银行分行名单（截至2021年12月31日）》中，但通过"天眼查"查询获知该分行仍存续，因而依然将此分行列入表中。

资料来源：中国银保监会。

三、双边监管合作谅解备忘录和监管合作协议签订情况对比

在欧洲地区,中国与英国、德国、法国、意大利等主要欧洲发达国家监管合作较中国与中东欧国家监管合作开展的时间更早。中国证监会最早在1996年10月7日与英国财政部、证券与投资委员会签署证券期货监管合作谅解备忘录,中国银监会于2004年12月6日与德国联邦金融监理署签署双边监管合作谅解备忘录,两者均早于中国与中东欧国家相关监管机构签署备忘录的时间——2002年6月与罗马尼亚签署证券期货监管合作谅解备忘录,2005年2月与波兰签署银行双边监管合作备忘录。中国与欧洲地区最新签署的谅解备忘录是中国证监会于2021年4月与匈牙利中央银行签署的《证券期货监管合作谅解备忘录》(见表6-4)。

截至2021年底,中国证监会与中东欧地区的罗马尼亚、立陶宛、波兰、希腊、匈牙利5国的证券(期货)监管机构签署了监管合作备忘录。中国证监会先后与英国、法国、德国、意大利、荷兰、比利时、爱尔兰、葡萄牙、西班牙等26个欧洲国家的证券(期货)监管机构签署了监管合作备忘录(见表6-4)。

表6-4　　1996—2021年中国证监会与欧洲地区证券(期货)监管机构签署备忘录一览表

时间	境外机构	备忘录名称	签署地
1996.10.7	英国财政部、证券与投资委员会	证券期货监管合作谅解备忘录	北京
1998.3.4	法国证券委员会	证券期货监管合作谅解备忘录	北京
2019.3.25	法国金融市场管理局	金融领域创新合作谅解备忘录	北京
1998.10.8 2019.1.18(更新签署) 2019.3.18	德国联邦证券监管委员会; 德国联邦金融监管局 德国联邦金融监管局	证券监管合作谅解备忘录 证券期货监管合作谅解备忘录 关于期货监管合作与信息交换的谅解备忘录附函	法兰克福 北京 法兰克福
1999.11.3	意大利国家证券监管委员会	证券期货监管合作谅解备忘录	罗马
2002.6.27	罗马尼亚国家证券委员会	证券期货监管合作谅解备忘录	北京
2002.11.1	荷兰金融市场委员会	证券期货监管合作谅解备忘录	邮寄方式
2002.11.26	比利时银行及金融委员会	证券期货监管合作谅解备忘录	北京
2003.5.22	瑞士联邦银行委员会	证券期货监管合作谅解备忘录	邮寄方式
2004.10.26	葡萄牙证券市场委员会	证券期货监管合作谅解备忘录	蒙特利尔
2006.9.26	挪威金融监管委员会	证券期货监管合作谅解备忘录	奥斯陆
2008.1.15	列支敦士登金融管理局	证券期货监管合作谅解备忘录	北京
2008.10.23	爱尔兰金融服务监管局	证券期货监管合作谅解备忘录	北京
2008.10.30	奥地利金融市场管理局	证券期货监管合作谅解备忘录	邮寄方式
2009.10.6	西班牙国家证券市场委员会	证券期货监管合作谅解备忘录	巴塞尔

续表

时间	境外机构	备忘录名称	签署地
2010.1.26	马耳他金融服务局	证券期货监管合作谅解备忘录	瓦莱塔
2012.4.24	瑞典金融监管局	证券期货监管合作谅解备忘录	斯德哥尔摩
2012.5.17	卢森堡金融监管委员会	证券期货监管合作谅解备忘录	北京
2012.5.17	塞浦路斯证券交易委员会	证券期货监管合作谅解备忘录	北京
1997.12.22；2013.8.30（重新签署）	乌克兰证券与股市委员会；乌克兰国家证券和股市委员会	证券监管合作谅解备忘录； 证券期货监管合作谅解备忘录	北京；邮寄
2013.9.13	立陶宛银行	证券期货监管合作谅解备忘录	维尔纽斯
2014.1.20	白俄罗斯共和国财政部	证券期货监管合作谅解备忘录	北京
2015.3.23	波兰金融监督管理局	证券期货监管合作谅解备忘录	华沙
2015.5.19	阿塞拜疆国家证券委员会	证券期货监管合作谅解备忘录	北京
2017.8.31	希腊证监会	证券期货及其他投资产品监管合作谅解备忘录	北京
2020.12.22	直布罗陀金融服务委员会	证券期货监管合作谅解备忘录	—
2021.8	匈牙利中央银行	证券期货监管合作谅解备忘录	—

注：数据截至2021年底。

资料来源：中国证监会。

截至2021年底，中国银保监会与中东欧地区的捷克、立陶宛、匈牙利、波兰、塞尔维亚5国的监管机构签署了双边监管合作谅解备忘录；与德国、波兰、法国、意大利、匈牙利、西班牙、瑞士、荷兰、卢森堡、比利时、爱尔兰、捷克、英国等21个欧洲国家的监管机构签署了双边监管合作谅解备忘录。中国与中东欧及欧洲主要国家近两年均未有新签的双边监管合作谅解备忘录（见表6－5）。

表6－5　　　　2004—2021年中国银保监会与欧洲主要国家监管机构
签署的双边监管合作谅解备忘录和监管合作协议

机构名称	国家/地区	文件类型	生效时间
英国金融服务局	英国	MOU	2003年12月10日
英国审慎监管局①			2015年10月21日
德国联邦金融监理署	德国	MOU	2004年12月6日
波兰共和国银行监督委员会	波兰	MOU	2005年2月27日
波兰金融监管局②			2017年6月9日
法兰西共和国银行委员会	法国	MOU	2005年3月24日
意大利中央银行	意大利	MOU	2005年10月17日
匈牙利金融监督署	匈牙利	MOU	2005年11月14日
匈牙利中央银行③			2016年3月31日

续表

机构名称	国家/地区	文件类型	生效时间
西班牙中央银行	西班牙	MOU	2006年4月10日
乌克兰中央银行	乌克兰	MOU	2007年1月30日
白俄罗斯国家银行	白俄罗斯	MOU	2007年4月23日
冰岛金融监管局	冰岛	MOU	2007年6月11日
瑞士联邦银行委员会	瑞士	MOU	2007年9月29日
荷兰中央银行	荷兰	MOU	2007年12月25日
卢森堡金融监管委员会	卢森堡	MOU	2008年2月1日
比利时金融监管委员会	比利时	MOU	2008年9月25日
爱尔兰金融服务监管局	爱尔兰	MOU	2008年10月23日
捷克中央银行	捷克	MOU	2010年1月5日
马耳他金融服务局	马耳他	MOU	2010年2月2日
塞浦路斯中央银行	塞浦路斯	MOU	2011年7月15日
瑞典金融监管局	瑞典	MOU	2014年6月25日
立陶宛中央银行	立陶宛	MOU	2015年6月12日
塞尔维亚国家银行	塞尔维亚	MOU	2019年4月

注：1. 2013年4月，英国金融服务局撤销，其职能由英国审慎监管局和英国行为监管局行使。

2. 2008年1月，波兰金融监管局与波兰银行监管委员会合并，负责全面监管波兰金融机构。

3. 2013年10月，匈牙利金融监管局银行监管职能并入匈牙利中央银行。

资料来源：中国银保监会、公开资料。

研究专题5 中东欧国家医疗健康领域投资发展潜力及合作机遇

一、中东欧国家医疗健康产业的投资潜力

近年来，中东欧地区医疗保健行业正在崛起，吸引了越来越多国际投资者的注意力，究其原因，主要有以下两大点。第一，大部分中东欧地区医疗支出（包括政府和个人支出）在近五年有快速扩张的趋势。鉴于数据的可得性，我们重点关注8个中东欧—OECD国家[①]医疗健康支出的发展近况。根据经合组织的统计数据，2015—2020年，斯洛文尼亚、捷克、爱沙尼亚、斯洛伐克、波兰和拉脱维亚医疗总支出占本国GDP的比重总体呈现上升的趋势，特别是在新冠肺炎疫情全球暴发之后，该比重在斯洛文尼亚、捷克、爱沙尼亚、斯洛伐克和波兰出现了明显的增长趋势（见图6-14分图1）。再从人均医疗支出来看，捷

---

① 8个中东欧—OECD国家包括捷克、爱沙尼亚、希腊、匈牙利、拉脱维亚、波兰、斯洛伐克和斯洛文尼亚。

克和斯洛文尼亚人均医疗支出在 2015—2020 年始终遥遥领先于其他 6 国，2020 年两国分别达到 3803.6 美元和 3630 美元（现价 PPP），而人均医疗支出涨幅最高的中东欧国家是爱沙尼亚，从 2015 年的 1867.8 美元/人增加到 2020 年的 2948.5 美元/人，涨幅高达 57.9%（见图 6-14 分图 2）。

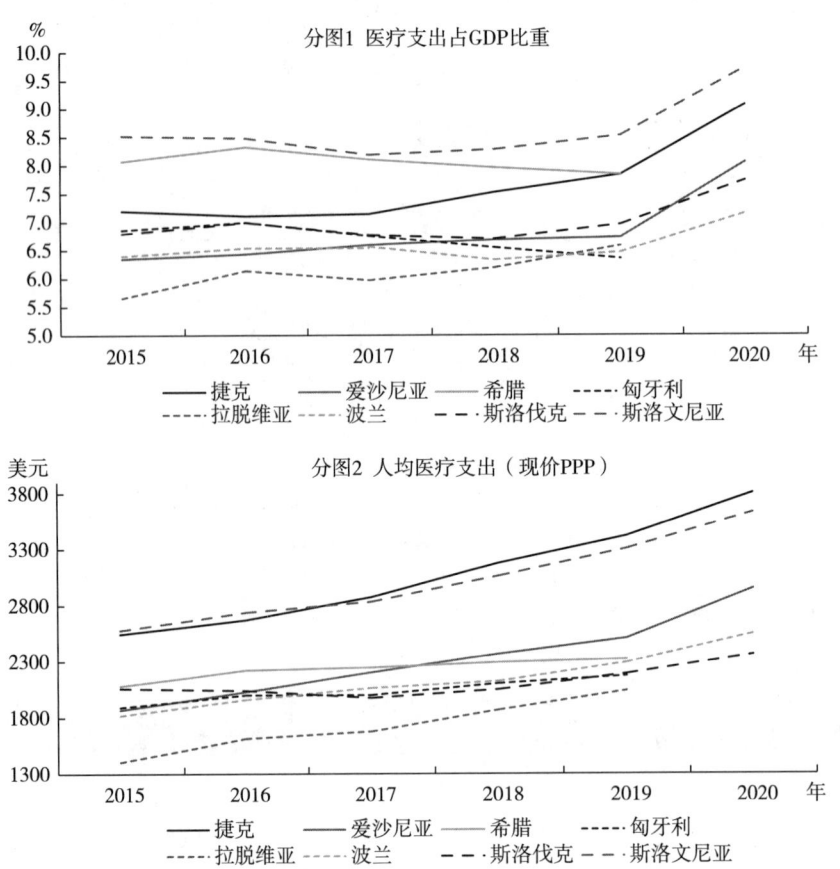

注：希腊、拉脱维亚和匈牙利暂无 2020 年数据。

图 6-14　2015—2020 年中东欧—OECD 国家医疗支出

（资料来源：经合组织）

对比来看，中东欧—OECD 国家的医疗支出无论从占本国 GDP 比重还是从人均医疗支出来看，均与欧洲核心 5 国①的水平相差甚远；不过，值得肯定的是，中东欧国家医疗开支的变化趋势是积极的，并且与欧洲核心 5 国基本保持了一致的步伐（见图 6-15 分图 1 和分图 2）。

---

① 欧洲核心 5 国包括法国、德国、意大利、西班牙和英国。

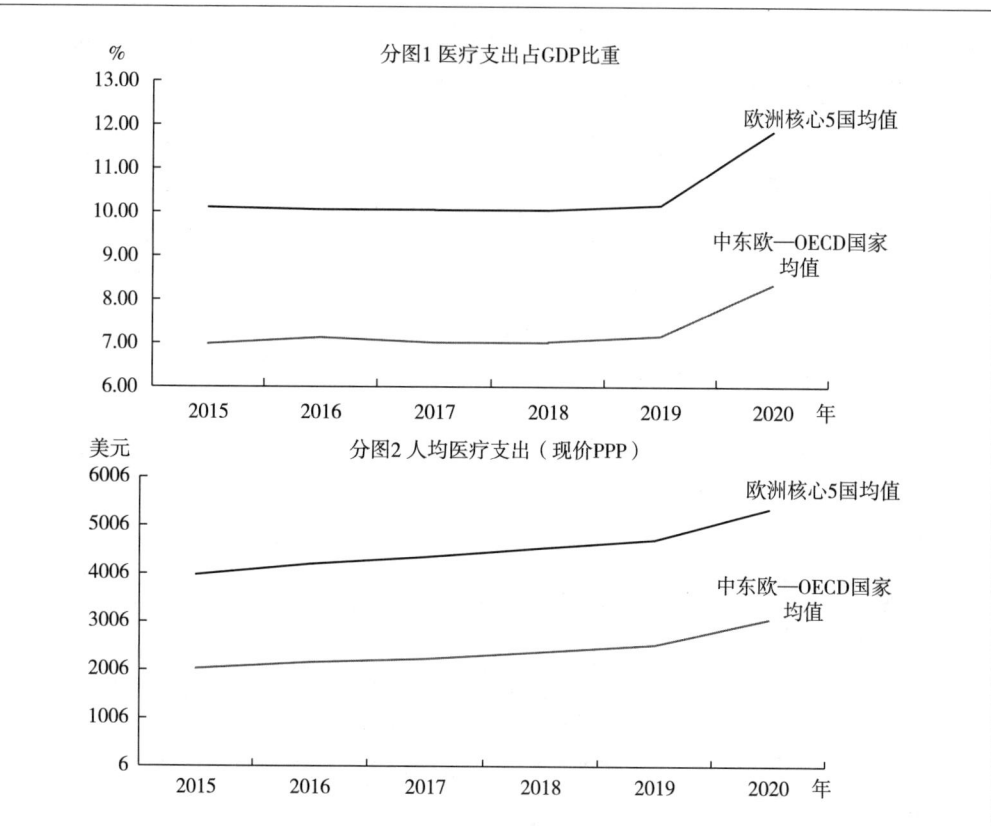

图 6-15 2015—2020 年中东欧—OECD 国家和欧洲核心 5 国医疗支出水平对比

（资料来源：经合组织）

第二，中东欧地区医疗健康行业具有很强的整合潜力。根据 kinstellar 的一份问卷调查报告，60%受访的医疗健康企业和该领域的投资者认为，与西欧不同，中东欧国家医疗健康行业集中度偏低、所有权分散度偏高，具有很大的整合空间。大部分西欧国家的医疗健康市场通常有 3 家左右占据主导地位的企业，拥有 70%～80%的市场份额，剩下的 20%左右由 50～60 家分散的独立家庭诊所分摊，与之对比，中东欧国家的医疗健康市场大约 40%的份额由 5 家左右的企业所拥有，剩下 60%的份额是未整合的私人业务。[1] 据中审众环的统计数据，近四年，中东欧境内医疗健康领域并购交易表现活跃，交易数量呈逐年上涨之趋势（见图 6-16）。尤其是在新冠肺炎疫情全球暴发之后，世界各地的企业对医疗健康及制药领域的兴趣大幅增加，纷纷投资于疫苗研发、治疗诊断技术以

---

[1] Kinstellar. Central and Eastern Europe：Exploring Emerging Healthcare Investment Opportunities. 2017.

及生物科技等行业。2020年10月2日，德国制药和实验室设备供应商Sartorius AG以3.6亿欧元收购了斯洛文尼亚的生物技术公司BIA Separations，后者主要开发和生产用于纯化和分析大型生物分子的产品。2020年5月27日，总部位于马里兰州，主要研发对抗严重传染病疫苗的美国生物技术公司Novavax AB以1.52亿欧元收购了捷克的疫苗公司Praha Vaccines a.s.。2021年，无论从交易的数量，还是交易金额来看，中东欧境内的医疗保健及制药领域的并购活动仍然保持着行业活力，在17个发生了并购交易活动的行业之中，医疗健康及制药行业的交易数量和交易额分别排在第5位和第7位。①

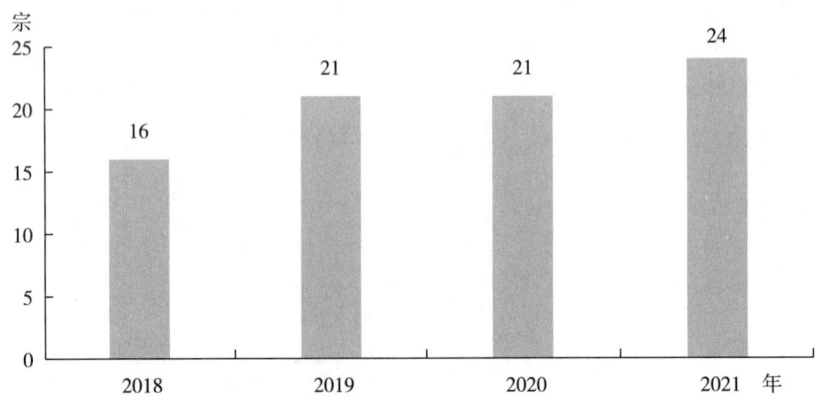

注：未统计希腊、黑山的数据。

图6-16　2018—2021年中东欧境内医疗健康及制药领域并购交易量

（资料来源：中审众环）

二、中东欧国家医疗健康行业的特点

整体来看，中东欧国家医疗健康行业发展并不平衡。以制药业为例（见图6-17），波兰、罗马尼亚、捷克、希腊和匈牙利是中东欧地区具有较强实力的国家。根据Statista的统计数据，2020年上述5国医药市场总收入依次为68亿欧元、33.5亿欧元、28.2亿欧元、27.9亿欧元和25.6亿欧元，其中，波兰也是欧盟第五大市场，仅次于德国、法国、意大利和西班牙。与之对比，爱沙尼亚、拉脱维亚、斯洛文尼亚和克罗地亚4国2020年医药市场总收入为23亿欧元，不及波兰的一半。

波兰是中东欧地区传统的制药大国，制药业是该国重要产业之一，占其GDP的1%，直接和间接创造了近10万个就业岗位。同时，波兰制药部门的研发支出在中东欧地区位居前列，具有很强的创新能力，甚至领先于其计算机、电子

---

① Mazars. Investing in CEE, Inbound M&A Report 2021/2022. 2022.

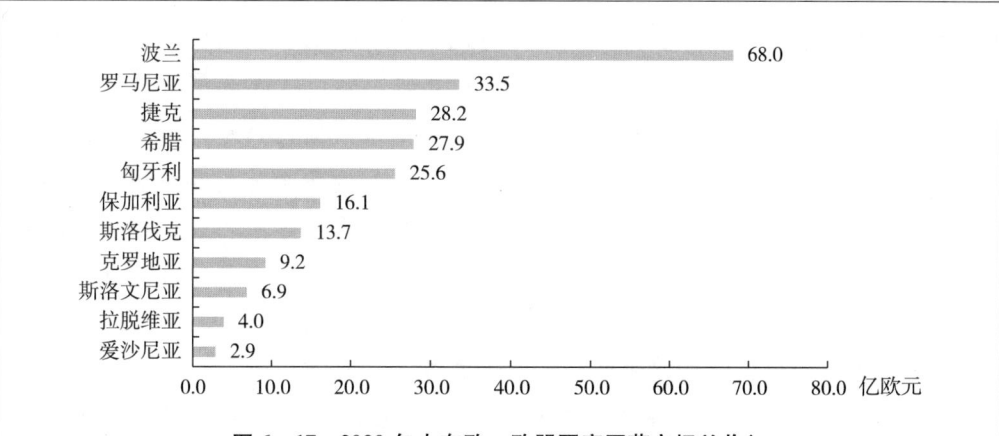

图 6-17　2020 年中东欧—欧盟国家医药市场总收入

（资料来源：Statista 数据库）

和光学制造业①，波兰先进的仿制药和具有竞争力的价格是其生物技术、制药行业的主要竞争优势。捷克国内有超过 18 个研究机构和大约 120 家从事生物技术和生命科学领域工作的企业，其医疗和制药领域的生物技术主要集中在免疫学、治疗和诊断抗体、疫苗等，心血管疾病药物、化疗辅助药物和治疗癌症的生物技术具有世界先进水平。② 匈牙利的化学原料药和仿制药生产规模大、历史悠久，是该国最富竞争力的产业之一。另外，匈牙利还以精通红色生物技术（Red Biotechnolongy）③ 而闻名，其红色生物技术和生物信息学企业的综合收入在近些年的年均增速保持在 3% 左右。④ 值得一提的是，爱沙尼亚借助其建立的强大数字社会体系，成为全世界第一个实施全国范围的电子健康记录系统的国家。自该系统实施以来，95% 的健康信息已经数字化，供所有医疗健康专业人员和患者查阅。除了电子健康记录以外，爱沙尼亚还创建了电子处方服务，目前，该国 97% 的处方均是数字处方。⑤

中东欧地区医疗健康业的另一个特点是对外依赖程度较高。如上文所提，虽然波兰、罗马尼亚、捷克等国自身实力较强，但跨国医药医疗企业在这些国

---

① 更多信息请参考波兰投资贸易局官网：https：//www.paih.gov.pl/sectors/pharmaceutical#。
② 更多信息请参考中国医药保健品进出口商会官网：http：//www.cccmhpie.org.cn/Pub/1757/177633.shtml。
③ 红色生物技术是生物技术的一个分支，专门研究人类的健康保健和通过开发抗生素等药物来治疗的方法。该领域还包括研究在胚胎期通过生殖系工程操纵基因或对成年患者进行基因治疗，红色生物技术通常在制药行业。更多信息请参考：https：//www.iiiff.com/article/391310。
④ Kinstellar, Central and Eastern Europe: Exploring Emerging Healthcare Investment Opportunities, 2017.
⑤ 更多信息请参考中国医药保健品进出口商会官网：http：//www.cccmhpie.org.cn/Pub/1757/177633.shtml。

家的市场份额偏高，对外依赖严重。罗马尼亚的部分基础药物供应主要依靠从欧盟发达国家进口，如艾滋病、结核病、糖尿病、神经性疾病等所需的基础药物；阿尔巴尼亚国内市场的药品主要来自欧美国家，国内产量仅占市场份额的10%左右，主要医疗器械多为西方国家进口，耗材则来自韩国和中国；北马其顿的医疗产品进口比重也很高，大部分药品以政府采购方式，通过国内药品批发商从国外采购进口，医院和保健中心的医疗电子设备也多是通过国际和国内招标方式进口。①

三、中国—中东欧医疗健康行业合作机遇

自中国—中东欧国家合作机制建立以来，为推动与中东欧国家在医疗健康领域的合作，中国不断推出各类促进政策和举措。2015年6月16日，首届中国—中东欧国家卫生部长论坛发布了《中国—中东欧国家卫生合作与发展布拉格宣言》。该宣言提出了积极促进中国—中东欧国家医疗卫生领域合作的五项措施：一是加强中国—中东欧国家医疗机构之间的直接交往，提议建立"中国—中东欧国家公立医院合作网络"；二是促进中国与中东欧国家在重大传染性疾病的监测、防控和应对、慢性非传染性疾病的预防和管理等公共卫生问题方面的经验交流，提议建立"中国—中东欧国家公共卫生机构合作联盟"；三是支持开展联合卫生体制研究、定期举办学术研讨会，深入探索各自符合本国国情的卫生体系，以实现卫生系统长期的、可持续的发展；四是扩大卫生专业技术人员往来，进一步提高中国与中东欧国家之间的相互理解与信任，为需要的中东欧国家提供专项奖学金，到中国进行医学教育；五是加强在世界卫生组织等国际组织中的沟通与协调，支持世界卫生组织在全球卫生治理中发挥重要作用并支持其改革进程。②2021年2月9日，习近平主席在中国—中东欧国家领导人峰会上提出，中方将推动建立中国—中东欧国家公众健康产业联盟。为落实领导人峰会成果，6月9日下午在第二届中国—中东欧国家博览会期间，中国—中东欧国家公众健康产业联盟在宁波正式成立。中国商务部等中方有关部门与阿尔巴尼亚、保加利亚、捷克、希腊、匈牙利、拉脱维亚、黑山、北马其顿、塞尔维亚、斯洛伐克和斯洛文尼亚等中东欧国家代表出席了启动仪式。③

---

① 更多信息请参考中国医药保健品进出口商会官网：http：//www.cccmhpie.org.cn/Pub/1757/177633.shtml。
② 更多信息请参考：http：//www.gov.cn/xinwen/2017-04/24/content_5188650.htm。
③ 更多信息请参考中国新闻网官网：https：//www.chinanews.com.cn/cj/2021/06-09/9496279.shtml。

基于上述合作平台和机制，针对中东欧国家医疗健康产业的各自特点，中国与中东欧国家可重点考虑以下几个领域的合作①。

第一，中国传统医药技术在中东欧国家的继续推广合作。近些年，中国与匈牙利、捷克、黑山等国在中医药合作方面已经建立了良好的基础。2015年，匈牙利正式颁布中医药立法实施细则并生效实施，成为欧洲首个为中医药立法的国家。2016年，匈牙利政府为中医颁发欧盟行医许可证，结束了匈牙利中医需要在西医监督下行医的历史。目前，匈牙利共有5大主要中医药机构、20家中国医生开办的中医诊所以及200家匈牙利医生开办的中医诊所。2015年6月17日，中东欧地区首个由政府支持的中医中心在捷克赫拉德茨—克拉洛韦大学医院中医中心成立，时任国务院副总理刘延东为中心揭牌，该中心成为中捷两国搭建的中医药合作平台。2017年，捷克颁布了《中医非执业医法案》。2019年4月，中心转移至首都布拉格，为旅居布拉格的近3000华人华侨提供就医便利。2019年，浙江中医药大学与罗马尼亚阿拉德郡VasileGoldis西方大学合作建设的罗马尼亚中医药中心正式揭牌。除匈牙利、捷克和罗马尼亚之外，黑山议会在2015年通过法律，赋予中医治疗作为替代性医疗的合法地位，"中国—黑山中医药中心"在黑山首都波德戈里察揭牌，成为继"中国—捷克中医中心"之后的欧洲第二所中医药中心。以匈牙利、捷克和黑山为中医药在中东欧地区发展所奠定的良好基础为契机，未来可以继续深挖该领域的合作潜力，以中医执业带动中药的应用，推动产品注册和标准的认可，为中国传统医药产品的准入和使用创造机会。

第二，中国和中东欧国家可扩大引进对方优质的药品和医疗设备。一方面，波兰、捷克、罗马尼亚、匈牙利等中东欧国家医学工业基础较好，在仿制药、生物医药、慢性病用药、牙科、手术设备、矫正仪器等医药和医疗产品方面具有一定优势，扩大引进上述产品不仅可满足中国国内市场多元化需求，同时也有利于帮助中国与中东欧国家实现双边贸易平衡。另一方面，一些优质的中国企业和品牌已成功进入了中东欧地区，助力提升了当地医疗服务质量。例如在生物医药领域，华大基因拉脱维亚生产中心2021年获国际生产临床医学诊断必备资质，开始启动本地化生产欧盟生命监测仪器和配套试剂，同时，华大协助塞尔维亚政府建立尼什"火眼"新冠病毒监测实验室。②若中国和中东欧

---

① 更多信息请参考中国医药保健品进出口商会官网：http://www.cccmhpie.org.cn/Pub/1757/177633.shtml。

② 欧盟中国商会，罗兰贝格企业管理咨询公司．深化互利合作 共塑中欧未来［R］．2021．

国家在未来能继续携手提升其医药和医疗服务质量并控制成本，这将十分有利于中东欧和中国的产品和服务更好地融入欧盟大市场。

第三，中国可积极开拓与中东欧国家在远程医疗、智能医疗等新兴领域的合作。受老龄化、医疗成本增加以及新兴科技的影响，传统医疗开始向数字化转型，特别是在新冠肺炎疫情暴发之后，数字医疗服务呈现加速发展的趋势。在疫情期间，由于受防控措施的限制，广大民众无法随意外出就诊，为此医疗机构纷纷启动了远程医疗服务，使患者能够在遵循防疫规则的情况下获得治疗的机会。在此领域，罗马尼亚近两年的发展十分亮眼。在2020年疫情暴发之初，罗马尼亚多家医疗机构便推出了各类互联网医疗服务。例如，私营医疗运营商 Regina Maria 与微软罗马尼亚公司合作推出了在线诊疗平台 Virtual Clinic；MedLife 也推出了视频会议医疗服务，为诸如综合内科、内科、胸肺科等科室提供在线医疗帮助；Medicover 则推出了与 Atlas 合作开发的在线视频服务 MediCall，向患者提供专业医生的咨询服务；布加勒斯特公立医院 Colentina 与 Medicentrum 和 Lite Microsystems 合作，免费对外提供在线医疗诊断服务。① 医疗行业的数字化和互联网化已是大势所趋，基于此，中国与中东欧国家可借助数字技术、互联网、人工智能等科技发展带来的新机遇，进一步将其合作拓宽到远程医疗、智能养老服务等针对性的、新兴医疗服务领域，为双方在医疗健康行业的合作提供新的增长点。

信息专题4　中资企业对欧盟营商环境评价②

2021年，欧盟中国商会分别于4月和6月对在欧中企进行了两次营商环境问卷调研。在第一次调研中，欧盟中国商会对包括会员单位在内的100多家中国在欧企业开展了调研，收到73份回复；第二次旗舰报告问卷调研企业约130家，回复问卷共计55份。与2020年相比，2021年的受访企业范围显著扩大，共计回收128份，回收率超过50%，此外，调研报告还囊括对15家企业、组织机构和外事单位等的深度访谈，以更科学真实地反映欧盟营商环境变化与中国企业心声。

在4月的春季营商环境调研中，回复企业涵盖了多个行业，包括金融服务、信息技术和电信、航运与港口交通、航空航天、汽车、消费品与服务、基础设

---

① 中欧陆家嘴国际金融研究院、中东欧经济研究所，《中东欧视界》，2022（4）。
② 更多信息请参考：欧盟中国商会，罗兰贝格企业管理咨询公司. 深化互利合作　共塑中欧未来［R］. 2021.

施建设等；企业规模包括大、中、小多类企业，在欧经营年限分别为长期（超过10年）、中期（5~10年）和短期（5年以下）。6月旗舰报告问卷调研覆盖行业包括了信息通信技术ICT、制造业、汽车、能源、金融、高科技、生物医药和基础设施建设等，共计42家企业、13家组织机构，受访企业涵盖民营企业、国有企业等各类背景企业，为最终调研结果的科学性与代表性提供了保障。

据欧盟中国商会统计，截至2020年底，中国在欧盟设立直接投资企业近2800家，覆盖欧盟27个成员国，雇佣外方员工近25万人。2021年，在欧中企对欧盟营商环境总评分为68分，这是自2019年评分以来的最低分，其主要源于中企对欧盟的商务环境、政治环境以及经济和产业环境评分大幅降低。若按照2019—2021年下降幅度来排名，如表6-6所示，商务环境评分降幅最大（-15.5%），其次是经济和产业环境（-13.6%）及政治环境（-12.7%）。

表6-6　　　　　2019—2021年欧盟中国商会营商环境调研评分

分项	2021年评分	2020年评分	2019年评分
科研环境	85	84	82
人才环境	72	72	77
经济和产业环境	70	67	81
基础设施及配套环境	68	68	65
商务环境	60	71	71
政治环境	55	60	63
中企对欧盟营商环境总评分	68	70	73

注：0~60分代表营商环境恶劣，严重影响中企业务开展；61~80分代表营商环境尚可，中企可推进业务，但也遇到众多挑战和阻碍；81~100分代表营商环境良好，中企可较顺利地在当地开展业务。

资料来源：欧盟中国商会。

2021年欧盟中国商会问卷调查数据显示，79%中企认为欧盟商务环境明显恶化或没有明显向好迹象，对该分项的评分降至0~60档，意味着欧盟营商环境严重影响中企业务开展。欧盟制度环境复杂程度的上升以及稳定性的下降，加剧了中国企业在欧盟的经营压力和不确定性，中企面临流程、文件审批、配合尽职调查等不断增加的合规时间和成本，与此同时，疫情影响欧盟公共服务能力也导致中企业务开展遇到一定困难。

与商务环境属于同一评分档的还有政治环境，该分项评分从2019年的63分下降至2021年的55分，为6个分项中最低，反映出政治环境严重阻碍了中企业务在欧盟的发展。近两年，欧盟政治环境出现了明显的恶化趋势。2019年4月，《欧盟外商直接投资审查条例》（第2019/452号条例或"条例"）生效，自此越来越多欧盟成员国对其外商投资制度进行改革，以阻止"外国"投资者对其战略性行业和企业进行投机性收购；2020年6月，欧盟委员会发布外国补贴"白皮书"，2021年5月，欧盟委员会发布"针对扭曲内部市场的外国政府补贴的条例建议稿"；2020年10月，欧盟正式实施《外商直接投资审查条例》，扩大对投资标的和资金来源的审查，部分成员国收紧外资审查制度；2021年5月20日，欧洲议会"冻结"了中欧投资协定批准程序；2021年6月，欧盟成员国同意与欧洲议会就"国际政府采购工具"开启谈判，拟对未加入《国际政府采购协定》和未与欧盟签署双边协定的第三国投标人提高招标门槛；2021年12月，欧盟委员会公布了《保护联盟及其成员国免受第三国经济胁迫条例》，针对第三国试图使用胁迫手段或威胁使用胁迫手段，包括加征关税、设置歧视性关税、故意延误审批、拒绝发放经营所需的许可以及违反国际法的域外制裁行为等，干扰欧盟及成员国政策选择的行动。基于上述一系列欧盟在经贸领域推出的政策和工具，受访的中国企业和机构认为欧盟对中国企业政策正在收紧，经贸政策稳定性明显下降，商业政治化趋势有所抬头。

2019—2020年，经济和产业环境的评分虽然下降幅度较大（-13.6%），但其2021年总的评分尚可（70分），其中，32%中企认为欧盟经济、产业环境有所向好，特别是对欧盟在疫情后推出的，有效帮助企业复工复产的短时补助计划（工作津贴、延迟纳税和优惠贷款）给予了积极的评价。此外，"欧盟下一代"复兴计划在2021年的顺利启动同样为中企在欧盟开展业务提振了信心。

中国企业对欧盟的科研环境始终给予了较高的评分，2019—2021年，欧盟科研环境评分连续获得了82分、84分和85分的高评分。一方面，2021年欧盟推出"地平线欧洲"第一个四年战略计划、连接欧洲基金等多个科研和创新行动等产业资金计划，在可持续交通、通信互联互通、绿色经济转型等重点创新和先进技术领域迎来加速发展机遇；另一方面，欧盟中国商会收集到的受访企业反馈显示，中企对欧盟科研环境评价主要受制于欧盟和中国目前在双边技术对话机制和科研平台领域建设的不足，企业期望中国和欧盟能够进一步加强科技和技术领域合作，打造更多双边科研交流和产业转化载体。

在基础设施和配套环境方面，中国企业的评级总体维持稳中有升，该分项评分从2019年的65分上升至2021年的68分，两年里实现了4.6%的涨幅。这主要得益于中欧班列在疫情期间发挥的强大运输支持，增强了中欧交通互联互通建设。① 不过，部分负面评价来自欧盟和中国出现一定分裂的通信互联互通

---

① 更多信息请参考研究专题6。

建设以及欧盟略有滞后的通信基础设施部署。

2021年，欧盟人才环境较2020年无明显变化，其评分仍然维持在72分。这意味着欧盟高素质技术人才对中国企业保持持续吸引力，欧盟中国商会问卷显示，受访企业表示正在从欧盟提高民众数字技能，特别是加强数字技能培训方面的行动获益。但是，在疫情期间，部分中国员工表示返岗复工还存在一定的难度，对企业经营造成了一定程度影响。

整体来看，尽管企业面临上文提及的种种困难，但是接受欧盟中国商会调研的超过90%的中企认为"在中国和欧盟未来3~5年的发展中，中欧经贸合作的基本面不会改变"，中国企业对中欧经贸关系的长远发展保持信心，大部分企业仍然希望扩大在欧投资。

第七章 基础设施建设合作

2021年,世界范围内新冠肺炎疫情正逐步得到有效防控,为工程开工、复工提供了良好的外部环境。虽然疫情蔓延对国际基建合作、产能合作造成冲击,但基础设施建设对各国经济复苏产生的巨大拉动效应没有变,后疫情时代各方开展国际基建合作的意愿和需求也较为强烈、迫切,因此,国际基建合作存在巨大需求的基本面没有变。中国自身实力较强,无论是大规模的国际承包商数量还是海外营业额的规模,都居于世界领先地位,为中国继续承接对外承包工程奠定了坚实的基础。

第一节 中国与中东欧地区合作近况

一、中东欧国家在基础设施建设需求依然强劲

相对落后的基础设施是制约中东欧地区竞争力的重要因素。后疫情时代,中东欧国家在基础设施建设方面需求依然强劲。例如,欧盟的建筑翻新计划将每年为包括大部分中东欧地区的建筑翻新增加约2750亿欧元的投资;"三海倡议投资基金"计划至2030年在中东欧交通基础设施领域投资约2900亿欧元;爱沙尼亚到2030年在国家公路建设方面存在20亿欧元资金缺口;波兰于2020年初提出2020—2030年100条环路建设计划,投资总额估计为280亿兹罗提(约合65.5亿欧元),计划在小城镇和大城市周围增加840公里的道路长度。

二、中国在基础设施建设领域具有明显的比较优势

在基础设施建设领域中国具有明显的比较优势。第一,中国基础设施建设能力强,培育了众多规模大、有竞争力的基建公司。美国《工程新闻纪录》

(*Engineering News – Record*，ENR) 2020 年度"全球最大 250 家国际承包商"榜单中，中国共有 74 家企业入围，上榜企业数量全球第一。第二，中国经常账户资金盈余充沛，在资金投入上具有优势。近些年，为促进中国对中东欧投资发起的金融合作平台众多，有"100 亿美元专项贷款"、"中国—中东欧投资合作基金"、亚洲投资银行、中国—中东欧基金、中国—中东欧银行联合体等，均为中国企业"走出去"提供了资金支持。第三，中国基建公司在中东欧市场经营多年，积累了不菲的经验，运营能力更为成熟，在同中东欧国家开展基础设施建设合作方面具有吸引力。

三、中国在中东欧国家承包工程近况

互联互通的是中国—中东欧国家合作的重要内容，而传统基础设施是"互联互通合作平台"的载体。2020 年，中国在中东欧国家新签工程承包合同额 54.1 亿美元，较 2019 年增长 34.6%。从 2012 年到 2020 年，中国在中东欧国家新签的承包工程合同额和完成营业额分别为 249.8 亿美元和 133 亿美元，主要分布在交通、电力和信息通信等基础设施建设领域，其中塞尔维亚、波黑、希腊、波兰、匈牙利、罗马尼亚、黑山和北马其顿 8 国合同额共计 213.2 亿美元，占比高达 85.4%。

近两年中企在中东欧国家签约的项目中金额最大的是中国电建所签署的塞尔维亚贝尔格莱德地铁项目车辆段场地填筑工程，总金额高达 50 亿美元。以下为近两年中企在中东欧国家新签约的部分项目。

2020 年 5 月 4 日，中国能建葛洲坝集团与波黑塞族共和国电力公司下属达巴尔电力公司在特雷比涅签署了达巴尔水电站项目 EPC 合同，总金额约 17 亿元人民币，成功进军欧洲水电市场。

2020 年 6 月 26 日，由中国电建所属电建国际公司、电建市政公司和波兰 INTERCOR 公司携手组成的联营体签署了波兰 E75 奇热夫—比亚韦斯托克段铁路修复项目合同。签约合同金额约 10.5 亿美元，其中，中国电建占约 5.25 亿美元。

2020 年 7 月 31 日，中国电建以 SINOHYDRO 品牌签约罗马尼亚扎勒乌绕城路项目。该项目是中资工程承包企业首个在罗公开竞标并正式承接的设计施工类项目。项目设计与施工周期为 30 个月，是欧盟大型基础设施运营计划基金支持的项目，总合同额约 5300 万美元。线路总长 5.5km，双向四车道，设计时速 60~80 公里，通过 5 座高架桥和 2 座跨河桥横跨多个山谷和葡萄园。

2020 年 10 月 6 日，中国路桥工程有限责任公司与塞尔维亚政府签署"诺维萨德—鲁马"快速路项目。项目位于塞尔维亚北部，全长约 47.7 公里。全线采用一级快速路标准建设，其中包括一条 3.5 公里长的隧道，建成后将是塞尔维亚境内最长的隧道。

2021年7月23日，中国水电建设集团国际工程有限公司签署了"波黑布拉加伊熟料水泥厂项目"的商务合同。

2021年8月23日，中国电建与贝洛赞光伏电站有限公司通过视频方式共同签署了保加利亚贝洛赞光伏项目EPC合同。贝洛赞光伏项目位于保加利亚南部，总装机46.54MW，工程主要包括光伏场区、一座110KV升压站及架空线路的设计、采购、施工、调试、试运行及并网发电等内容。

2021年11月9日，中国电建签约塞尔维亚贝尔格莱德地铁项目车辆段场地填筑工程，贝尔格莱德地铁项目是塞尔维亚国家优先发展的重大基础设施项目，总金额约50亿美元。

2021年12月26日，中交集团中国路桥签署塞尔维亚E763高速公路波热加—杜加波利亚纳路段项目。E763高速公路波热加—杜加波利亚纳路段途经塞尔维亚中南部，全长约75公里，穿越崇山峻岭，其中51公里由桥梁和隧道组成，北连E763高速公路普雷利纳—波热加路段，未来可向南延伸连接黑山境内的南北高速。

2022年3月11日，中国电建签约塞尔维亚乌日策绕城公路项目。乌日策绕城公路项目为新建公路，全长4.84千米，其中包括4座桥，最长长度300米。项目隶属于中西部一揽子交通工程项目（包括乌日策、波热加、上米拉诺瓦茨及洛兹尼察等四个城市绕城公路和卡迪尼亚卡公路隧道），是塞尔维亚重大民生工程。

此外，中企在中东欧地区的匈塞铁路、克罗地亚佩列沙茨大桥、塞尔维亚E763高速公路、黑山南北高速公路优先段等重大项目总体进展顺利。2021年7月，克罗地亚佩列沙茨大桥成功合拢；11月，黑山南北高速公路优先段项目主体工程顺利完工；12月，中企再签塞尔维亚E763高速公路新路段项目；2022年3月19日，中国—中东欧国家合作标志性项目匈塞铁路塞尔维亚境内贝诺段开通运营。

第二节 中国与欧盟合作近况

一、欧洲市场是中国企业开展基础设施建设转型升级的目标市场

目前中国对外承包工程行业正处于转变发展方式、实现转型升级的关键时期，进入欧洲等高端市场，与欧洲企业开展合作，对于提高中国企业业务运作能力，提升境外BOT（建设—运营—移交模式）、PPP（公私合营）、特许经营等项

第七章　基础设施建设合作

目的经营水平具有重要意义，有助于中国企业业务的转型升级和市场布局的优化调整。根据中国对外承包工程协会信息，在欧洲对外承包工程市场占据主导地位的仍然是本土承包商，英国、西班牙、意大利、奥地利和法国承包商在该地区尤为活跃，其中 Strabag①、Skanska② 和 WeBuild③ 等公司承担着相当数量的项目，并且业务在该地区的众多市场中呈现多元化发展。

二、中企通过建设基础设施提升了当地民生福祉

中国企业也通过建设基础设施提升了欧洲当地民生福祉，创造了经济效益和社会效益。例如，由中国中铁主持修建的匈塞铁路，便利了两地的交通往来；华为助力德铁改造，构建多业务、立体化通信网络，该项目覆盖德国北部区域 12000 公里铁路，占德国全境铁路网络的 40%④；由华电集团建设的罗马尼亚罗维纳里燃煤发电站项目，建成后在保留 3000 个工作岗位基础上，又新增 1800 个工作岗位；首批使用"中国—中东欧国家合作 100 亿美元专项贷款"的大型基建项目波黑斯坦纳里火电站，为波黑能源自主性作出了显著贡献。⑤

三、中国在欧洲承包工程近况

尽管欧洲市场在中国对外承包工程行业中的占比不大，却不可忽视。如图 7-1 所示，2011 年中国企业在欧洲的完成额为 46 亿美元，从 2012 年开始该数值快速增长，2020 年中国企业在欧洲的完成营业额已增长至 139.6 亿美元，10 年间年均增长率达到 8.9%，远高于中国企业全球完成营业额 3.7% 的增长速度，也高于亚洲业务额 6.4% 的增速；这使得中国在欧洲的完成营业额占中国企业全球完成营业额的比重也不断上升，2020 年达到最高的 8.95%。从国别市场业务来看，2020 年，中国企业在塞尔维亚、法国、西班牙等市场业务规模居欧洲国家前列。

从新签合同额来看，2012 年以来，中国在欧承包工程基本保持正增长与负增长交替出现的状况，并且以两年为一个台阶稳步向上。2019 年，中国企业在欧洲市场新签合同额 323.1 亿美元，同比增长 125.5%，创历史新高；2020 年，中国

---

① Strabag 是奥地利最大的建筑公司，也是欧洲最大的建筑公司之一。该公司活跃在奥地利和德国以及中欧、东欧和东南欧的所有国家，西欧、阿拉伯半岛的特定市场以及加拿大、智利、中国和印度。
② Skanska 是一家总部位于瑞典斯德哥尔摩的跨国建筑公司，是世界最大的建筑公司之一。
③ WeBuild 是一家成立于 2014 年的意大利工业集团，总部位于米兰，专门从事建筑和土木工程业务。
④ 欧盟中国商会，罗兰贝格企业管理咨询公司. 深化互利合作　共塑中欧未来 [R]. 2021.
⑤ 更多信息请参考人民日报，《中国与中东欧国家贸易额再创新高、投资领域不断拓宽》：http://www.gov.cn/xinwen/2021-03/19/content_5593800.htm。

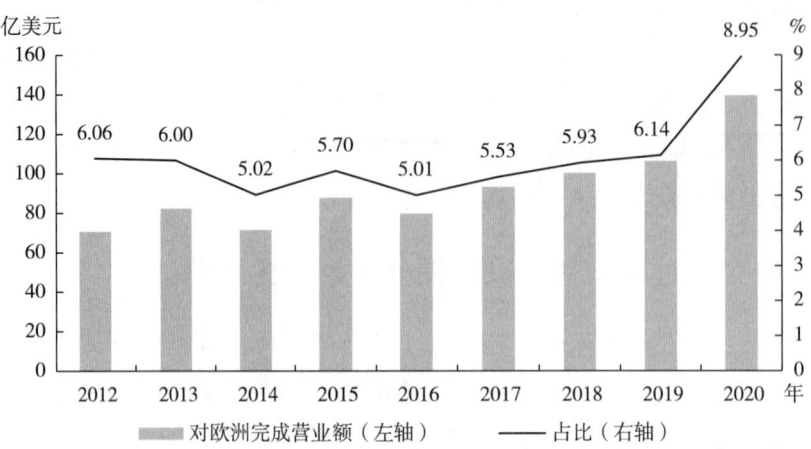

图 7-1 2012—2020 年中国对欧承包工程完成营业额及占比

(资料来源:Wind、中国商务部)

企业在欧洲市场新签合同额 208.8 亿美元,同比下降 35.4%(见图 7-2)。2020年,从国别市场业务来看,中国企业在西班牙、法国、波兰、匈牙利等市场业务规模居欧洲国家前列。据中国拟在建项目网(BHI)的中企海外项目数据库监测,2020 年,中企在欧洲参与的工程项目取得进展的共 98 个,包括 67 个新增项目(签约/中标/投资)和 31 个进展跟踪项目。这些项目共涉及 19 个国家,其中欧盟 27 国项目仅占 1/4。①

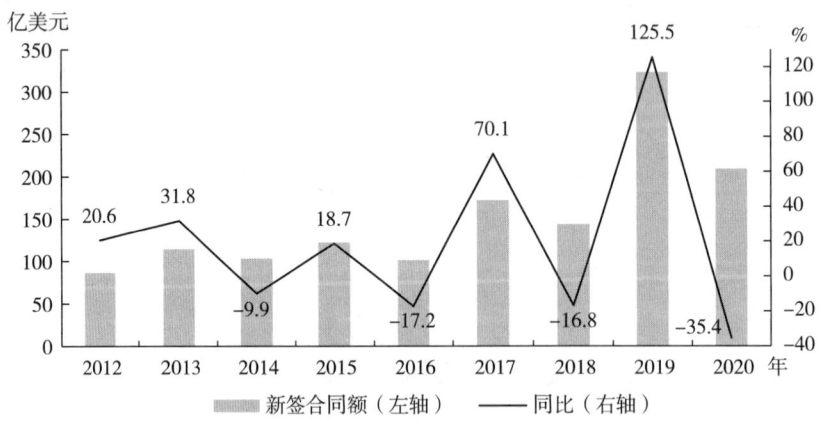

图 7-2 2012—2020 年中国对欧承包工程新签合同额及同比

(资料来源:Wind、中国商务部)

---

① 更多信息请参考:http://hw.bhi.com.cn/DynamicTopic/AbroadDetail.aspx?id=39100330&oid=8。

第三节 中国与中东欧、欧盟主要国家合作近况对比分析

从对外承包工程完成额来看，2020年，中国企业在欧盟完成营业额46.5亿美元，同比增长14.1%。其中，排名前四位的是法国、西班牙、德国和波兰，中国企业对这4国的承包工程完成营业额占对欧盟承包工程完成营业额的72%。中国企业在中东欧国家承包工程完成营业额达28.6亿美元，同比大幅增长95.5%。其中，排名前四位的是塞尔维亚、波兰、克罗地亚和黑山，中国企业对这4国的承包工程完成营业额占对中东欧国家承包工程完成营业额的86%（见图7-3）。

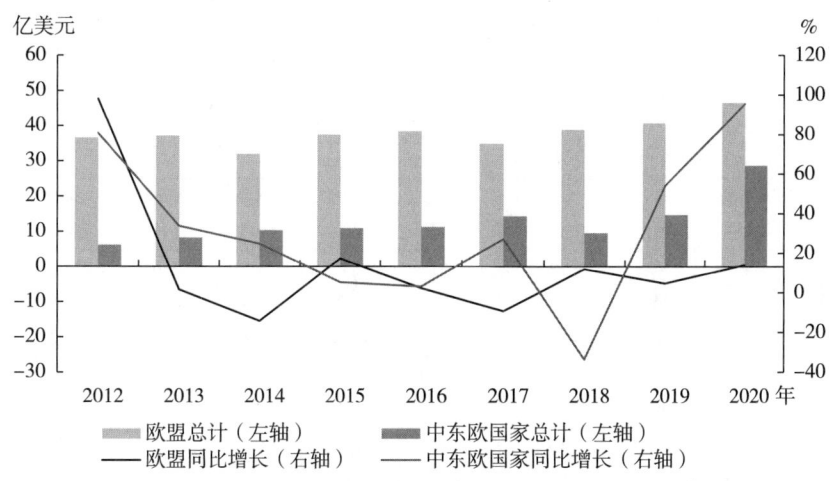

图7-3 2012—2020年中国对欧盟及中东欧国家承包工程营业额情况

（资料来源：Wind资讯、中国商务部《2020年度中国对外承包工程统计公报》）

从总量来看，中国在欧盟地区的完成营业额远高于在中东欧地区。换算到当年有承包工程业务的单个国家来看，中国在欧盟单个国家的平均完成营业额为5.2亿美元，略高于在中东欧单个国家的平均完成营业额（4.1亿美元）。在中东欧国家中，中国企业在西巴尔干地区的承包工程金额最高，其次为维谢格拉德地区和东南欧地区，中国企业在波罗的海地区的承包工程最少。2020年，中国在中东欧国家承包工程完成营业额中最高的是塞尔维亚，达15亿美元，超过了在欧盟国家中承包工程完成营业额中最高的法国（14.7亿美元）。中国在西巴尔干地区的承包工程正快速增长，完成营业额从2012年的1.4亿美元上涨到2020年的16.55亿美元，远超欧盟。

西巴尔干地区的基础设施联通度是欧洲地区最低的，改善空间巨大。而该地区国家的入盟意愿一直较为迫切，但是受制于其改革进程无法满足欧盟标准，欧

盟无法将大笔资金投入该地区。近年来,"柏林进程"[①] 为建立交通共同体作出了重要贡献,该共同体目前正积极协调各国交通设施项目及与欧盟委员会的合作,"柏林进程"也设立了西巴尔干投资基金以支持该区域基础设施项目,但资金显然不足。中企承包的大量基础设施工程引入了优惠贷款,获得了中方提供的融资支持,这使得泛欧交通运输网络在西巴尔干的规划部分变成了现实。

表7-1   2012—2020年中国在部分欧洲国家对外承包工程完成营业额

单位:万美元

国别	2012年	2013年	2014年	2015年	2016年	2017年	2018年	2019年	2020年
比利时	35075	7385	7002	3638	15389	14280	725	15945	11550
法国	117932	145083	148177	184421	136049	144236	125834	127388	147180
德国	87818	46660	38138	52252	59559	63631	81436	50129	50441
意大利	9700	10874	6176	14498	20105	20105	27342	19426	9156
荷兰	30436	41067	23173	24584	17588	16163	13420	17496	14228
丹麦	2957	2399	102	218	100	495	1283	1918	1955
爱尔兰	—	1173	713	—	—	—	—	100	—
英国	37562	61519	48281	84736	71896	108268	57018	64045	68011
希腊	8553	18018	3345	7632	29930	15973	19572	18125	8666
葡萄牙	4481	4033	5044	6561	5645	4939	25610	13361	7415
西班牙	10362	25225	8902	18809	29689	27916	44436	78236	89611
奥地利	12073	3304	1895	3041	4469	7490	10179	6137	6256
芬兰	306	5	—	2613	357	1676	218	130	480
瑞典	4416	8924	9284	11506	10528	6057	9667	8026	6814
捷克	4913	4730	4618	7754	5698	6003	5739	5880	7686
匈牙利	4835	3272	3693	4650	3883	3390	3881	2668	10563
拉脱维亚	2	1205	467	399	—	—	64	40	—
马耳他	29	704	105	3443	31	213	—	—	—
波兰	628	3484	12952	5037	5814	966	6267	5515	46575
斯洛伐克	700	—	—	—	—	201	—	500	—
斯洛文尼亚	19	37	76	194	688	826	640	250	—
保加利亚	5969	20679	20894	8537	7758	3997	4984	7984	5219
罗马尼亚	22498	18722	16331	14794	18457	9322	8218	6997	8826
克罗地亚	—	4415	85	213	471	138	12	21505	32776
北马其顿	—	287	16515	36906	20958	14071	10758	12569	—
塞尔维亚	13685	7975	23525	19801	17889	36897	34508	61743	149651
黑山	—	—	385	3107	—	50968	—	—	15869
阿尔巴尼亚	83	50	616	—	896	182	266	2458	—

注:"—"代表暂无数据。

资料来源:Wind资讯、中国商务部《2020年度中国对外承包工程统计公报》。

---

① "柏林进程"(Berlin Process)是2014年由德国主导的政府间合作倡议,旨在振兴西巴尔干与某些欧盟成员国之间的多边关系,并改善西巴尔干在基础设施和经济发展问题上的区域合作。

研究专题6　后疫情时代中欧班列推动中国—中东欧国家合作的作用及前景展望

作为"一带一路"沿线国家，中东欧地区是我国通往欧洲腹地的陆上门户，是"丝绸之路经济带"的重要枢纽，是拓展欧洲市场的重要突破点。近些年，中东欧地区均处在经济增长的上升期，越来越多的国家在产业、技术等方面寻求与中国合作。习近平总书记在2021年初的中国—中东欧国家领导人峰会上指出，中国计划今后5年从中东欧国家进口累计价值1700亿美元以上的商品，争取未来5年中国从中东欧国家的农产品进口额翻番，双方农业贸易额增长50%。在此背景下，积极推进中欧班列发展有助于促进中东欧国家贸易竞争力并进一步深化中国与中东欧国家以及欧盟的贸易合作。尽管受新冠肺炎疫情影响，但中欧班列仍保持安全稳定畅通运行，2021年开行数量超1.5万列，逆势增长50%，综合重箱率达98.4%。然而，2022年2月底俄乌冲突的爆发又导致中欧班列的发展面临着新问题和新挑战。

一、中欧班列在推动中国与中东欧合作方面的作用

中东欧国家是中欧班列重要的转运枢纽和货物集散地，其大部分列车在波兰的马拉舍维奇进行换轨中转，捷克、波兰、匈牙利、斯洛伐克、塞尔维亚等中东欧国家均开通了直达班列。

在中欧班列开通之前，中东欧国家产品到达中国市场面临很多困难，依托班列，中国的终端消费者和中东欧国家的生产者被紧密联系起来，释放了中东欧经济的增长潜力，带动了贸易、投资和农业等合作。具体表现在以下几个方面。

第一，2021年中国与中东欧双边贸易总额为1335.5亿美元，再创新高，同比增长32%。其中，中国对中东欧国家出口993.8亿美元，同比增幅达34%；中国从中东欧国家进口341.7亿美元，同比增长26.5%。从贸易国别来看，中东欧国家贸易主要集中在波兰、捷克、匈牙利、希腊、斯洛伐克和罗马尼亚。2021年，中国与6国贸易总和同比大增30.9%，达1134.7亿美元，占中国对中东欧地区进出口总额的85%。从贸易货物类别来看，进口商品主要集中在汽车配件、泥炭、ABS再生粒子、纤维素机械浆等，出口货物主要为液晶电视、液晶显示器、笔记本型电脑产品、平板电脑、台式计算机等电子产品以及百货等。

第二，中国与中东欧国家相互投资不断扩大，正在从机械、家电、化工等传统领域向物流、数字、新能源、电动汽车等新兴产业拓展，互联互通网络也

更加立体多元。依托中欧班列开拓"一带一路"沿线中东欧国家市场，充分发挥企业引领作用，深挖国际市场需求，畅通国际国内双循环。例如，通过四川始发的中欧班列与黑山贸易量虽然十分小，但黑山是中国—中东欧国家环保合作机制牵头国，中国企业在黑山承建了莫祖拉风电站、普列夫利亚热电站等重点项目。黑山可再生能源富足，发展潜力巨大，四川有像通威、巴莫科技等新能源技术储备雄厚的科技公司，可积极参与中东欧国家能源转型，加强与中东欧国家在绿色经济、清洁能源等领域的交流合作。再如，目前部分中东欧国家网络、道路等基础设施建设有很大的提升空间，而基础建设互联互通是中国—中东欧国家合作的重点建设领域，波黑泛欧"5C走廊"高速公路查普利纳段项目、佩列沙茨大桥工程、匈塞铁路塞尔维亚段等许多项目均由中方承建，中国在轨道交通、信息通信、工程机械等领域有许多优秀企业。中欧班列助力我国企业，尤其是新动能、新产业抓住机遇，积极拓宽国际市场"走出去"。

第三，深耕国内市场需求，扩大农产品进口，探寻区域贸易互补最大公约数，提升由中欧班列回程开行数量。中东欧国家大多是农产品生产国，对农产品输出有着较为迫切的需求，农产品贸易合作被提升为中东欧国家改善同中国合作的核心关切之一。截至2021年底，我国已经和中东欧国家签署海关检验检疫合作文件95份，涉及15个国家，已批准14国的132种食品和几十种农产品输华。中东欧国家农产品具有较强的区域特色，如保加利亚卡赞勒克市的玫瑰、保加利亚酸奶、捷克啤酒、希腊橄榄油、爱沙尼亚威士忌、斯洛文尼亚蜂蜜、波兰格鲁耶茨苹果、波兰伏特加等产品在国内均有较旺盛的市场需求。政府可积极探索建设中东欧农产品批发市场、支持中东欧国家农业产业园建设，以促进农业交流合作，扩大农产品进口和贸易互补。

二、中欧班列运行现状和挑战

中欧班列自2011年开通以来，运行车次数量呈现快速增长的态势。万得数据显示，2011年中欧班列开通数量仅为17列，2013年以后，在"一带一路"倡议推动下，中欧班列运行的车次数量逐年增加。到2019年，中欧班列的范围已涵盖了重庆、哈尔滨、南京、义乌、西安、武汉、郑州、成都、乌鲁木齐等城市，车次运行数量累计超过11000列，可以到达欧洲40多个国家，运输的标准集装箱数量高达92万箱。如今，除北京、西藏、海南及港澳台以外，其他省份均已开通中欧班列，并且已经形成东、中、西三条主要运行线路：东部通道主要吸引中国华东、华南沿海以及东北地区与欧洲之间的进出口货源，即从内蒙古的满洲里口岸出入境，经俄罗斯、白俄罗斯、波兰到达欧洲；中部通道主要吸引中国华北、华中地区与欧洲之间的进出口货源，即从二连浩特口岸出入境，经蒙古国、俄罗斯、白俄罗斯、波兰到达欧洲；西部通道则主要吸引中国中西部地区与欧洲之间的进出口货源，即从新疆的阿拉山口和霍尔果斯出入境，经哈萨克斯坦、乌兹别克斯坦、土库曼斯坦、伊朗、土耳其或者经哈萨克斯坦、阿塞拜疆、亚美尼亚、格鲁吉亚、土耳其、匈牙利到达欧洲。

2020年初新冠肺炎疫情在全球暴发之后，中欧班列有力地保障了中国与欧洲进出口货物贸易通道畅通。截至2020年底，中欧班列累计开行数量超过百列的城市已增至29个，其中，西安、成都、重庆开行班列数量明显领先于其他地区。西部（西安、成都、重庆、郑州）通道班列运行数量远高于其他两个通道，2020年四大集结中心开行数量合计占全国79%，充分说明西部通道更具竞争优势。截至2022年1月底，中欧班列累计开行突破5万列，运送货物超455万标箱，货值达2400亿美元，通达欧洲23个国家的180个城市，为推动中国—中东欧合作作出了积极贡献。

在境外，中欧班列早期线路主要连接中亚的哈萨克斯坦与欧洲的白俄罗斯、俄罗斯、波兰、德国、西班牙等国家，运行覆盖范围达1876万平方公里。随着"一带一路"建设的不断发展，通往欧洲国家的班列数量在持续增加，目前中欧班列主要途径哈萨克斯坦、吉尔吉斯斯坦、阿塞拜疆、格鲁吉亚、白俄罗斯、俄罗斯、波兰、德国、捷克、斯洛伐克、西班牙、比利时、奥地利等。此外，在中欧班列主干线路的基础上还开通了支线，打造"1+N"运行模式，联通土耳其、伊朗等中东国家和越南、缅甸、泰国、柬埔寨等东南亚国家，运行覆盖范围已扩大到2229万平方公里。由此可见，中欧班列运行线路不断延伸、覆盖范围不断扩大，联通的国家和地区不断增多，必将进一步提升货物的运输量，加强沿线国家和地区的合作关系，推动经济全球化的深入发展。

然而，随着俄乌冲突等国际局势的变化，包括中国立陶宛关系的恶化、哈萨克斯坦内部动荡等因素影响中欧班路的线路运行。但目前主要是由于俄乌冲突不确定性仍然存在：一是地区间冲突存在恶化风险，波兰、白俄罗斯等主要中欧班列途经国家立场不一，矛盾有加剧趋势；二是石油化工、化学纤维、纺织服装等产业不稳定因素加剧，影响生产企业供应链和班列货源稳定；三是全球国际物流成本持续攀升，增加燃油成本和绕行及转运成本，集卡车类重型道路运输企业成本压力加大，影响班列稳定业务流向；四是部分客户、货代、贸易商、生产商因担心俄乌局势继续升级、欧盟与俄罗斯相互制裁及结算等影响仍持观望态度，对中欧班列整体运量产生较大影响。综上，中欧班列部分线路将不可避免地受到较大影响，短期困境正在显现，主要表现在以下几个方面。

第一,开行频次大幅减少,但目前有趋稳态势。据报道,2022 年前 2 个月货运量平均增长在 70% 以上,但是,自 2022 年 3 月开始,从中国大连港发往欧洲的铁路货物出口量大大减少;合肥中欧班列已累计取消 300 个标准箱,合计 6 个整列。从运量比较大的渝新欧反馈的情况看,货源出现一定程度下滑。自 2 月底俄乌冲突全面爆发后,部分客户持观望态度,选择暂停中欧班列运输,3 月舱位取消情况较以往大幅增多,舱位取消线路主要以欧线为主。舱位取消的主要原因有三个方面:一是客户担心战争影响到货物安全、回款、银行结算等;二是部分企业担心受到制裁;三是部分欧美国际货代公司主动制裁俄罗斯,同时也担心俄罗斯反制裁扣押其货物,故而选择取消其经过俄罗斯的货运订单。渝新欧公司出台多方面措施保障客户信心,目前大部分客户仍然选择中欧班列进行运输,货源已逐步趋于稳定。

第二,当前冲突地区乃至周边关联地的交通运输部分受限,叠加全球疫情影响,中欧班列取消在立陶宛维尔纽斯经停,班列的运期出现延长现象。

第三,班列运费下降。以成都到德国杜伊斯堡为例,目前不带电池的电子产品一集装箱运费在 12000 美元左右,4 月份含集装箱租金降至 10900 美元左右。

第四,货运存在被扣风险。由于欧盟对俄罗斯的制裁不断升级,出口到俄罗斯的货物也出现在运输途中被欧盟以无法证明非军事用途为由扣留的现象。

第五,结算困难。相比运行线路遇到的阻碍,河北、重庆等地一些发货企业反映,当前在货物结算方面遇到的困难更为明显。美国和欧盟、英国及加拿大宣布将部分俄罗斯银行从 SWIFT 国际结算系统中剔除,导致对俄贸易无法使用美元结算,只能使用其他货币进行结算。

短期来看,中欧班列推动中国与中东欧合作同样面临诸多挑战。

第一,需要稳定货运大客户的信心。目前,中欧班列各运营方正尽最大努力留住白色家电、汽车等货运大客户;一些运营商正探索为货主提供类似运费险的服务来缓解市场担忧;铁路部门也开始采取相应措施,如在货物未满 50 标箱的情况下继续保持列车开行,从而维持班列开行密度;各地海关也在助力企业共渡难关。近期,武汉、连云港、深圳、甘肃等地的中欧班列已先后启程发往欧洲。4 月 3 日,武汉汉欧国际物流有限公司发布的数据显示,中欧班列(武汉)第一季度发运 104 列,计 8570 标箱,货值约 25.08 亿元人民币,分别同比增长 60%、59.23%、7.59%。渝新欧也第一时间发布声明准确为客户传递运营信息,承诺如俄乌局势导致货物退运的费用无须客户承担,并通过点对点的方式向客户发布运行情况公告，及时掌握班列动态。此外，渝新欧还积极与保险公司协调，增加战争附加险，为稳定客户货源注入定心剂。

第二，启动线路替代方案，开拓货运潜能。例如渝新欧于1月主动回避了途经乌克兰线路，对于重庆至布达佩斯的跨境电商货品，已将原有的经乌克兰过境抵达匈牙利布达佩斯线路，调整为重庆—马拉—布达佩斯，进一步挖掘运输潜力，目前重庆—布达佩斯的货物仍然较为稳定。除此之前，还需要积极探索开行各方向的备用线路方案，以应对局势持续恶化的可能性；大力开拓中亚、俄罗斯、东南亚等市场，为加大中俄、中亚、中老、中越班列开行密度做好准备。

第三，不断优化完善中欧班列运营模式。应该看到，从长期来看，中欧班列途经冲突地区的线路仅占极小比例，基础设施并未受到破坏，恢复相对迅速。此外，经过近几年发展，中欧班列的运营逐渐成熟，模式科学，"回程空箱"的情况已大幅减少，长期而言路线的承载力、盈利能力都比较乐观。

整体来看，中欧班列的运营风险总体可控，建议抓住这次危机，不断优化，转危为机。首先，可以考虑在沿线国家和地区设置物流节点、建设海外仓基地。一方面可分散或规避突发状况造成的集中风险；另一方面也有利于集中规划组织返程货源，使海外仓成为中欧班列海外货源的集结中心、分拨中心和配送中心，进一步解决中欧班列回程货源不足的问题。例如重庆的渝新欧在匈牙利建立分拨中心，有效地提高了中欧班列在中东欧的运输效率。其次，在外部多重风险下，增加应急预案，尽可能签订长期协约，避免出现价格风险、法律风险等。通过保险等金融工具分担风险。最后，持续优化口岸营商环境，充分利用科技手段提升现代化管理水平和通关便利化。一方面，加快大数据、云计算、区块链、移动互联网等新一代信息技术在海关监管体系中的应用，实现大数据、人工智能技术与海关业务体系的融合；另一方面，加强与中东欧国家在数据流动、数据应用、数据治理方面的合作交流，强化"监管互认、执法互助、信息互换"国际合作，推动跨境执法信息共享，切实提高通关效率，将海关监管嵌入企业物流链供应链各环节当中，使通关更便捷，积极探索"自助式""移动式""智能化"业务模式，同步实现便利监管与便民利民。

三、中欧班列推动中国与中东欧合作的前景与展望

中欧班列可以成为中国与中东欧合作的新抓手。第一，随着中欧班列开行规模的不断扩大，其国际公共产品的对外属性正不断显现，中欧班列的通道作用正得到欧方越来越多的认可，使用中欧班列的欧洲客户明显增加，不仅包括传统的德国货代企业，也出现了新的来自中东欧、北欧国家的货代企业，往返

欧洲的班列开行数量增长明显。第二，中欧班列尚未被西方政治性"抹黑"。第三，欧亚间不断变化的地缘政治形势在给中欧班列境外运行带来不确定性的同时，也为中国与中东欧合作带来了新的合作领域。可以保障中欧班列稳定运行为主线，加强中欧铁路间的合作，协同欧盟适时推动国际铁路联运制度的改革，不仅能减少与俄罗斯等国的沟通成本，还能加强欧方对中国合作共赢理念的认同。第四，提升中欧班列的开放度，让中东欧的公司在境外线路设计、境外市场开发上深度参与。这不仅可以有效开发欧洲市场，也有利于带动欧洲政府和民间对于中欧班列的支持，通过实现深度的利益捆绑来分散中欧班列在欧亚地区运行的风险，进而服务于中欧班列的长远发展。第五，对欧盟而言，也正受困于其欧亚政策不见效，最大原因是其提出的东部伙伴关系计划缺乏新动力且欧亚各国缺乏明确的激励，横跨欧亚的中欧班列完全有条件成为欧盟东部伙伴关系计划的增强项，成为欧盟推动其欧亚政策的新动力。

信息专题5　2021年中国与西巴尔干地区合作项目一览

阿尔巴尼亚	
项目	
项目数量：8个	总估值：65亿欧元
华为助力阿尔巴尼亚输电网升级 江西铜业收购阿尔巴尼亚铜矿 光大控股成功退出地拉那国际机场公司股权 洲际油气接管帕托斯—马林扎油田（Patos‑Marinza） 订购中国科兴疫苗 阿尔巴尼亚广播电视台播放中文电视节目 地拉那大学孔子学院成立 地震捐款	
阿方合作伙伴	中方合作伙伴
卫生和社会保障部 灾后重建国务部 阿尔巴尼亚广播电视台 阿尔巴尼亚红十字会 公共卫生研究院 地拉那国际机场 地拉那大学 电力传输系统运营商（OST）	中国国家广播电视总局 科兴公司 中国国际教育基金会 北京外国语大学 江西铜业集团有限公司 中国红十字会 洲际油气股份有限公司 华为技术有限公司 中国光大控股

续表

波黑		
项目		
项目数量：27 个		总估值：52.78 亿欧元

中航国际承建波黑 Bistrica 水电站项目
Kamengrad 矿山和火电厂
巴尼亚卢卡—普里耶多尔—诺维格莱德高速公路项目
巴诺维奇热电厂建设项目
乌洛格水电站建设项目
萨拉热窝电车铁路线升级改造工程
特雷比涅机场建设项目
波黑 Ugljevik III 燃煤电厂建设项目
达巴尔水力发电厂建设项目
斯坦纳里（Stanari）热电厂建设项目
图兹拉 7 号机组 450 兆瓦火电站项目
巴尼亚卢卡—Mlinista 高速公路项目（Glamocani – Put Avnoj 段）
Gacko2 燃煤电厂建设项目
萨拉热窝大学孔子学院成立
巴尼亚卢卡大学孔子学院成立
泛欧 5C 走廊高速公路项目第一标段（Pocitelj – Zvirovici 段）
中国电建投资波黑伊沃维克风电项目
PCR 检测试剂盒捐赠
华为助力波黑建设智慧城市
巴尼亚卢卡铁路（Vrbas 桥）—普里耶多尔—诺维格莱德
捐赠新冠病毒核酸检测试剂盒
捐赠抗疫物资
华为与莫斯塔尔大学战略合作
波黑多博伊医院建设项目
向波黑捐赠新冠疫苗
波黑购买中国新冠疫苗
金属管工厂

波方合作伙伴	中方合作伙伴
	中国政府
波黑联邦政府	中国驻波黑大使馆
民政部	中国水电建设集团国际工程有限公司
国防部	山东高速集团有限公司
交通运输部	中国山东国际经济技术合作有限公司
塞族共和国卫生部	中国航空技术国际工程总公司
塞族共和国政府能源融资组	中国国际教育基金会
莫斯塔尔市	中国东方电气集团有限公司
萨拉热窝市	中国医药集团股份有限公司
Comsar 能源集团	山西省建设投资集团公司
Bosman 分包商	中国葛洲坝集团有限公司
HE Bistrica 公司	复星基金会
Lager 建筑设备供应商（波苏什耶）	中国癌症基金会
塞族共和国混合电力公司	新兴市场影响力基金（Emerging Markets Power Fund）
塞族共和国高速公路公司	中国能源集团
波黑 Autoceste 公用事业公司	华为技术有限公司
波黑公共电力公司	中国建筑工程总公司
塞族共和国铁路公司	中国电建路桥集团有限公司
RMUBanovici 公司	中铁十局
巴尼亚卢卡大学	广东省电力设计研究院
莫斯塔尔大学	中国进出口银行
萨拉热窝大学	中国电气工程集团有限公司
VEGradina 电力能源公司	中国机械工程总公司
	中非投资发展有限公司

续表

黑山	
项目	
项目数量：9 个	总估值：24.5 亿欧元
黑山南北高速公路项目（巴尔—博尔哈雷高速公路） 购买新冠疫苗 亚得里亚海—爱奥尼亚高速公路项目（蓝色走廊） 普列夫利亚燃煤电厂环保改造项目 黑山孔子学院 捐赠新冠疫苗 Kolasin – Kos 段铁路修复改造项目 更新 Barska plovidba 船队 更新 Crnogoska plovidba 船队	
黑方合作伙伴	中方合作伙伴
黑山政府 Barska Plovidba 航运公司 黑山光伏企业 BB Solar Bemax 建筑公司 黑山海运公司（Crnogorska Plovidba） Permont 公司 黑山 JSC 铁路基础设施 黑山大学	中国政府 中国国际教育基金会 中国太平洋建设集团 中国路桥工程有限责任公司 中国土木工程集团有限公司 中国东方电气集团有限公司 中国医药集团股份有限公司 保利科技有限公司 上海船厂船舶有限公司
北马其顿	
项目	
项目数量：15 个	总估值：6.5 亿欧元
采购国药集团疫苗 采购科兴疫苗 重建普里莱普 Goce Delcev 学校 翻新 Rajko Zinzifov 小学 提供贷款并参与米拉蒂诺维奇至斯蒂普（Miladinovci – Stip，MS）高速公路 提供贷款并参与 Kicevo – Ohrid 高速公路建设 国药集团疫苗捐赠 成立斯科普里大学孔子学院并向该大学图书馆捐赠 3000 册图书和教材 向教育机构捐赠 ICT 设备 为科研项目捐款 为卫生和社会保障捐款 为 Suto Orizari 综合医院捐款 捐赠 23 辆校车 向卫生部捐款以抗击疫情 向国防部捐赠抗疫医疗设备	

续表

北马其顿	
北马方合作伙伴	中方合作伙伴
北马其顿政府 国防部 BAR E. C. E 公司 Beton JSC 建筑公司 北马其顿政府欧洲事务秘书处 Granit JSC Linika Inzenering 建筑公司 圣基里尔·麦托迪大学 Suto Orizari 综合医院	中国政府 中国驻北马其顿大使馆 中国国际教育基金会 郑州宇通客车股份有限公司 中国对外经济合作总公司 华为技术有限公司 中国中元国际工程有限公司 中国水电建设集团国际工程有限公司 中国医药集团股份有限公司 科兴公司

塞尔维亚	
项目	
项目数量：60 个	总估值：187.7 亿欧元
塞尔维亚驻华使馆为塞募集两吨援助物资 塞尔维亚 E763 高速公路苏尔津（Surčin）—奥布雷诺瓦茨（Obrenovac）段（泛欧 6 号走廊） 华为公司改造 ALL–IP 固定网络项目 平安城市解决方案 尼什智慧城市项目 兹雷尼亚宁硫磺厂建设项目 贝尔格莱德智慧城市项目 诺维萨德智慧城市项目 购买国药新冠疫苗 新建生产中国新冠疫苗的疫苗工厂 国药集团捐赠疫苗 诺维萨德孔子学院成立 贝尔格莱德大学孔子学院成立 河钢集团在斯梅代雷沃钢厂（Zelezara Smederevo）建造新烧结厂 科温（Kovin）综合能源项目（水下煤炭勘探，700MW 燃煤电厂） 华为创新发展中心 R251 公路（Bubanj Potok–Vinca 段） 中国向塞尔维亚内务部捐赠安全防护装备 塞尔维亚铁路现代化和重建项目（贝尔格莱德 — 旧帕佐瓦段） 伊维拉克—拉伊科瓦茨快速路建设 梦百合家居科技股份有限公司在鲁马开设床垫加工厂 贝尔格莱德中央污水处理厂 奥布雷诺瓦茨—新贝尔格莱德（Obrenovac–Novi Beograd）区域供热管道建设项目 紫金矿业控股塞尔维亚 RTBBor 铜矿 市政基础设施建设项目 克拉古耶瓦茨市数据中心 伊卡布斯（Ikarbus）公交车制造厂 "中国文化中心"项目 贝尔格莱德—苏尔钦（Belgrade–Surcin）E–763 高速公路（泛欧 11 号走廊） 常州星宇车灯股份有限公司在塞尔维亚尼什投资建厂 延锋汽车内饰在塞尔维亚开设新工厂 教育信息和通信基础设施建设	

续表

塞尔维亚	
Stublenica 工业、商业和技术园区建设	
贝尔格莱德（Borca）塞尔维亚中国工业园区	
洛兹尼察（Loznica）天然气发电厂	
中国玲珑轮胎冠名塞尔维亚足球超级联赛	
玲珑轮胎在兹雷尼亚宁建厂	
第二家美达汽车配件厂在塞尔维亚奥布雷诺瓦茨建成	
Kostolac–B3 燃煤电厂一期工程	
首家奥布雷诺瓦茨美达汽车配件厂建成	
E70/E75 高速公路建设项目，标段：Ostruznica 附近的萨瓦河大桥—Bubanj Potok	
Kostolac–B 电站项目二期工程	
E–763 高速公路建设项目（奥布雷诺瓦茨—利格段（Obrenovac–Ljig））	
Fruskogorski 公路走廊	
与中国公司阿里巴巴签约合作	
重建 Rasputnica G—Rakovica—Resnik 线	
潘切沃燃机联合循环电站项目	
轨道车辆合作	
克拉古耶瓦茨屠宰场建设和牲畜购买协议	
同方威视技术股份有限公司向塞内务部抗疫捐款	
贝尔格莱德地铁网络建设	
斯梅代雷沃钢铁厂	
引进无人机	
塞尔维亚铁路现代化重建（诺维萨德—苏博蒂卡州边界（克莱比贾））	
洛兹尼察汽车配件厂	
派遣专家和医疗设备援助塞抗疫	
中国向塞军队捐赠医疗设备	
在诺维萨德周围修建绕行道路并在多瑙河上架设桥梁	
比斯特里察（Bistrica）水电站	
库拉五金/卫浴生产厂	
塞方合作伙伴	中方合作伙伴
塞尔维亚政府 国防部 内务部 贝尔格莱德市 伊斯特里亚半岛 塞尔维亚驻华使馆 塞尔维亚足协 塞尔维亚建筑公司 Energoprojekt JSC 塞尔维亚铁路 Srbija Voz 铁路客运股份有限公司 建筑公司 Konstruktor Konsalting 塞政府旗下高速路项目管理公司 Koridori Srbije 塞尔维亚国家石油公司 NIS 塞尔维亚公共电力公司 塞尔维亚道路公司 公共事业企业 Beogradske elektrane 公共事业企业贝尔格莱德供水和污水处理厂 塞尔维亚电信 贝尔格莱德大学 诺维萨德大学	中国政府 中国公民 中国国防部 中国国际教育基金会 中国机械设备工程股份有限公司 中国航天科技集团有限公司 中国山东国际经济技术合作集团有限公司 华为技术有限公司 中国电力建设集团有限公司 中广核工程有限公司 敏实集团有限公司 常州星宇车灯股份有限公司 同方威视技术股份有限公司 山东高速集团有限公司 中国路桥工程有限责任公司 中国机械工业集团有限公司 中国医药集团股份有限公司 阿里巴巴集团控股有限公司 中国铁路国际有限公司

资料来源：中欧陆家嘴国际金融研究院、中东欧经济研究所，《中东欧视界》，2022（1）。

第四篇

中东欧地区国别报告

第八章 中东欧—欧盟国家

第一节 保加利亚

一、保加利亚经济环境和政策回顾

2021年,保加利亚开始从2020年的衰退中缓慢复苏。根据IMF在2022年4月发布的统计数据,2021年保加利亚GDP增速反弹至4.2%,其中第一季度和第二季度经济增速同比分别为3.1%和6.4%。2021年上半年,保加利亚制造业总产出增速明显加快,与其出口增速几乎保持一致。此外,由于商业服务出口的强劲增长和旅游业的复苏,服务业净出口对国内生产总值的增长也作出了积极的贡献。对比出口,保加利亚货物进口增速更快,由此反映了其国内需求的强劲增长。2021年保加利亚家庭信贷复苏和个人收入持续增长,这使得私人消费出现了较大的反弹,推动了经济的恢复。然而,在经济恢复的同时,由于能源和食品价格的上涨以及供应链中断等全球因素,保加利亚生产者价格指数持续上涨,这导致其国内消费者物价调和指数同样在增加,2021年12月,其通货膨胀率已增至6.6%。总体来看,新冠肺炎疫情对保加利亚经济的影响复杂多变,虽然工业和数字行业在很大程度上未受到疫情影响,建筑业甚至在继续增长,但文化、体育、旅游和运输业持续受到疫情的负面影响。[①]

2021年3月5日,保加利亚部长理事会的一份修正草案指出,自2024年1月1日起,保加利亚的商店将采用欧元支付,这将成为保加利亚进入欧元区的标志性日期。该法令规定"协调理事会"将负责加入欧元的相关筹备工作。截至2021年6月

---

① WIIW. Recovery Beating Expectation. Forecast Reports, AUTUMN 2021.

30日，协调理事会须完成保加利亚引入欧元的国家计划草案。据该修正案，理事会的共同主席将为保财政部长和央行行长。该修正案还介绍了保加利亚各机构引入欧元的义务，如保央行将负责调整 ATM 软件，以确保自动柜员机可以处理欧元纸币。保央行还将负责保欧元硬币的设计，协调理事会的消费者保护工作组，还将监视从列弗到欧元的价格折算，以克服卖方四舍五入的恶性做法。此外，协调理事会还将发起"公平引入欧元"活动并开设一个专门的欧元信息网站。①

2021年8月23日，IMF 向保加利亚央行储备中增加6500亿美元特别提款权，保加利亚央行因此获得20亿列弗的储备。随着这一增长，保加利亚央行的特别提款权总额达到约35亿列弗。②

对比经济的良好局面，2021年是保加利亚政治僵局长期化的一年。2021年初保加利亚国内爆发了针对博伊科·鲍里索夫政府及其争取欧洲进步公民党（GERB，下称公民党）的大规模抗议，此次抗议引发了严重的政治危机，最终导致政府于4月份辞职。根据宪法，总统任命了一个看守政府，看守总理斯特凡·亚内夫（Stefan Yanev）的任务是提前举行议会选举。这是一场深刻而持久的政治危机的开端，这场危机导致了连续三次的议会选举，其中两次未能组建常规政府，第三次选举于11月举行。2021年11月14日，保加利亚同时举行总统和议会选举。总统任期为5年，新任总统于2022年1月上任。此次议会选举的最终结果显示，一个名为"继续变革"（We Continue The Change）的新政党（于选举前两个月成立）以25.7%的选票排名第一，公民党和民主力量联盟（Union of Democratic Forces，UDF）组成的中右翼联盟以22.7%的得票率位列第二。另外5个政党——争取权利和自由运动、社会党、民粹主义政党"有这样的人民"、反现状并支持改革的"民主保加利亚"联盟以及名为"复兴"（Revival）的民族主义和民粹主义政党也进入了议会。③

二、中保经贸关系发展近况④

（一）中保双边贸易近况

据中国海关统计，2021年中国与保加利亚进出口贸易总额为40.1亿美元，

---

① 更多信息请参考中华人民共和国驻保加利亚共和国大使馆经济商务处：http://bg.mofcom.gov.cn/article/jmxw/202103/20210303044210.shtml.
② 更多信息请参考中华人民共和国驻保加利亚共和国大使馆经济商务处：http://bg.mofcom.gov.cn/article/jmxw/202108/20210803183724.shtml.
③ 中国—中东欧研究院，保加利亚2021年政治回顾［R］. 2021 – 12.
④ 中国商务部国际贸易经济合作研究院，中国驻保加利亚大使馆经济商务参赞处，中国商务部对外投资和经济合作司. 对外投资合作国别（地区）指南保加利亚（2021年版）［R］. 2022.

同比增长40.9%。其中,中国向保加利亚出口23.1亿美元,同比增长49.4%;中国从保加利亚进口18.0亿美元,同比增长31.2%(见图8-1)。

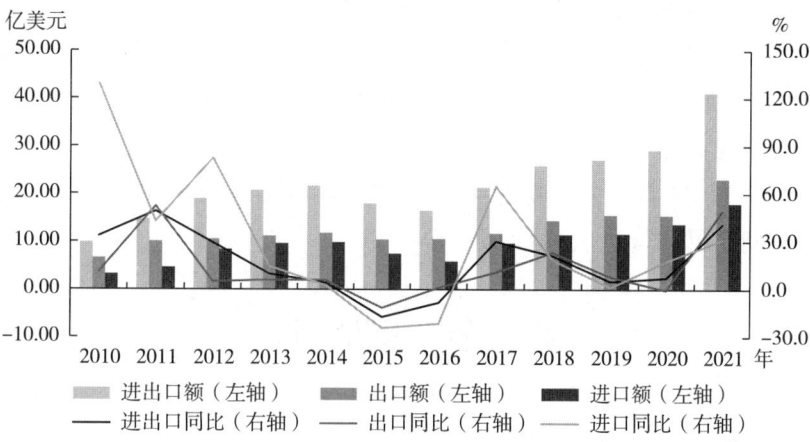

图8-1　2010—2021年中保双边贸易概况

(资料来源:中国海关、Wind资讯)

据保方统计,2020年保中贸易额为48.6亿列弗(约28.3亿美元),较2019年增长6.0%,中国是保主要贸易伙伴中唯一保持正增长的国家。其中保对华出口18.0亿列弗(约10.5亿美元),增长11.8%;保自华进口30.6亿列弗(约17.8亿美元),增长2.8%。中国超过俄罗斯,成为保加利亚第六大贸易伙伴;非欧盟国家第二大贸易伙伴,仅低于土耳其。

贱金属及其制品是保加利亚对中国出口的主力产品,其中最主要的出口产品是铜及其制品。保加利亚玫瑰产品、酸奶、葡萄酒和其他优质产品在中国市场也日益受到消费者的青睐。保加利亚自中国进口的主要商品为机电产品、贱金属其制品和家具玩具,在这些商品上,德国、意大利、土耳其等国是中国的主要竞争对手。

(二)中保相互投资近况

据中国商务部统计,2020年当年中国对保加利亚直接投资流量为57万美元。截至2020年末,中国对保加利亚直接投资存量为1.56亿美元。在保加利亚开展投资、经营的主要中资企业有20余家。中国企业在保投资主要领域集中在汽车、可再生能源、信息通信、农业合作、金融合作等五大领域。投资模式上,从贸易合作、投资合作拓展到金融、管理模式输出合作,逐步丰富。2020年,受新冠肺炎疫情和全球经济形势影响,中保部分项目合作步伐出现延缓,进度滞后。

根据保加利亚统计局数据,2020年,中国对保加利亚直接投资流量为-880万欧元,同比下降182%;中国对保直接投资存量为1.18亿欧元,与上年基本持平；保加利亚对华直接投资流量为－240万欧元，截至2020年末，保对华直接投资存量为920万欧元。

据中国商务部统计，2020年中国企业在保加利亚新签承包工程合同13份，新签合同额1.46亿美元，完成营业额5219.2万美元。累计派出各类劳务人员3人，年末在保加利亚劳务人员3人。大型承包工程项目包括浙江正泰太阳能科技有限公司承建保加利亚47.8MW太阳能电站项目等。

2021年8月23日，中国电建与贝洛赞光伏电站有限公司通过视频方式共同签署了保加利亚贝洛赞光伏项目EPC合同。

第二节 克罗地亚

一、克罗地亚经济环境和政策回顾

得益于旅游业的强劲复苏和私人消费的激增，2021年克罗地亚经济增速大幅反弹至10.4%。根据WIIW的统计数据，与2020年同期相比，克罗地亚2021年1—8月旅客过夜住宿增加了46%；2021年前9个月旅客过夜住宿飙升至2019年的77.7%，旅游业全年总收入已达到2019年的70%。旅游业稳步复苏的主要原因之一是克罗地亚政府对新冠肺炎疫情的有效管控。为防止聚集性疫情，克罗地亚卫生局在全国各地额外设立了350个检测中心；旅游部还在全国范围内为留宿3晚及以上的游客提供新冠抗原测试；同时，为了尽量减少疫情防控限制措施的实施，克罗地亚政府还为在境内的永久居民、外国居民和没有克罗地亚医疗保险的人群进行了免费疫苗接种。随着克罗地亚旅游业的恢复，家庭消费也随之增长，2021年第二季度家庭消费同比增长18.4%，为克罗地亚经济反弹提供了坚实的基础。值得注意的是，尽管克罗地亚旅游业复苏势头强劲，但该国2021年的失业率（7.6%）仍然高于疫情前水平（6.6%）。再从贸易数据来看，由于欧盟整体经济复苏以及旅游活动正常化，2021年克罗地亚货物和服务出口大幅增长。WIIW统计数据显示，2021年第二季度克罗地亚货物和服务出口与进口同比增长分别约为41%和30.3%。[①]

此外，欧盟资金和投资的流入在一定程度上也为克罗地亚经济复苏作出了贡献。2021年7月8日，欧盟委员会最终批准了克罗地亚总额为63亿欧元的"经济复苏和恢复社会秩序"资金（无偿拨款，占克罗地亚2020年GDP的12.8%），

---

① WIIW. Recovery Beating Expectation. Forecast Reports, AUTUMN 2021.

并于9月28日将13%的预融资资金划拨给克罗地亚。① 得益于欧盟资金，克罗地亚部分长期投资将在2021—2022年逐步回暖，如Zagreb—Rijeka铁路现代化项目。

2021年，随着经济基本面的好转，克罗地亚财政状况也得到了一定的缓解，政府财政赤字率（占GDP比重）从2020年的7.3%下降至2021年的4.6%，然而，这仍然高于《马斯特里赫特条约》（*Maastricht's*）规定的3%的标准。

2021年9月，克罗地亚总理普连科维奇表示相信克罗地亚将于2023年1月1日加入欧元区。在加入欧元区方面，克罗地亚得到了欧盟委员会和欧洲央行的全力支持，该国60%以上的出口面向欧盟成员国，60%以上的游客来自欧元区国家，2/3以上的储蓄和一半贷款均是欧元，克罗地亚已是一个高度欧洲化的经济体。若能按计划加入欧元区，货币风险和汇率成本将被消除，较低的利率可以进一步促进外国投资，并增加资本市场融资能力，对克罗地亚的信用评级产生积极影响（详细内容见第二章第三节）。②

2021年7月，中国驻克罗地亚使馆召开视频会议，庆祝佩列沙茨大桥即将合龙。佩列沙茨大桥项目意义重大，是中克欧三方合作旗舰项目，其建成将实现克罗地亚人民连接南北国土的多年夙愿。③

2021年克罗地亚政治格局出现了一些变化。2021年地方选举中，最具影响力的政党是左翼绿色平台"我们可以"党（We Can!），该党未来甚至可能取代社会民主党（Social Democratic Party of Croatia），成为克罗地亚主要的中左翼政党。④

二、中克经贸关系发展近况⑤

（一）中克双边贸易近况

中国对克罗地亚长期保持贸易顺差。据中国海关统计，2021年，中国和克罗地亚双边贸易额为23.2亿美元，同比增长35.8%。其中，中方出口19.8亿美元，同比增长26.2%；中方自克进口3.4亿美元，同比下降144.8%。2020年，中国和克罗地亚双边贸易额为17.1亿美元，同比增长10.6%。其中，中方出口15.7亿美元，同比增长12.2%；中方自克进口1.4亿美元，同比下降4.3%（见图8-2）。

---

① 更多信息请参考本书研究专题2。
② 更多信息请参考：http://hr.mofcom.gov.cn/article/jmxw/202111/20211103213989.shtml。
③ 中欧陆家嘴国际金融研究院、中东欧经济研究所.《中东欧视界》，2021（8）。
④ 中国—中东欧研究院. 2021年度克罗地亚重要政治事件回顾［R］. 2021-12。
⑤ 中国商务部国际贸易经济合作研究院、中国驻克罗地亚大使馆经济商务参赞处、中国商务部对外投资和经济合作司.《对外投资合作国别（地区）指南克罗地亚（2021年版）》［R］. 2022。

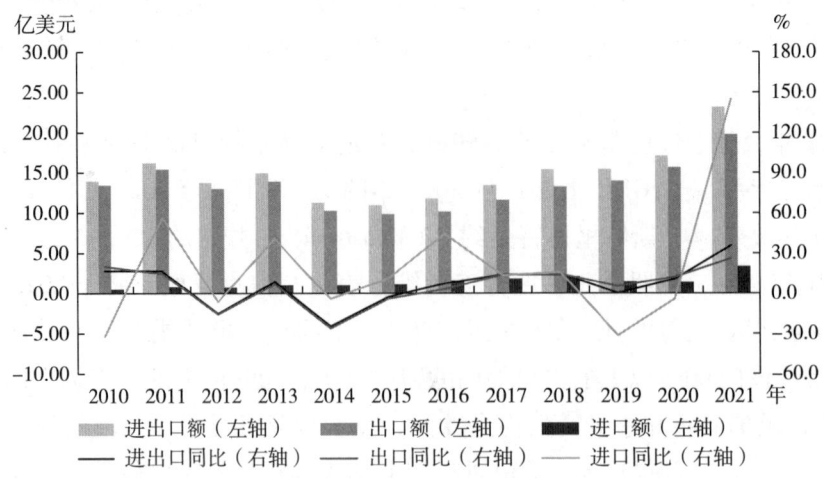

图 8-2　2010—2021 年中克双边贸易概况

（资料来源：中国海关、Wind 资讯）

中国对克罗地亚出口商品主要类别为手机、空调、电动按摩器械和钢结构件等机电产品、纺织品、服装及鞋类等。中国从克罗地亚进口商品主要类别为消防车辆为主的机电产品、锯木板材、建筑用石材、医药产品和饲料等。

（二）中克相互投资近况

据中国商务部统计，2020 年，中国对克罗地亚直接投资流量为 1.54 亿美元；截至 2020 年末，中国对克罗地亚直接投资存量为 2.5 亿美元。

2019 年，中航工业控股的奥地利 FACC AG 公司在克罗地亚投资设立航空器部件装配厂，一期投资 1240 万欧元，已于 2022 年 6 月建成投产。[①] 2021 年 12 月 7 日，中国北方工业有限公司所属北方国际合作股份有限公司投资、建设和运营的塞尼 156MW 风电项目在克罗地亚萨格勒布举行并网发电仪式，标志着该项目正式投运。塞尼风电项目是克罗地亚政府近年来实施的最大规模电力项目，也是中国企业在克罗地亚投资的第一个大型清洁能源项目。

据中国商务部统计，2020 年中国企业在克罗地亚新签承包工程合同 3 份，新签合同额 1.97 亿美元，完成营业额 3.28 亿美元。累计派出各类劳务人员 338 人，2020 年末在克罗地亚劳务人员 569 人。

佩列沙茨跨海大桥项目稳步推进。佩列沙茨大桥是克罗地亚一座横跨亚得里亚海小斯通湾，连接隔海相望的克罗地亚领土计划的跨海公路桥梁，大桥设计总长 2440 米，桥面宽度 22.5 米，通航净高 55 米，预估造价超过 4 亿欧元（约合 4.88 亿

---

① 更多信息请参考新华社：http://home.xinhua-news.com/gdsdetailxhsmoblie/11112938-。

美元），是克罗地亚建国以来规模最大的战略性基建项目，欧盟基金将承担85%的项目建设支出。2021年7月，克罗地亚佩列沙茨大桥成功合龙。2022年5月，大桥主体建设及荷载试验已完成，道路连接线、服务区设施等施工正在进行，各项收尾工作陆续开展，预计将于2022年夏季旅游季高峰期建成通车。①

第三节 捷克

一、捷克经济环境和政策回顾

整体来看，捷克国内对疫情大流行的担忧正在逐渐消退，公共机构、企业和家庭开始恢复常态，经济增速从2020年的-5.8%反弹至2021年的3.3%。WIIW统计数据显示，在经历了2021年第一季度2.7%的下降之后，受家庭消费的积极影响，捷克GDP在第二季度强劲复苏，增速反弹至8.2%；第二季度固定资本形成总额尽管对GDP增长贡献较小，但同样从深度衰退转向了复苏，释放出积极的信号；进出口在第二季度表现十分出色，为经济增长作出了较大贡献。值得一提的是，捷克工业保持着良好的复苏势头，特别是该国的支柱产业——汽车制造表现优于所有其他部门。2021年上半年，捷克汽车制造总产出实际增长了近30%，是整个制造业增幅的两倍。不过，由于部分进口生产投入品，如微芯片出现短缺，2021年下半年工业产出的实际增长率受到一定的限制。② 此外，随着欧盟绿色新政的推行，捷克也在加快能源和汽车行业的转型。2021年7月，捷克政府批准了与捷克国家能源集团（ČEZ）关于支持捷克电动汽车电池厂项目的合作备忘录。该项目预计投资将超过500亿克朗（约合23亿美元），创造至少2300个工作岗位。捷克副总理兼工贸部长、交通部长哈弗利切克当日代表政府与CEZ集团董事长贝内什签署了备忘录。③ 此外，根据捷交通部、工贸部、基础设施管理局、国家能源集团（ČEZ）和斯柯达汽车代表共同签署的捷克电动汽车发展合作备忘录，到2025年，捷克将为电动汽车建造3000个充电站；根据国家清洁交通行动计划，预计到2030年，捷克电动汽车数量将达到50万辆。届时还将建造3.5万个充电站，包括快速充电桩。这些充电设施将建在火车站和主要道路沿线，由ČEZ集团负责供电。④

正如本报告第一章所提，为了抑制通货膨胀，包括捷克在内的多个中东欧—

---

① 更多信息请参考：https://finance.sina.com.cn/stock/relnews/cn/2022-05-28/doc-imizmscu3823552.shtml。
② WIIW. Recovery Beating Expectation. Forecast Reports, AUTUMN 2021.
③ 更多信息请参考：http://cz.mofcom.gov.cn/article/jmxw/202107/20210703180976.shtml。
④ WIIW. Recovery Beating Expectation. Forecast Reports, AUTUMN 2021.

非欧元国家的央行在2021年开始逐步收紧货币政策。2021年12月22日，捷克央行宣布将基准利率提高1个百分点至3.75%，这是捷克自2008年以来最大幅度的加息，也是2021年第三次连续加息幅度超过0.25个百分点。截至2021年底，捷克基准利率较2021年1月的0.25%上升了3.5个百分点。

尽管捷克债务水平在中东欧国家中属于较低水平，但为了应对新冠肺炎疫情而实施的扩张性财政政策使捷克的国家债务大幅增加，捷克成为债务增长最快的国家之一。2021年第一季度，捷克国家债务占GDP比重上升至44.1%，创下了历史新高。向企业和个人转移的巨额补贴进一步强化了负面发展轨迹，包括减少雇员所得税或反复提高国有部门的退休金和工资。政府此举也是为了在2021年10月的议会选举中获得支持。①

2021年6月，捷克第一个采用PPP模式建设的公路项目——D4高速公路Pribram至Pisek路段开工建设。该路段长32公里，计划2024年底前建成，总投资178亿克朗（约合8.3亿美元），2018年法国万喜集团和Meridiam投资公司组成的联合体中标该项目。捷克副总理兼工贸部长、交通部长哈弗利切克表示，PPP模式可以减轻财政负担，下一步计划采用该模式建设D35高速公路或高铁项目。②

二、中捷经贸关系发展近况③

（一）中捷双边贸易近况

据中国海关统计，2021年中捷双边贸易额达211.6亿美元，同比增长12.1%，创历史新高。捷克是中国在中东欧的第二大贸易伙伴。其中，中国对捷克出口151.1亿美元，同比增长10.0%；自捷克进口60.5亿美元，同比增长17.9%（见图8-3）。

2020年中捷双边贸易额达188.7亿美元，同比增长7.2%。其中，中国对捷克出口137.4亿美元，同比增长5.9%；自捷克进口51.3亿美元，同比增长10.9%。

近年来，中国对捷克出口商品主要包括：①机电产品；②贱金属及制品；③家具、玩具、杂项制品；④纺织品及原料；⑤塑料、橡胶；⑥运输设备；⑦化工产品；⑧光学、钟表、医疗设备；⑨鞋靴、伞等轻工产品；⑩皮革制品及箱包。

中国从捷克进口商品主要包括：①机电产品；②运输设备；③光学、钟表、医疗设备；④家具、玩具、杂项制品；⑤塑料、橡胶；⑥贱金属及制品。

---

① 中国—中东欧研究院. 捷克2021年国民经济发展[R]. 2021-12.
② 更多信息请参考：http://cz.mofcom.gov.cn/article/jmxw/202106/20210603069572.shtml。
③ 中国商务部国际贸易经济合作研究院，中国驻捷克大使馆经济商务参赞处，中国商务部对外投资和经济合作司. 对外投资合作国别（地区）指南捷克（2021年版）[R]. 2022.

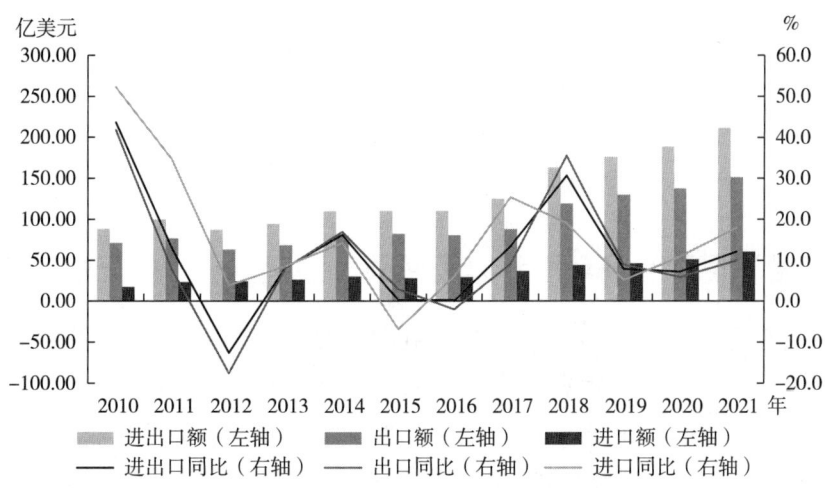

图8-3　2010—2021年中捷双边贸易概况

(资料来源：中国海关、Wind资讯)

(二) 中捷相互投资近况

据中国商务部统计，2020年中国对捷克直接投资流量为5279万美元；截至2020年末，中国对捷克直接投资存量为12亿美元。中国对捷克投资呈现以下特点：(1) 绿地投资逐渐增多；(2) 高科技领域投资稳步增长；(3) 金融行业投资成为新热点；(4) 传统行业投资焕发活力。

目前，在捷克投资的中国企业超过50家，主要投资领域及代表企业如下。

(1) 制造业。①电器制造：四川长虹电器股份有限公司、青岛海信欧洲控股有限公司、浙江正泰电器股份有限公司等；②汽车制造：亚普汽车部件股份有限公司、宁波继峰汽车零部件股份有限公司、北京京西重工有限公司、延峰汽车内饰系统有限公司等；③其他制造业：西安陕鼓动力股份有限公司、大连橡胶塑料机械股份有限公司、万丰航空工业有限公司、万向集团、山西运城制版集团股份有限公司、瑞声科技控股有限公司等。

(2) 信息技术。华为技术有限公司、中兴通讯股份有限公司、联洲技术有限公司(TP-LINK)等。

(3) 交通运输及仓储。中远集装箱运输有限公司、深圳市递四方科技有限公司、海南航空、中国东方航空、四川航空等。

(4) 金融业。中国中信集团、中国进出口银行、中国银行、工商银行、交通银行等。

(5) 房地产及娱乐业。中国中信集团、河北荣盛康旅集团等。

据中国商务部统计，2020年中国企业在捷克新签承包工程合同14份，新签合同额 6725 万美元，完成营业额 7686 万美元。累计派出各类劳务人员 2 人，2020 年末在捷克劳务人员 5 人。

第四节　爱沙尼亚

一、爱沙尼亚经济环境和政策回顾

爱沙尼亚是中东欧地区经济始终表现出良好韧性的国家之一。IMF 统计数据显示，在 2020 年并未出现严重衰退（-3.5%）的基础上，爱沙尼亚经济 2021 年迎来了强劲的反弹，全年 GDP 增速高达 8.5%。2021 年上半年，爱沙尼亚强劲的经济增长便超出了预期，第二季度 GDP 环比增长 4.3%，同比增长 13.9%。随着企业调整自身的运营方式，特别是积极推广电子商务和运营数字化，其商业表现也超过疫情前水平。从行业来看，信息和通信技术部门一直是爱沙尼亚的支柱产业，也是推动爱沙尼亚疫情后经济复苏的重要因素。作为欧盟数字技术最先进的经济体之一，爱沙尼亚的数字化在疫情的影响下得到进一步的推进，电子商务、数字服务和商业运营的数字化将疫情带来的各种限制转化为扩大和推进数字经济的机会。为了进一步推动这一进程，欧盟将在未来几年将大部分支持资金（约 30 亿欧元）用于爱沙尼亚数字化转型。此外，爱沙尼亚的数字产业还维持了本国的就业和工资增长，吸引了大量投资，对国家预算收入作出了重大贡献。除了信息和通信技术行业，爱沙尼亚商业服务业、运输和建筑业自 2021 年初以来也一直稳步增长。然而，其他一些行业仍远落后于疫情危机前水平，如酒店、食品、休闲娱乐等。[①]

WIIW 统计数据显示，2021 年第二季度，流入爱沙尼亚的外国直接投资达到创纪录的 30 亿欧元，同期固定资产投资同比增长 60%。其中，大量企业的投资涌入生物技术领域，如新建用于生产新冠病毒检测的化学品工厂。爱沙尼亚私人投资同样在持续攀升之中，2021 年第二季度环比增长了 13%。这主要基于两个方面的原因：一是疫情大流行期间积累了大量的储蓄；二是政府实施的养老金改革使得个人收入额外增加。得益于购买力的提高和消费者、生产者信心的提升，爱沙尼亚国内需求在 2021 年大幅反弹，第二季度同比增速就高达 25.2%。外部需求也随着整个欧盟环境的好转而开始复苏，2021 年第二季度，爱沙尼亚货物出口同比增长 36.5%，服务出口同比增长 46.2%。

对于爱沙尼亚政治而言，2021 年确实称得上是多事之秋。在动荡不定的 12 个

---

① WIIW. Recovery Beating Expectation. Forecast Reports, AUTUMN 2021.

月中，该国迎来了新的政府、新的总统和新的地方议会。2021年1月26日早晨，卡留莱德总统正式任命新政府，之后，爱沙尼亚新一届政府在议会大厅正式宣誓就职，总理卡娅·卡拉斯首先宣誓就职，然后新任政府全体成员在宣誓书上签字。卡拉斯领导的爱沙尼亚政府设14名部长职务，由两个政党平均分配。① 3月18日，爱沙尼亚议会举行议长和两位副议长选举。有98名议员参加议长选举投票，爱沙尼亚前总理、中间党主席拉塔斯获63票，另有15票无效。在副议长选举中，改革党议员汉诺·佩夫库尔当选第一副议长，保守人民党主席马丁·赫尔姆当选第二副议长。② 8月31日，爱沙尼亚议会选举该国国家博物馆馆长阿拉尔·卡利斯成为新任总统，任期为5年。第二轮投票中，卡里斯是唯一的候选人，80名议员中72名为卡利斯投了票。③

二、中爱经贸关系发展近况④

（一）中爱双边贸易近况

据中国海关统计，2021年，中国和爱沙尼亚双边贸易为12.9亿美元，同比增长12.8%。其中，中方出口10.1亿美元，同比增长16.9%；中方自爱进口2.8亿美元，基本与上年持平。双边贸易额在连续两年下降后再次出现上涨（见图8-4）。

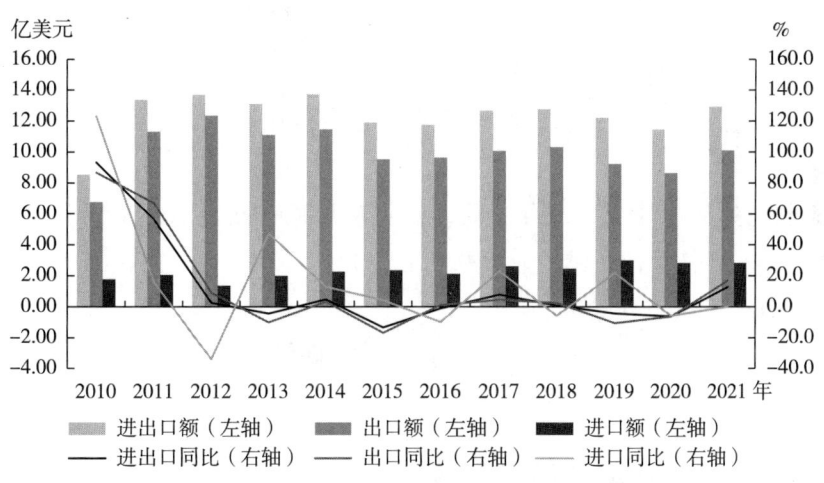

图8-4　2010—2021年中爱双边贸易概况

（资料来源：中国海关、Wind资讯）

---

① 更多信息请参考：http://ee.mofcom.gov.cn/article/jmxw/202101/20210103034184.shtml。
② 更多信息请参考：http://www.xinhuanet.com/world/2021-03/19/c_1127228508.htm。
③ 更多信息请参考：https://azertag.az/chn/xeber/china-1866427。
④ 中国商务部国际贸易经济合作研究院，中国驻爱沙尼亚大使馆经济商务参赞处，中国商务部对外投资和经济合作司. 对外投资合作国别（地区）指南爱沙尼亚（2021年版）[R]. 2022.

2020年，中国和爱沙尼亚双边贸易额为11.4亿美元，同比下降6.2%。其中，中方出口8.6亿美元，同比下降6.3%；中方自爱进口2.8亿美元，同比下降5.8%。

据中国海关统计，2020年中国对爱沙尼亚出口商品主要类别包括：①电机等、声音装备、电视装备；②锅炉、机械及其零部件；③家具、床上用品等、灯等；④车辆（火车、电车除外）及零部件等；⑤钢铁制品；⑥塑料及其制品；⑦玩具、游戏和运动器材及其零部件；⑧光学、照片等、医疗或外科手术设备；⑨橡胶及其制品；⑩特殊交易品及未分类商品。

2020年，中国从爱沙尼亚进口商品主要类别包括：①电子机械、音像制品及其零部件；②矿物制品；③木材及木制品、木炭；④光学、照片等、医疗或外科手术设备；⑤鱼类、甲壳类及水生无脊椎动物；⑥锅炉、机械及零部件；⑦车辆（火车、电车除外）及零部件等；⑧乳制品、鸟蛋、蜂蜜等；⑨钢铁制品；⑩钢铁。

据爱沙尼亚统计局数据，2020年中国在爱沙尼亚外贸伙伴中排名第10位；其中出口伙伴排名第15位，比2019年上升1位，进口伙伴排名第9位。

（二）中爱相互投资近况

据中国商务部统计，截至2020年末，中国对爱沙尼亚直接投资存量为532万美元。目前，中国在爱沙尼亚的中资企业共4家，主要从事飞机维修、通信服务等。此外，还有当地华商经营的私营企业，主要集中在贸易、餐饮、旅游和中医保健等领域。

据中国商务部统计，2020年中资企业在爱沙尼亚新签承包工程合同2份，新签合同额4.11万美元，完成营业额0.9万美元。

第五节　希腊

一、希腊经济环境和政策回顾

正如《中东欧经济研究报告2020—2021》所述，希腊对服务业和旅游业的依赖程度较高，在疫情的巨大冲击下，2020年希腊GDP增速为-9%，衰退程度远大于中东欧地区的平均水平（-5.2%）。然而，随着疫情限制措施的逐步放松，希腊经济在2021年开始复苏，2022年4月IMF修订值显示，2021年希腊经济大幅反弹至8.3%，分别高出中东欧地区（6.6%）和欧盟平均增速（5.4%）1.7个和2.9个百分点。具体来看，2021年第二季度，希腊经济同比增长3.4%，实际 GDP 增速已恢复到疫情前水平，这主要是由国内需求，尤其是投资和库存累积所推动的；在维持就业方面希腊政府提供了针对性的临时支持措施，进一步稳固了劳动力市场。2021 年第三季度，得益于强劲的出口和私人消费以及夏季旅游旺季的到来，希腊实际 GDP 环比增长了 2.7%，弥补了 2020 年新冠肺炎疫情造成的部分损失。此外，疫情期间积累的储蓄在一定程度上促进了私人消费的增长；而外部环境的整体好转促成了希腊货物出口的强劲表现。①

另外，根据"欧盟下一代"复兴计划，希腊已最终于 2021 年 6 月 17 日获得欧盟委员会总额为 305 亿欧元的"经济复苏和恢复社会秩序"资金的批准。欧盟委员会于 8 月 9 日将 13% 的预融资资金（40 亿欧元）划拨给希腊，该笔资金的流入在一定程度上也为希腊经济复苏作出了贡献。

与此同时，由于此前爆发的主权债务危机，为了避免可能的主权违约以及满足财政需求，希腊接受由欧盟委员会、欧洲央行和 IMF 提供的救助贷款，总额约为 2890 亿欧元；为了监督希腊为恢复长期可持续增长所许下的承诺，欧盟委员会在"强化监督框架"的背景下发布了"强化监督报告"。2021 年 7 月 15 日，希腊第 11 次强化监督报告由欧洲稳定机制、欧洲央行和 IMF 与国家当局参与对话，报告显示，尽管新冠肺炎疫情导致形势不利，希腊仍然取得了重大进展，并进行了重大改革，主要表现在破产框架、能源政策部门、公共行政系统和投资许可程序的重组等方面。②

2021 年是中希文化旅游年，这一年为加强从文化旅游到贸易投资等部门的双边合作提供了良好契机。7 月 7 日，在中希关系升级为战略合作伙伴 15 周年之际，习近平主席和米佐塔基斯总理进行了电话交谈。③

2021 年，中远海运比雷埃夫斯港利润创历史纪录，其财务数据显示，全年营收 1.542 亿欧元，税前利润 4920 万欧元，税后利润 3680 万欧元；中远海运在港口现代化升级方面持续的投资，以及在商业运作方面实施的系统化措施，使得比雷埃夫斯港在各项业务活动中均取得不俗成绩，集装箱码头、汽车码头、修船业务以及邮轮码头营收均有显著上升。④

---

① European Commission. European Economic Forecast Winter 2022. Institutional Paper 169，February 2022.
② 中国—中东欧研究院. 欧盟委员会对希腊的强化监督报告［R］. 2021-10.
③ 中国—中东欧研究院. 希腊对外关系：2021 大事件回顾［R］. 2021-12.
④ 更多信息请参考：http：//gr. mofcom. gov. cn/article/jmxw/202204/20220403307804. shtml。

二、中希经贸关系发展近况[①]

(一) 中希双边贸易近况

根据中国海关数据,2021 年,中国与希腊的双边货物贸易总额为 121.5 亿美元,同比增长 55.6%。其中,中国对希腊出口 111.8 亿美元,增长 58.9%;自希腊进口 9.7 亿美元,增长 25.8%(见图 8-5)。

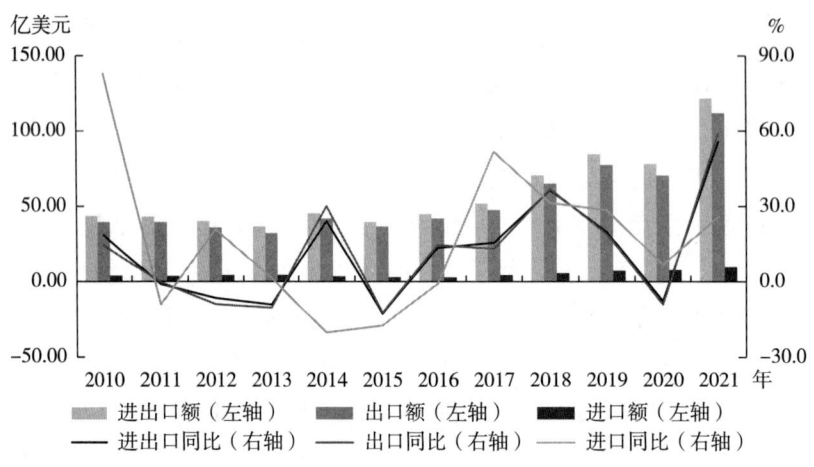

图 8-5 2010—2021 年中希双边贸易概况

(资料来源:中国海关、Wind 资讯)

2020 年,中国与希腊的双边货物贸易总额为 78.1 亿美元,同比下降 7.7%。其中,中国对希腊出口 70.4 亿美元,下降 9.1%;自希腊进口 7.7 亿美元,增长 6.6%。

中方在中希双边货物贸易中长期处于顺差,2021 年中方顺差达到 102.1 亿美元的最高值。2020 年,希腊是中国在欧盟 27 国中第 15 大贸易伙伴、第 19 大进口来源地和第 12 大出口目的地。

根据中方统计数据,2020 年中国对希腊前五大出口商品为 HS84 机械器具(12.9 亿美元,占比 18.4%)、HS85 电气设备(10.2 亿美元,占比 14.5%)、HS61 针织或钩编的服装(8 亿美元,占比 11.4%)、HS62 非针织或非钩编的服装(4.6 亿美元,占比 6.6%)、HS64 鞋靴(3.9 亿美元,占比 5.5%);中国自希腊前五大进口商品为 HS30 药品(2.4 亿美元,占比 31.4%)、HS25 石料(1.7 亿美

---

① 中国商务部国际贸易经济合作研究院,中国驻希腊大使馆经济商务参赞处,中国商务部对外投资和经济合作司. 对外投资合作国别(地区)指南希腊(2021 年版)[R]. 2022.

元，占比22%）、HS26 矿砂（1.1 亿美元，占比13.6%）、HS84 机械器具（0.74亿美元，占比9.5%）、HS27 矿物燃料（0.48 亿美元，占比6.3%）。

（二）中希相互投资近况

据中国商务部统计，2020 年中国对希腊直接投资流量为717 万美元。截至2020 年末，中国对希腊直接投资存量为1.26 亿美元。据希腊中央银行统计数据，2010—2020 年希腊共吸引来自中国（包括内地和香港）的直接投资19.6 亿欧元，希腊对中国（包括内地和香港）直接投资12.4 亿欧元。

目前，中资企业在希腊开展经营并设立公司、分公司、代表处等机构近20家，主要分布在交通、能源、信息通信和金融等领域。中资企业在希腊主要投资合作项目包括中远海运比雷埃夫斯港口项目、国家电网公司入股希腊国家电网项目、国家能源集团希腊风电项目、三峡集团希腊光伏示范项目等。

中国对希腊投资的主要项目有：2016 年8 月，中远海运集团收购了比雷埃夫斯港务局67%的股份。按照协议，中远海运集团在接下来的5 年内完成约3 亿欧元的强制投资。2019 年10 月，中远海运比雷埃夫斯港"总体规划"正式获批，标志着新的6 亿欧元的投资计划已进入实施阶段。2021 年10 月25 日，中远海运集团收购希腊比雷埃夫斯港务局第二期16%股权交割确认书交换仪式，以视频连线的方式在中国北京和希腊雅典、比雷埃夫斯港三地同步举行，代表着中远海运完成收购比雷埃夫斯港67%的股权。希腊比雷埃夫斯港在2021 年实现了历史上最高营收以及吞吐量的增长，2021 年比雷埃夫斯港的年营业额为1.542 亿欧元，与2020 年的1.329 亿欧元相比，增长了16%。但是，它面临法院的裁决，原因是前几年的扩建项目对环境效益的评估不足。希腊法院阻止了其扩建和建造新的客运场站、扩建车辆进口码头和建造新仓库的计划。

据中国商务部统计，2020 年中国企业在希腊新签承包工程合同15 份，新签合同额1.33 亿美元，完成营业额0.87 亿美元。累计派出各类劳务人员746 人，2020 年末在希腊劳务人员840 人。

第六节　匈牙利

一、匈牙利经济环境和政策回顾

与大部分中东欧国家相似，2021 年匈牙利走出了2020 年经济衰退的阴霾，全年GDP 增速达到了7.1%，高出欧盟（5.4%）和中东欧地区（6.6%）的平均水平。事实上，2021 年夏季，匈牙利经济已恢复到疫情前的水平，GDP 甚至比

2019年第二季度高出2.2%；第三季度GDP增速同比已达6.1%。从生产角度来看，建筑业贡献了经济增长的绝大部分动力，同比增长20.1%；制造业也出现了复苏势头，同比增长2.6%；农业却同比下降了3.8%。由于基数效应，酒店服务业、信息通信和交通运输仓储业同比分别增长了21.6%、15.2%和12.4%。2021年1—10月，匈牙利对外商品贸易收支差额为22亿欧元，与上年同期相比情况明显恶化，其原因大致有以下几点：（1）全球供应链的中断影响匈牙利的生产，供应链的瓶颈阻碍出口；（2）国内强劲且持续增强的消费需求；（3）过去两年外国直接投资在匈牙利经济中表现强劲，原始投资依托进口来启动匈牙利国内的生产；（4）贸易条件的恶化是最重要的因素，全球原料，特别是能源和原材料价格飙升，而匈牙利由于资源稀缺，极易受到这些变化的影响。2021年第三季度，匈牙利的投资额再次上升，同比增长12.4%，这主要得益于制造业领域，该领域投资增长22%，几乎占总投资增长的一半；2021年，该国投资占GDP比例上升至27%。[①]

在经济增长的同时，匈牙利国内通货膨胀在2021年4月就已经攀升到5%左右，从4月到9月，匈牙利月度消费者价格指数同比增幅介于4.6%和5.5%之间，远高于央行3%的目标。为了应对不断上涨的通货膨胀率，匈牙利央行自2021年6月22日开始收紧货币政策，并每月上调一次基准利率，截至2021年12月底，其基准利率共计被上调7次，从0.6%升至2.4%。

2021年10月15日，匈塞铁路项目匈牙利段奠基仪式在匈南部城市基什孔豪洛什举行。匈牙利创新与科技部部长鲍尔科维奇，塞尔维亚建设、交通和基础设施部长莫米罗维茨，中国驻匈牙利大使齐大愚现场参加仪式。匈塞铁路全长350公里，是中国—中东欧国家合作的标志性项目，也是中国铁路技术和装备与欧盟铁路互联互通技术规范的对接。[②]

2021年11月18日，中国商务部部长王文涛和匈牙利创新与技术部部长鲍尔科维奇签署《中华人民共和国商务部和匈牙利创新与技术部关于推动绿色发展领域投资合作的谅解备忘录》《中华人民共和国商务部和匈牙利创新与技术部关于加强数字经济领域投资合作的谅解备忘录》。谅解备忘录的签署，将进一步加强中匈在绿色发展、数字经济领域的投资合作，促进两国投资合作高质量发展，深化双边经贸关系。[③]

2021年12月14日，匈牙利在中国成功发行10亿元人民币熊猫债，发行期限

[①] 中国—中东欧研究院.2021年匈牙利经济回顾[R].2021-12.
[②] 更多信息请参考：http：//hu.mofcom.gov.cn/article/jmxw/202110/20211003208741.shtml。
[③] 更多信息请参考：http：//www.mofcom.gov.cn/article/syxwfb/202111/20211103219253.shtml。

3年。此次发行是匈牙利继2017年首次亮相中国熊猫债市场后的第三次发行,也是市场首单绿色主权熊猫债。匈牙利成为第一个在中国发行以人民币计价的绿色债券的主权国家。①

二、中匈经贸关系发展近况②

(一)中匈双边贸易近况

据中国海关统计,2021年中匈双边贸易额为157.2亿美元,同比增长34.5%,创历史新高。其中,中国对匈牙利出口101.5亿美元,同比增长37%;中国自匈牙利进口55.7亿美元,同比增长30%。中方贸易顺差45.8亿美元。

2020年,中匈双边贸易总额为116.9亿美元,同比增长14.4%。其中,中国对匈出口74.1亿美元,同比增长14.4%;中国自匈进口42.8亿美元,同比增长14.3%。中国成为匈牙利全球第三大贸易伙伴(仅次于德国和奥地利)和第二大进口来源国(仅次于德国)。

中国对匈牙利出口的主要产品为机电设备、医疗仪器、锅炉机械、车辆及零件、纺织品、家具、灯具、有机化学品、塑料及钢铁制品、玩具、运动用品等;中国自匈牙利进口的主要产品为电气设备、车辆及零件、锅炉、光学精密仪器、药品、玩具、游戏品、运动用品、橡胶及有机化学品等。

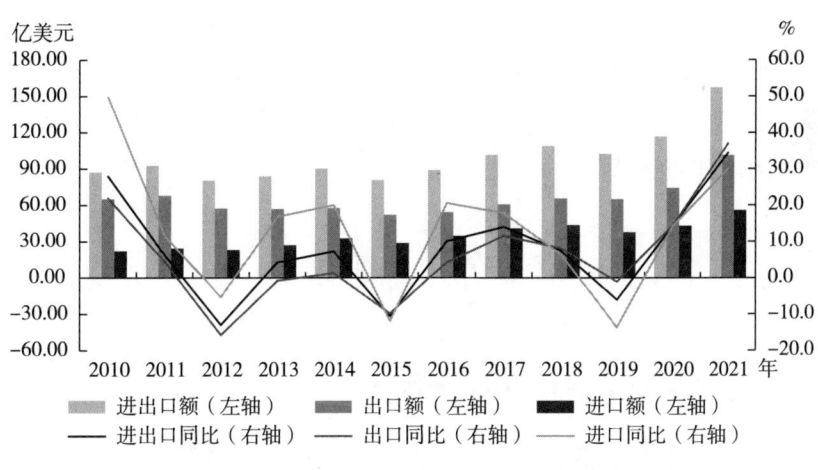

图8-6 2010—2021年中匈双边贸易概况

(资料来源:中国海关、Wind资讯)

---

① 更多信息请参考:http://hu.mofcom.gov.cn/article/jmxw/202112/20211203228470.shtml。
② 中国商务部国际贸易经济合作研究院,中国驻匈牙利大使馆经济商务参赞处,中国商务部对外投资和经济合作司. 对外投资合作国别(地区)指南匈牙利(2021年版)[R]. 2022.

(二) 中匈相互投资近况

2020年，中国对匈牙利全年总计10个中资项目落地，投资额约6.64亿欧元，中国首次成为匈牙利第一大外资来源国。截至2020年底，中国对匈累计投资逾55亿美元，占对中东欧总投资的一半，创造了2.3万个就业岗位，匈牙利继续成为中国在中东欧第一大投资目的国。[①] 中国对匈牙利投资的主要项目有：中国银行在匈牙利设立了分行和子行，山东烟台万华集团收购匈牙利宝思德化学公司，华为公司在匈牙利设立了欧洲供应中心和欧洲物流中心，中兴通讯和中欧商贸物流合作园区等企业也在匈牙利开展了相关投资经营活动。

2020年中国主要投资项目如下：联想宣布投资约2700万美元在匈牙利建设欧洲首家工厂；南京泉峰汽车精密技术股份有限公司投资逾6000万欧元在匈牙利设立全球首家海外子公司，建设汽车零部件智能制造欧洲生产基地；上海恩捷新材料科技有限公司投资1.83亿欧元在匈建立9.7万平方米的锂电池隔离膜工厂；万华宝思德化学公司增资3961万美元启动新项目；深圳科达利实业股份有限公司投资约4800万美元在匈投资锂电池零件工厂。[②]

据中国商务部统计，2020年中国企业在匈牙利新签承包工程合同15份，新签合同额12.18亿美元，完成营业额1.06亿美元。累计派出各类劳务人员34人，2020年末在匈牙利劳务人员26人。

2019年5月，中匈企业联合体经公开招标成为匈塞铁路匈牙利段项目主承包商并签署EPC合同；2020年4月，中国进出口银行与匈牙利财政部就匈塞铁路项目贷款签署协议，标志着项目进入正式实施阶段。[③] 2022年3月，匈塞铁路塞尔维亚境内贝诺段开通运营。

第七节 拉脱维亚

一、拉脱维亚经济环境和政策回顾

2020年经历了小幅下滑，拉脱维亚经济在2021年显著复苏，IMF统计数据显示，2021年该国全年经济增速达到了4.7%。具体来看，2021年第二季度拉脱

---

① 中华人民共和国驻匈牙利大使馆经济商务处官网：http://hu.mofcom.gov.cn/article/tjsj/202104/20210403056683.shtml，检索日期：2021年5月18日。

② 中华人民共和国驻匈牙利大使馆经济商务处官网：http://hu.mofcom.gov.cn/article/tjsj/202104/20210403056683.shtml，检索日期：2021年5月18日。

③ 匈塞铁路塞尔维亚段由中国企业承建并于2018年6月开工。

维亚 GDP 开始强劲反弹，同比增长 11.1%；到 2021 年中，大多数行业的经济活动水平已达到或超过了 2019 年，但交通运输、酒店和休闲娱乐部门仍然落后于疫情前水平。2021 年 1—7 月，随着外部需求的增加，特别是对矿产品、钢铁、机械设备、化工和木制品需求的激增，以及国内市场的复苏，拉脱维亚货物进出口反弹十分强劲。然而，与货物贸易相比，服务贸易的增长相对较慢，拉脱维亚的运输服务出口在 2020 年下降了 1/3，直到 2021 年上半年才趋于稳定；旅游业持续低迷，其收入进一步下降，仅为 2019 年水平的 20%；信息通信技术和其他商业服务在 2021 年保持着一定的增长势头。[1]

2021 年第二季度，拉脱维亚劳动力市场基本恢复到疫情前水平。然而，酒店服务业、运输和建筑业仍有大量的工作岗位在流失。2018 年拉脱维亚银行业爆发洗钱丑闻之后，金融服务业的就业人数在过去三年里逐渐减少。总体来看，在政府的短时工计划之下，拉脱维亚的劳动力市场受到较小的冲击。基于此，拉脱维亚 2021 年失业率（7.6%）较 2020 年（8.1%）降低了 0.5 个百分点。2021 年 1 月，拉脱维亚将国家最低工资从每月 430 欧元上调至 500 欧元。在欧盟成员国中，这属于较低水平，此次上调将有助于收入增加，进而保证私人消费的稳步增长。[2]

2021 年 6 月 5 日，拉脱维亚 40 个新的自治市（new municipalities）举行了地方选举。此前执政的地区性和全国性政党大部分能够保持之前的地位，不过一些新兴地方政党也通过与大党结盟而当选。此次选举行政区数量减少，导致选区和市长席位也更少，竞争比以前更加激烈。根据中央选举委员会公布的选举结果，在 40 个行政区中，作为拉脱维亚现任政府反对派的"绿党与农民联盟"（Greens and Farmers Union）赢得了 12.5% 的席位，在南库尔泽梅（South Kurzeme）郡、卢扎（Ludza）郡、阿卢克斯内（Aluksne）郡、尤尔马拉市（Jurmala city）市、叶尔加瓦市（Jelgava city）这 5 地的投票结果中名列前茅。据拉脱维亚公共广播（LSM）报道，作为一个整体或执政联盟的成员之一，"绿党与农民联盟"可能会在多达 15 个新的自治市获得权力。另一个地区性政党"拉脱维亚地区联盟"（Latvian Regional Alliance）在 31 个地区参选，并在图库姆斯（Tukums）、马鲁佩（Marupe）、阿达兹（Adazi）、索尔克拉斯蒂（Saulkrasti）和林巴兹（Limbazi）5 地大获全胜。目前，拉脱维亚政府执政联盟的 4 个党中，3 个党派表现良好。"拉脱维亚发展党"（Latvia's Development）在 4 个自治市获胜，"新团结党"（New Unity）在 3 个自治市获胜，"民族联盟"（National Alliance）在 3 个自治市

---

[1] WIIW. Recovery Beating Expectation. Forecast Reports, AUTUMN 2021.
[2] WIIW. Recovery Beating Expectation. Forecast Reports, AUTUMN 2021.

获胜。反对党"和谐党"(Harmony)在2个行政区名列前茅。①

二、中拉经贸关系发展近况②

(一)中拉双边贸易近况

据中国海关数据,2021年中国与拉脱维亚双边贸易额为13.9亿美元,同比增长10.6%。其中,中国向拉脱维亚出口额为11.5亿美元,同比增长9.0%;自拉脱维亚进口2.4亿美元,同比上升19.3%。

2020年双边贸易额为12.5亿美元,同比下降2.8%。其中,中国向拉脱维亚出口额为10.5亿美元,同比下降3.8%;自拉脱维亚进口2亿美元,与上年持平。

2020年,中国对拉脱维亚出口商品主要类别包括:①电机、电气设备及其零件,声音的录制和重放设备及其零件、附件;②纺织品;③塑料及其制品、橡胶及其制品。

2020年,中国从拉脱维亚进口商品主要类别包括:①木及木制品,木炭;②矿物燃料、矿物油及蒸馏产品,沥青物质,矿物蜡;③电机、电气设备及其零件。

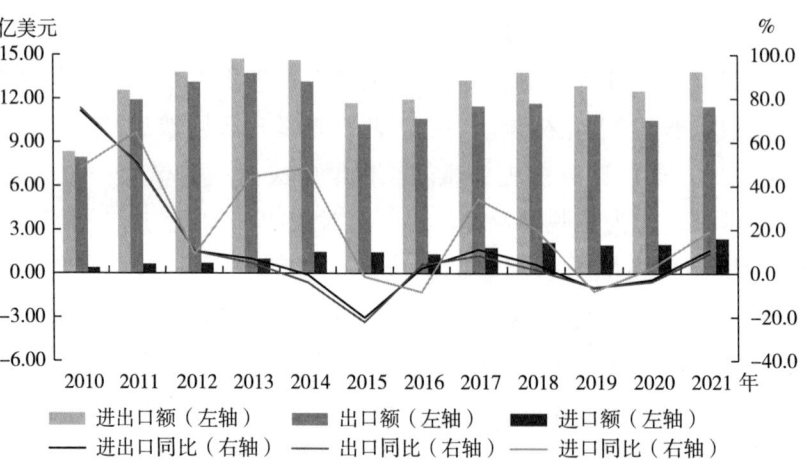

图8-7 2010—2021年中拉双边贸易概况

(资料来源:中国海关、Wind资讯)

---

① 中国—中东欧研究院. 拉脱维亚2021年地方选举结果揭晓[R]. 2021-06.
② 中国商务部国际贸易经济合作研究院,中国驻拉脱维亚大使馆经济商务参赞处,中国商务部对外投资和经济合作司. 对外投资合作国别(地区)指南拉脱维亚(2021年版)[R]. 2022.

（二）中拉相互投资近况

据中国商务部统计，2020年，中国对拉脱维亚直接投资流量为564万美元；截至2020年末，中国对拉脱维亚直接投资存量为1681万美元。

中国对拉脱维亚主要投资领域为生命科技、沐浴护肤产品制造、木材加工等。中资企业主要有施丹兰公司、拉脱维亚华大智造公司、华为技术拉脱维亚子公司。同时，数十家从事食品工业、银行业、信息技术和高科技、翻译、化妆品、木材加工、物流、房地产、机械和矿产生产的拉脱维亚企业已进入中国市场。

截至2020年底，中国对拉脱维亚承包工程业务累计合同额6402万美元，完成营业额2539万美元。累计派出各类劳务人员27人，2020年末在拉脱维亚劳务人员21人。

第八节 波 兰

一、波兰经济环境和政策回顾

作为中东欧地区第一大经济体，波兰经济在2020年小幅下滑（-2.5%）的基础上，在2021年同样实现了较大幅度的增长（5.7%）。WIIW统计数据显示，2021年第一季度波兰GDP同比下降0.9%，但是在第二季度，受家庭消费的推动，GDP增速同比增长11.1%，复苏势头强劲；固定资本形成总额同样从近乎停滞走向复苏，为经济增长所做的贡献从第一季度的0.2个百分点上升到第二季度的0.8个百分点。2021年第二季度，波兰进出口均出现了强劲的反弹，使得贸易对整体经济的贡献（-0.7个百分点）较第一季度（-1.9个百分点）有了明显改善，GDP已超过了2019年同期水平；制造业总增加值在第二季度同比增长了27%以上，并且增长势头持续至8月；中间产品的销售增长了20%左右，耐用品的销售额增速高达30%，与此同时，非耐用品的销售增长不到5%；电气设备和电子产品销量增长了40%左右，机动车及零部件销量增长了约28%。[①]

2021年前8个月，建筑业因需求不足和成本上升，其产出仅增长了0.2%，其中，建筑工程和土木工程分别减少了5%和1.2%左右，只有专业建筑工作的销售额增长了9%；波兰建筑业的疲软主要归因于资金的缺乏，若欧盟委员会通过波兰政府提交的复苏和恢复计划，该行业疲软的局面可能会得到一定的扭转。[②]

①② WIIW. Recovery Beating Expectation. Forecast Reports, AUTUMN 2021.

2021年波兰的通货膨胀率同样急剧上升,并导致央行进一步收紧货币政策。2021年10—12月,波兰央行宣布将基本利率上调三次,从此前的0.1%上调至1.75%。

波兰申请欧盟"经济复苏和恢复社会秩序"资金的过程并不顺利。2021年5月3日,波兰提交了总额为360亿欧元的国家复苏和恢复计划,然而,截至2022年5月5日,波兰的计划仍未获得欧盟委员会的批准,其主要原因为波兰与欧盟的法治危机一直未能得到缓解。

2021年波兰最重要的经济事件之一便是在社会经济计划"波兰新政"中实施了深度税收改革。2021年11月,波兰总统安杰伊·杜达(Andrzej Duda)签署了总体税制改革方案,这是"波兰新政"改革计划的一部分。根据政府的说法,改革的主要目的是使税收制度"更加公平",从而使税款缴纳更加取决于收入。除其他事项外,改革大幅提高了免征额,并取消了大多数养老金和年金的所得税。低收入和领取养老金的人群将从改革中获益,而高收入人群则感到负担加重,因此改革受到了来自商业组织的批评。在被采纳的改革手段中,个人所得税免征额提高了近三倍,达到约6500欧元。在收入最高的人群中,该数值降为零。此外,个税收起征点也将提高,在此起征点以下,17%的税率具有约束力,而在此之上,税率将上升到32%。改革还取消了对总金额不超过545欧元的养老金和残疾津贴的征税。因此,90%的养老金领取者的钱包里会有更多盈余,而65%的养老金领取者将完全不用交税。改革还对健康保险缴费的数额和结算方式进行了调整。然而,增加较高收入者的健康保险缴款额且不能将其从税收中扣除,意味着税收增加,特别是对较高收入者而言。①

2021年,阿里巴巴集团旗下的全球电子商务平台速卖通(AliExpress)在波兰开设其第一个独立物流中心,并于11月11日之前开始运营。该物流枢纽将作为速卖通卖家直接从波兰运送产品的执行中心,同时还将用于服务周边国家的市场,如捷克、奥地利、斯洛伐克和德国。②

二、中波经贸关系发展近况③

(一)中波双边贸易近况

据中国海关统计,2021年中波双边贸易额为421.3亿美元,同比增长

---

① 中国—中东欧研究院. "波兰新政"的税收改革,国家重建计划和创纪录的通货膨胀[R]. 2021-12.
② 中欧陆家嘴国际金融研究院、中东欧经济研究所,《中东欧视界》,2021(10).
③ 中国商务部国际贸易经济合作研究院、中国驻波兰大使馆经济商务参赞处、中国商务部对外投资和经济合作司. 对外投资合作国别(地区)指南波兰(2021年版)[R]. 2022.

35.7%，创历史新高。其中，中国对波兰出口 366.0 亿美元，同比增长 36.9%；中国自波兰进口 55.4 亿美元，同比增长 28.3%。波兰保持为中国在中东欧地区最大的贸易伙伴。据波方统计，2020 年中国是波兰在亚洲地区最大贸易伙伴，第二大进口来源地，波兰自中国进口额占其进口总额的 14.6%。

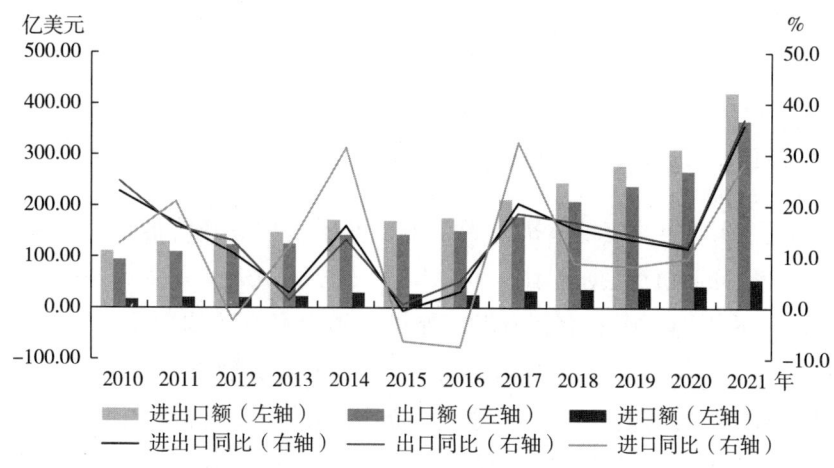

图 8-8　2010—2021 年中波双边贸易概况

（资料来源：中国海关、Wind 资讯）

（二）中波相互投资近况

据中国商务部统计，2020 年中国对波兰直接投资流量为 1.43 亿美元；截至 2020 年末，中国对波兰直接投资存量为 6.82 亿美元。中国企业在波兰投资涉及生物医药、新能源、机械电子制造、信息通信、商贸服务、金融机构等多个领域。

中波轮船公司成立于 1951 年，是两国间第一家合资企业，也是新中国最早建立的中外合资公司。主要制造企业有广西柳工、湖北三环、TCL、同方威视、冠捷电子、大连达伦特、中集车辆、鸿博清洁能源、京西重工、Bioton 生物制药、国投中鲁、国泰华荣、新宙邦等；信息通信业有华为、中兴；基础设施类企业有中国电建、平高、中国港湾、中土等；金融机构有中国银行波兰分行、中国工商银行华沙分行、中国建设银行波兰分行、中国—中东欧投资合作基金、海通银行华沙分行等。

据中国商务部统计，2020 年中国企业在波兰新签承包工程合同 19 份，新签合同额 14.5 亿美元，完成营业额 4.66 亿美元；累计派出各类劳务人员 206 人，年末在波兰劳务人员 122 人。近三年中资企业在波新签大型工程承包项目主要有中国电建与当地公司组成联合体中标波兰 E75 铁路现代化改造项目（该项目于 2021 年 8 月正式启动路基加固工程)、中港湾化工厂码头及疏浚分包项目、中国电建市政建设集团有限公司承建波兰 S14 罗兹西部绕城高速公路设计与施工项目等。主要商业模式为欧盟基金公共招投标 EPC 项目,以及部分私人招投标项目。

第九节　罗马尼亚

一、罗马尼亚经济环境和政策回顾

在经历了 2020 年的疫情危机之后,2021 年罗马尼亚经济形势明显好转,IMF 2022 年 4 月修订的统计数据显示,2021 年罗马尼亚 GDP 增速为 5.9%,超过了欧盟 5.4% 的平均水平。2021 年上半年,受投资和家庭消费的提振,罗马尼亚经济开始强劲反弹,实现了 6.6% 的增长;固定资本形成总额增长了 12%,建筑投资占新增投资的比例有所上升,而新设备投资则有所下降;在低利率的刺激下,罗马尼亚房地产市场出现过热迹象,导致房价快速上涨。2021 年初以来,罗马尼亚国内通货膨胀持续上升,这一方面是因为需求激增,另一方面是进口货物价格上涨而导致的,例如能源价格。为应对通胀压力,罗马尼亚央行在 2021 年 10 月将货币政策利率上调至 1.5%,11 月又继续上调至 1.75%。①

财政整顿是罗马尼亚 2021 年的工作目标之一,但仅实现部分内容。2021 年,罗马尼亚艰难应对日益增长的财政赤字以及减少预算赤字问题,前 9 个月,该国经常项目占 GDP 的 4.8%,较 2020 年同比增长 47%。欧盟为确保宏观经济稳定而设定的赤字门槛为 GDP 的 3%。根据欧盟财政委员会(Fiscal Council)发表的意见,罗马尼亚和欧盟的对外赤字达到了历史最高水平。而由于进口额增长高于出口额,贸易赤字继续带来负面影响。罗马尼亚的贸易逆差在 2021 年前 10 个月增至 190 亿欧元,较 2020 年同比增长 30%。2021 年 10 月底,罗马尼亚预算赤字超过 GDP 的 4%,尽管该数值高于 9 月底通报的 3.8%,但明显低于 2020 年疫情期间的预算赤字(2020 年 10 月底的预算赤字占国内生产总值的 7%)。这是因为政府提前获得了来自增值税(Value Added Tax,VAT)的财政收入,使得预算收入有所增加;同时,由于工资和社会援助在 GDP 占比下降,预算支出有所减少。②

2021 年 9 月底,罗马尼亚金融监管局(Financial Supervisory Authority)决定

---

① WIIW. Recovery Beating Expectation. Forecast Reports,AUTUMN 2021.
② 中国—中东欧研究院. 2021 年罗马尼亚经济回顾:在财政赤字和复苏计划中寻找方向[R]. 2021-12.

吊销城市保险公司（City Insurance）的营业执照，罗马尼亚最大的保险公司破产，对该国经济造成了一定打击。该保险公司拥有近300万名投保人，是机动车交通事故责任强制保险市场的"领头羊"。这是罗马尼亚近年来第三次出现活跃于交强险市场的保险公司破产的情况，这表明该领域存在一些尚未被根除的问题。①

2021年9月，罗马尼亚总理克楚宣布，从2022年1月1日起，养老金、最低工资和儿童津贴将增加，并强调，希望这些增加在每年都发生，而不再是一种政治工具。②

2021年10月，罗马尼亚议会以多数赞成票通过对总理克楚领导的政府的不信任案，执政不到10个月的克楚政府下台。执政联盟破裂是导致克楚政府下台的直接原因。②2021年11月25日，丘克领导的罗马尼亚新一届政府宣誓就职。新一届政府是由国家自由党、社会民主党和匈牙利族民主联盟组建的三党联合政府。③

二、中罗经贸关系发展近况④

（一）中罗双边贸易近况

据中国海关统计，2021年，中罗双边贸易总额为102.2亿美元，同比大增31.6%。其中，中国出口67.1亿美元，同比增长30.9%；中国进口35.1亿美元，同比增长32.9%。

2020年，中罗双边贸易总额为77.6亿美元，同比增长12.5%。其中，中国出口51.3亿美元，同比增长12.1%；中国进口26.4亿美元，同比增长13.4%。

据中国海关统计，近年来，中国对罗马尼亚出口商品主要类别包括：①锅炉、机器、机械设备及其零部件；②电机、音像设备及其零部件；③其他纺织制成品；④光学、照相设备，医用外科工具等。

中国从罗马尼亚进口商品主要类别包括：①锅炉、机械设备及其零部件；②电机、音像设备及其零部件；③车辆及其零部件；④光学、照相设备，医用外科工具；⑤非针织或钩编服装及附件；⑥木材及木制品、木炭，铜及铜制品等。

---

① 中国—中东欧研究院.2021年罗马尼亚经济回顾：在财政赤字和复苏计划中寻找方向［R］.2021-12.
② 更多信息请参考：http://ro.mofcom.gov.cn/article/jmxw/202109/20210903202276.shtml。
③ 更多信息请参考：https://www.ndrc.gov.cn/fggz/gjhz/zywj/202204/t20220418_1322331.html?code=&state=123。
④ 中国商务部国际贸易经济合作研究院，中国驻罗马尼亚大使馆经济商务参赞处，中国商务部对外投资和经济合作司.对外投资合作国别（地区）指南罗马尼亚（2021年版）［R］.2022.

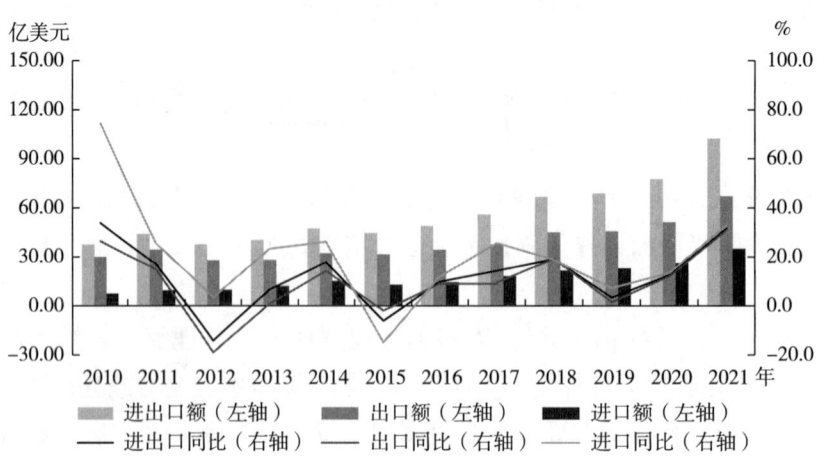

图 8-9　2010—2021 年中罗双边贸易概况

（资料来源：中国海关、Wind 资讯）

（二）中罗相互投资近况

据中国商务部统计，2020 年中国对罗马尼亚直接投资流量为 1310 万美元；截至 2020 年末，中国对罗马尼亚直接投资存量为 3.1 亿美元。

中国在罗马尼亚规模较大的投资合作企业包括华为技术罗马尼亚公司、中烟国际欧洲有限公司、中兴通讯罗马尼亚公司、东辉体育用品公司、海尔科技有限公司等。2020 年，海尔智家股份有限公司在罗投资约 7000 万欧元建造海尔欧洲冰箱工厂，冰箱年生产能力将达 60 万台，包括海尔、Hoover 和 Candy 三个品牌，并于 2021 年投产运营。[①]

2020 年中国企业在罗马尼亚新签承包工程合同 13 份，新签合同额 1.42 亿美元，完成营业额 8826 万美元；累计派出各类劳务人员 0 人，年末在罗马尼亚劳务人员 8 人。在建大型工程项目主要包括中国电建（中国水电）罗马尼亚公司扎勒乌绕城路项目[②]、水电国际联合罗马尼亚 GOOD PROD 公司投标的公路设计—建造项目等。

[①] 海尔智家股份有限公司. 海尔智家股份有限公司 2021 年年度报告［R］. 2022 - 03 - 30.
[②] 该项目线路长 5.535 公里，沥青混凝土路面，整个工程包含 7 座桥梁，其中 1.48 公里将修建慢车道，路基宽度 13.5 米，其余部分路基宽度 10 米，双向行车道宽度 7 米，设计速度 60~80 公里/小时。项目已于 2021 年 4 月正式开工。

第十节 斯洛伐克

一、斯洛伐克经济环境和政策回顾

2021年斯洛伐克经济开始温和复苏,据2022年4月IMF最新修订数据,2021年斯洛伐克GDP增速恢复至3%,为中东欧地区经济增速最慢的国家。2021年第一季度,受封锁的影响,经济增速同比仅为0.2%;当大部分疫情限制措施于4月19日解除之后,第二季度经济表现明显好转,GDP增速同比反弹至9.6%,主要推动力是资本形成总额,尤其是积累的库存;家庭消费和政府消费的恢复对第二季度经济复苏也起到了一定的推动作用。总体来看,2021年上半年斯洛伐克家庭消费和固定资本形成总额的增长率仍然为负,分别为-0.5%和-1.9%,但政府消费和资本形成总额的增长率为正,分别为3.5%和10.8%,货物和服务出口与进口分别增长了23%和20%。从行业来看,斯洛伐克的工业,尤其是制造业推动了2021年上半年的经济增长,该行业增加值同比增长了19%;而服务业受第一季度疫情防控措施的影响,上半年净增长了1.6%;此外,娱乐活动、专业技术活动分别下降了14%和7%;建筑业同样为负增长(-3%)。不过,从6月开始,由于半导体零部件短缺,斯洛伐克主要汽车公司,包括大众斯洛伐克、起亚汽车斯洛伐克、斯坦兰提斯和捷豹路虎均出现不同程度的停工、减少工作轮班、放弃某些生产线(如大众的SUV车型),导致该国的支柱领域——汽车制造业失去了复苏动力。[①]

2021年上半年,斯洛伐克货物贸易同样开始温和复苏,但服务出口仍然受到疫情的抑制,其中,货物出口同比增长29.5%,进口同比增长25.5%,对德国和捷克两大主要贸易伙伴的出口分别增长了32%和31%,进口分别增长了57%和15%。2021年上半年,斯洛伐克主要出口产品——汽车占其出口总额的35.6%,增长了46%;服务出口仍在继续下降(-2%),进口增长了4%。不过,自2021年9月以来,斯洛伐克经历了第三轮疫情。由于斯洛伐克国内成人疫苗接种率偏低(仅为51.3%),政府实施了又一轮防疫措施,例如针对疫情最为严重的区域,规定餐厅只能提供外卖并关闭所有酒店,这在一定程度上拖累了斯洛伐克经济复苏的步伐。[②]

2021年5月4日,斯洛伐克国民议会当日批准了《短时工作支持法》,这意

---

① WIIW. Recovery Beating Expectation. Forecast Reports, AUTUMN 2021.
② WIIW. Recovery Beating Expectation. Forecast Reports, AUTUMN 2021.

味着该国将建立长期短时工作制①（Kurzarbeit），当雇主无法充分安排员工工作任务时，其可合法减少员工工作时间，并只按员工实际工作时长支付相应比例的工资，而原本商定的应付员工工资的"不足部分"，则由国家进行补贴；此举有助于稳定就业。②

2021 年 8 月 3 日，斯洛伐克与波兰首次实现两国天然气管道的联通，该管道位于斯波东部边境地带，全长约 164 公里，其中波兰段 61.3 公里，斯洛伐克段 103 公里。③ 该管道已于 2022 年投入使用，其对斯、波方向的天然气年输送能力分别为 47 亿立方米和 57 亿立方米。④

二、中斯经贸关系发展近况⑤

（一）中斯双边贸易近况

据中国海关统计，2021 年，中斯贸易额达 120.9 亿美元，同比增长 27.8%，斯洛伐克是中国在中东欧的第四大贸易合作伙伴。其中，中国出口 45.5 亿美元，同比增长 49.9%；中国进口 75.5 亿美元，同比增长 17.3%。2018—2021 年，中国对斯贸易保持逆差，2021 年中国对斯贸易逆差为 30 亿美元。

2020 年中国与斯洛伐克贸易额 94.6 亿美元，同比增长 6.4%。其中，中国对斯出口 30.3 亿美元，同比增长 3.7%；自斯进口 64.3 亿美元，同比增长 7.8%。

中国对斯洛伐克出口商品主要包括：①液晶显示板；②车用往复式活塞发动机；③空气泵或真空泵、空气和其他气体压缩机及零件；④彩色电视接收机零件；⑤自动数据处理设备的彩色液晶监视器；⑥与电视接收机配套使用的视频游戏控制器及设备；⑦滚动轴承的其他零件；⑧锂离子蓄电池；⑨直流稳压电源；⑩其他点燃式活塞内燃发动机的零件。

中国自斯洛伐克进口商品主要包括：①仅装有点燃往复式活塞内燃发动机的越野车；②装有点燃往复式活塞内燃发动机及驱动电动机的主要用于载人的机动车；③机动车辆用电气照明装置；④机动车辆用视觉信号装置；⑤具有变流功能的半导体模块；⑥其他点燃式活塞内燃发动机的零件；⑦车身（包括驾驶室）的未列名零件、附

---

① 更多信息请参考《中东欧经济研究报告 2020—2021》信息专题 7。
② 更多信息请参考：http：//sk.mofcom.gov.cn/article/jmxw/202105/20210503060240.shtml。
③ 更多信息请参考：https：//energynews.pro/zh-hans/%E6%B3%A2%E5%85%B0%E5%92%8C%E6%96%AF%E6%B4%9B%E4%BC%90%E5%85%8B%E4%B9%8B%E9%97%B4%E7%9A%84%E5%A4%A9%E7%84%B6%E6%B0%94%E4%BA%92%E8%BF%9E/。
④ 更多信息请参考：http：//sk.mofcom.gov.cn/article/jmxw/202108/20210803187660.shtml。
⑤ 中国商务部国际贸易经济合作研究院，中国驻斯洛伐克大使馆经济商务参赞处，中国商务部对外投资和经济合作司. 对外投资合作国别（地区）指南斯洛伐克（2021 年版）[R]. 2022.

件；⑧牵引车、拖拉机和特殊用途的车辆等机动车的零件、附件；⑨制造半导体器件或IC的其他刻蚀及剥离设备；⑩离心机，过滤、净化机器及装置的零件。

根据斯洛伐克统计局数据，2020年斯洛伐克与中国贸易总额为69.1亿欧元，同比增长2.5%。其中，斯洛伐克自华进口48.5亿欧元，下降3.8%；对华出口20.6亿欧元，增长21.1%。斯洛伐克对华贸易逆差28亿欧元。2020年，斯洛伐克前5大贸易伙伴分别是德国、捷克、波兰、法国和匈牙利，中国是斯洛伐克全球第六大、亚洲最大贸易伙伴，以及斯洛伐克全球第三大进口来源国。

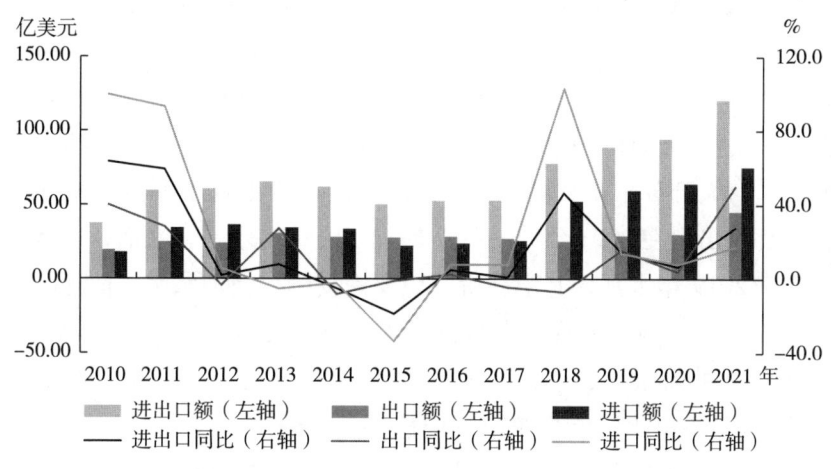

图8-10　2010—2021年中斯双边贸易概况

（资料来源：中国海关、Wind资讯）

（二）中斯相互投资近况

近年来，中斯相互投资快速增长，呈现出"规模扩大化，领域宽泛化，方式多样化"的特点，在电信、研发、机械、农业和新能源等诸多领域的合作取得积极进展。中国在斯洛伐克投资合作主要项目有联想欧洲、中东和非洲地区支持中心，ZVL AUTO汽车轴承厂，青岛软控欧洲研发和技术中心，中车集团控股博戈汽车零配件厂，海鹰集团控股IEE斯洛伐克公司及国新国际公司Galanta物流园和尼特拉汽车配件物流园等。

据中国商务部统计，2020年中国对斯洛伐克直接投资流量为20万美元；截至2020年末，中国对斯洛伐克累计各类投资为4.5亿美元。

2019年中国企业在斯洛伐克新签承包工程合同4份，新签合同额500万美元，完成营业额500万美元；无派出各类劳务人员。2020年受新冠肺炎疫情影响，中国在斯洛伐克无新增承包工程项目、无派出各类劳务人员。截至2020年底，中国在斯洛伐克承包工程累计完成营业额2764万美元。

第十一节　斯洛文尼亚

一、斯洛文尼亚经济环境和政策回顾

2021 年斯洛文尼亚经济复苏势头强于预期，IMF 统计数据显示，斯洛文尼亚 GDP 增速从 2020 的 -4.2% 强劲反弹至 8.1%，高于中东欧地区 6.6% 的平均水平。2021 年第二季度，受投资活动和家庭支出的推动，斯洛文尼亚经济同比增长 16.3%；居民在零售和服务业的消费同比增长 30%，环比增长了 4.4%；在 2020 年达到 25% 的历史最高水平之后，储蓄率有所下降，意味着居民有消费支出的意向，其支出主要流向房地产；受益于外部需求的同步复苏，制造业和货物出口也在快速增长。与大部分中东欧国家一样，由于斯洛文尼亚主要贸易伙伴需求的强劲增长，其货物出口在 2021 年第一季度超过了疫情前水平，然而，服务贸易仍然滞后，落后于 2019 年水平，其中旅游业想要恢复到疫情前水平可能还需更长的时间。2021 年上半年，斯洛文尼亚大多数工业部门以及相关运输服务增加值实际上已超过了疫情危机前水平，然而，该国的支柱产业之一——汽车制造业却是例外，与 2019 年同期相比，该行业产量仍然要低 10% 左右。导致产量偏低的主要原因是半导体零部件的供应不足以及其他投入品，尤其是金属的成本过高。昂贵的原材料同样给其他工业部门造成了生产成本过高的问题，从而削弱了其市场竞争力。[1]

受政府推出的自由职业基本收入保障和休假计划等措施的支持，斯洛文尼亚劳动力市场保持着相对稳定的水平，且自 2021 年 2 月以来，劳动力需求一直在稳步增长，截至 7 月底，斯洛文尼亚失业率从 5.3% 下降至 4%，到 8 月底，失业人数较 2020 年同期减少了 21%；截至 2021 年底，IMF 统计数据显示，斯洛文尼亚失业率已从 2020 年的 5% 下降至 4.8%，尽管仍然高于其 2019 年的水平，但是在整个中东欧地区已属于比较低的水平。[2]

继 2008 年之后，斯洛文尼亚于 2021 年 7 月第二次接任欧盟轮值主席国。10 月 5 日至 6 日，斯洛文尼亚在担任欧盟轮值主席国期间进行了两项最重要的活动。一项是在欧盟—西巴尔干领导人峰会之前，欧盟领导人举行非正式工作晚餐，讨论话题聚焦于地缘政治问题；另一项是欧盟—西巴尔干领导人峰会，讨论了 2019—2024 年战略议程和战略行动协调问题，为未来一段时期欧盟与西巴尔干地

---

[1] WIIW. Recovery Beating Expectation. Forecast Reports, AUTUMN 2021.
[2] WIIW. Recovery Beating Expectation. Forecast Reports, AUTUMN 2021.

区的关系定下了基调。这是欧盟参与西巴尔干国家事务的一个重要里程碑。①

2021年6月7日,斯洛文尼亚农业、林业和食品部部长波德戈尔舍克（Jože Podgoršek）签署斯洛文尼亚对中国禽肉出口海关协议,作为中国与中东欧国家海关、检验检疫视频对话的一部分。中国与中东欧国家海关、检验检疫视频对话会议7日至8日由中国海关总署主持召开。斯洛文尼亚农业部宣布,对中方禽肉出口议定书由斯洛文尼亚共和国食品安全、兽医和植物保护局与中国海关总署共同制定。②

二、中斯经贸关系发展近况③

（一）中斯双边贸易近况

据中国海关统计,2021年,中斯进出口贸易总额为59.9亿美元,比上年增长51.4%。其中,中国出口53.6亿美元,比上年增长55.3%；中国进口6.3亿美元,比上年增长24.6%。中国是斯洛文尼亚在亚洲最大的贸易伙伴,也是斯欧盟外第二大进口来源国。

2020年,中斯进出口贸易总额为39.6亿美元,比上年增长了0.8%。其中,中国出口34.5亿美元,比上年增长1.2%；中国进口5.1亿美元,比上年下降1.5%。

2020年,中国对斯洛文尼亚主要出口商品包括电机、电气、音像设备及其零附件,针织或钩编的服装及衣着附件,锅炉、机械器具及零件,非针织或非钩编的服装及衣着附件,有机化学品等。

2020年,中国自斯洛文尼亚主要进口商品包括电机、电气、音像设备及其零附件,车辆及其零附件,机械器具及零件,塑料及其制品,光学、照相、医疗等设备及零附件等。

（二）中斯相互投资近况

据中国商务部统计,2020年中国对斯洛文尼亚直接投资流量为－1.33亿美元；截至2020年底,中国对斯洛文尼亚直接投资存量为4680万美元。

中国对斯洛文尼亚投资的主要项目有：2018年,中国海信集团出资约3亿欧元收购了斯洛文尼亚著名家电制造商戈兰尼亚（Gorenje）,持有该公司100%股权,2018年,Gorenje营收达11.84亿欧元,其中家电核心业务营收达10.74亿欧元（占整体营收的91%）。海信收购Gorenje后,对其进行了业务重组,（通过出

---

① 中国—中东欧研究院.10月份斯洛文尼亚担任欧盟轮值主席国的动态及欧盟—西巴尔干领导人峰会[R].2021-10.
② 更多信息请参考：http://si.mofcom.gov.cn/article/jmxw/202106/20210603079154.shtml。
③ 中国商务部国际贸易经济合作研究院,中国驻斯洛文尼亚大使馆经济商务参赞处,中国商务部对外投资和经济合作司.对外投资合作国别（地区）指南斯洛文尼亚（2021年版）[R].2022.

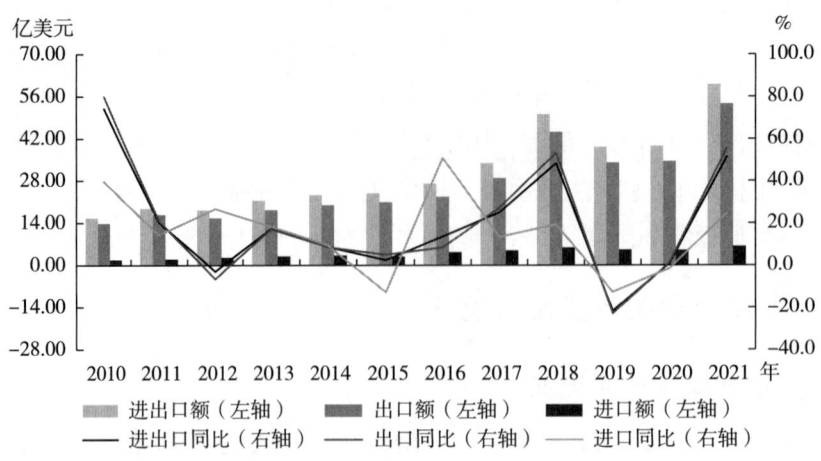

图 8-11　2010—2021 年中斯双边贸易概况

(数据来源：中国海关、Wind 资讯)

售及退市) 陆续剥离除制造和营销家用电器外的非核心业务。2020 年由于新冠肺炎疫情订单和收入急剧下降，海信于 2020 年 4 月底启动了裁员计划，同时停止其在欧洲的生产基地。[①] 不过，裁员未改变海信在斯洛文尼亚设立电视机生产工厂的计划，即在 2020 年底建成年产 100 万台电视机的工厂，新增数百个就业岗位，计划在 2023 年前将年产量提高至 400 万台。[②] 2022 年 1 月，海信欧洲集团(Gorenje 古洛尼公司) 为应对新订单启动新一轮招聘计划，招聘 250~400 名新员工，以及另外 60 名技术人员、机械师、货物处理员和工程师。

斯洛文尼亚戈兰尼亚 (Gorenje) 公司成立于 1950 年，现拥有员工 11000 多名，每年制造大型家电超过 500 万台，年销售额超过 13 亿欧元。2019 年出口额排在斯洛文尼亚最大出口商前 10 位，高达 11 亿欧元。

据斯洛文尼亚央行统计数据，截至 2017 年底，斯洛文尼亚在华投资额累计 4530 万欧元，主要集中在制造业、批发零售业等领域。主要项目包括：①雷瑞卡(苏州) 汽车电器有限公司；②中斯科技公司 (SinosloTechnology)；③苏州海达瑞柴油冷启动技术有限公司；④宁波美诺华科尔康制药有限公司；⑤KOLEKTOR 公司南京分公司；⑥蝙蝠 (中国) 飞机制造公司。

据中国商务部统计，2020 年中国企业在斯洛文尼亚新签承包工程合同额 210 万美元，完成营业额 360 万美元。

---

① 更多信息请参考：http://jiaju.sina.cn/news/20200601/6673042687811453851.shtml。
② 更多信息请参考：https://www.investgo.cn/article/yw/alfx/202004/485400.html。

第九章 中东欧—非欧盟国家

第一节 阿尔巴尼亚

一、阿尔巴尼亚经济环境和政策回顾

2021年阿尔巴尼亚经济表现十分出色，据IMF 2022年4月的修订数据，该国GDP全年增速高达8.5%，是中东欧地区经济增速第三高的国家。2021年第二季度，阿尔巴尼亚经济几乎已经恢复到了疫情危机前的水平，同比增速为18%，甚至高出2019年同期水平2.5个百分点；推动经济强劲增长的主要动力是建筑业和制造业，其中建筑业同比增速高达30%；此外，经济的快速恢复还得益于政府支出和家庭消费的复苏，两个领域分别实现了两位数的增长；与此同时，固定资本形成总额也增长了36%，货物和服务的出口也取得了长足发展，为经济增长作出了积极的贡献。2021年1—8月，阿尔巴尼亚政府总收入同比增长19%，超出最初5%的目标；受资本支出的推动，总支出也增长了9.6%；截至2021年底，阿尔巴尼亚的财政赤字占GDP比重仍然有3%，政府债务同样偏高（73%）。虽然阿尔巴尼亚经济复苏势头强劲，其劳动力市场表现却相对较差。据WIIW的统计数据，2021年第二季度阿尔巴尼亚的失业率为11.6%；2021年上半年，新就业人口增加不到7000人。这主要是由阿尔巴尼亚的经济结构和增长动力所决定的，正如上文提及，建筑业是阿尔巴尼亚此次经济复苏的主要动力，但该行业提供的就业机会很大一部分都是非正式的季节性工作，对缓解劳动力市场作用并不大。[①]

阿尔巴尼亚银行业在疫情危机期间表现良好，为该国经济复苏提供了积极的

---

① WIIW. Recovery Beating Expectation. Forecast Reports, AUTUMN 2021.

支持。截至 2021 年 7 月底，阿尔巴尼亚银行不良贷款率下降至 7.1%，8 月底，信贷需求同比增长 7%；非金融私营部门和家庭对信贷的需求都有所增加，尤其是后者的增幅达 11%，WIIW 报告显示，家庭贷款的增加很大一部分是用于购买耐用品和住房。①

2021 年 4 月 25 日，阿尔巴尼亚举行议会选举，投票选出 140 名议员。本届议会选举主要在已连续执政两个任期的社会党和主要反对党民主党之间展开。阿尔巴尼亚全国共设 5199 个投票站，有包括侨居国外选民在内的超过 358 万合格选民。投票于当地时间早 7 时开始，晚 7 时结束。选举结果公布时间取决于计票速度。根据阿尔巴尼亚政府相关规定，全国共有 2.3 万多名公民因感染新冠肺炎需居家隔离，不允许投票。阿尔巴尼亚近日单日确诊新冠病例大幅下降至 100 多例，但政府仍要求选民在投票时严格遵守防疫规定，戴口罩并保持社交距离。②

2021 年 10 月 29 日，中国国务委员兼外交部长王毅抵达阿尔巴尼亚进行访问。王毅部长的议程包含在阿尔巴尼亚外交部、总统府和总理办公室举办的高级别会谈，双方就中阿双边关系及两国经贸、文化、外交、对外政策等方面，交换了各自的立场意见。此次访问是新时代加强和增进中阿两国关系的契机，其意义已超越双边会谈本身。③

二、中阿经贸关系发展近况④

（一）中阿双边贸易近况

据中国海关统计，2021 年，中阿双边贸易额为 7.5 亿美元，同比增长 16.2%。其中，中方出口 5.9 亿美元，同比增长 3.6%；中方进口 1.6 亿美元，同比增长 106.2%；中国对阿尔巴尼亚贸易顺差 4.3 亿美元。

2020 年，中阿双边贸易额为 6.5 亿美元，下降 7.5%。其中，中方出口 5.7 亿美元，同比下降 5%，主要出口空调、灯具及家具等；进口 0.8 亿美元，同比下降 22.4%，主要进口铬、铜等矿产品（占比超 70%）、大理石等。

据阿尔巴尼亚国家统计局数据，2020 年，阿中双边贸易额为 590.41 亿列克（约合 5.4 亿美元，不含港澳台数据），同比下降 10%（按美元计算），占阿尔巴

---

① WIIW. Recovery Beating Expectation. Forecast Reports, AUTUMN 2021.
② 更多信息请参考：http://www.xinhuanet.com/world/2021-04/25/c_1127374650.htm。
③ 中国—中东欧研究院. 中国国务委员兼外交部长王毅访问阿尔巴尼亚 [R]. 2021-11.
④ 中国商务部国际贸易经济合作研究院，中国驻阿尔巴尼亚大使馆经济商务参赞处，中国商务部对外投资和经济合作司. 对外投资合作国别（地区）指南阿尔巴尼亚（2021 年版）[R]. 2022.

尼亚对外贸易总额的6.7%。其中，阿方出口50.03亿列克（约合0.46亿美元），同比下降19.4%；进口540.38亿列克（约合4.98亿美元），同比下降9.5%；阿尔巴尼亚对华贸易逆差为490.35亿列克（约合4.52亿美元）。2020年，中国是阿尔巴尼亚第五大贸易伙伴。

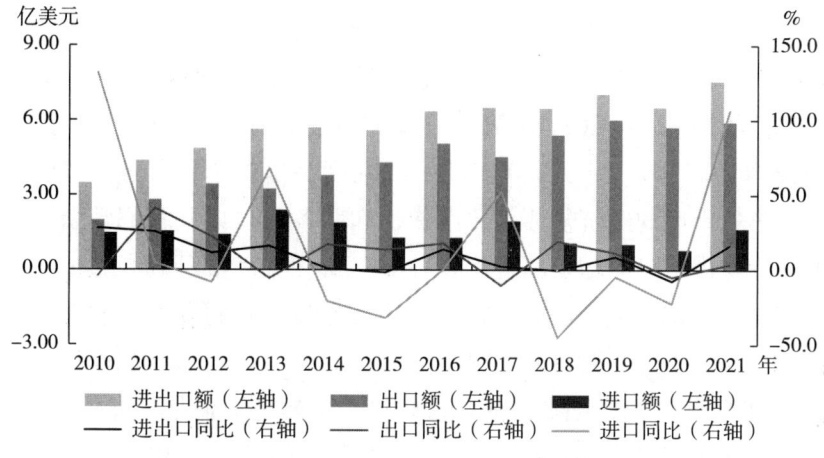

图9-1 2010—2021年中阿双边贸易概况

（资料来源：中国海关、Wind资讯）

（二）中阿相互投资近况

中国商务部《2020年度中国对外直接投资统计公报》显示，2020年中国对阿尔巴尼亚直接投资流量为10万美元；截至2020年底，中国对阿尔巴尼亚直接投资存量为600万美元。

据中国商务部统计，2020年中国企业在阿尔巴尼亚无新签承包工程合同，完成营业额1885.1万美元；累计派出各类劳务人员296人，年末在阿尔巴尼亚劳务人员377人。

2020年，在阿尔巴尼亚开展业务的中国企业主要有从事石油开发的洲际油气股份有限公司，从事机场运营的中国光大控股有限公司，从事铜矿合作的江西铜业集团公司，从事石油服务的海隆石油技术服务有限公司和山东科瑞控股集团有限公司，从事电信合作的华为技术有限公司，从事广播电视合作的中国广播电视国际经济技术合作总公司等。此外，中国建筑股份有限公司、中国电建集团国际工程有限公司、中国交通建设股份有限公司、中国葛洲坝集团海外投资有限公司、北方国际合作股份有限公司、中国电力技术装备有限公司等企业均在阿尔巴尼亚长期跟踪交通、能源等基础设施项目。

第二节 波黑

一、波黑经济环境和政策回顾

得益于大规模的疫苗接种以及疫情限制措施的放松，自 2021 年第二季度，波黑经济开始反弹。据 IMF 统计数据，2021 年波黑经济增速恢复至 5.8%，高于欧盟 5.4% 的平均水平。继 2021 年第一季度 GDP 同比增长 2.5% 之后，第二季度 GDP 快速反弹至 11.6%，比 2020 年的下降幅度高出 3 个百分点，经济已超过疫情前水平。第二季度的经济复苏主要由货物和服务出口以及家庭消费的增长所推动，其中，货物进出口的增长幅度均超过了 2020 年同期的下降幅度；波黑旅游业在 2020 年下降了约 70%，不过在 2021 年第二季度，该行业开始复苏，收入同比增速高达 71.3%；1—10 月入境波黑游客达 80.83 万人次，同比增长 87.1%。① 波黑政府在 2021 年继续实施宽松的财政政策，主要是为企业、家庭和卫生部门提供资金支持。波黑政府在连续五年盈余之后，赤字占 GDP 比重在 2020 年为 5.3%，而 2021 年的赤字率有所缓解（4.6%）；2021 年前两季度，波黑公共债务有上升的趋势，但由于该国借款能力有限，其政府债务占 GDP 比率偏低 (39.5%)。②

2021 年度值得一提的经济事件还包括波黑塞族共和国即将实施的《财税法》。旧的《财税法》于 2009 年实施、2014 年修订，但是旧法将小企业排除在财税体系之外。新的《财税法》旨在减少灰色经济，推动财政管理现代化，或将小企业纳入立法适用范围。然而，小企业受到新冠肺炎疫情严重影响，如果再对其征税，将使它们处于更加困难的境地。③

2021 年 3 月 1 日，位于波黑联邦莫斯塔尔的波德韦莱日耶（Podvelezje）风力发电站建设完工，这是波黑第一座风力发电站。波黑主席团克族成员科姆希奇和波族成员扎费罗维奇于 3 月 2 日出席竣工仪式。该电站装机容量为 48MW，年发电量为 130GWh。该项目承包商是德国西门子公司，总投资约 6500 万欧元。④

2021 年 11 月，经波黑联邦总理诺瓦利奇证实，个人所得税法草案将税率从 10% 上调至 13%，但不会对 800 马克以下的收入征收该税。⑤

---

① 中欧陆家嘴国际金融研究院、中东欧经济研究所，《中东欧视界》，2021（12）。
② WIIW. Recovery Beating Expectation. Forecast Reports, AUTUMN 2021.
③ 中国—中东欧研究院.2021 年波黑经济情况回顾［R］.2021 – 12.
④ 更多信息请参考：http://ba.mofcom.gov.cn/article/jmxw/202103/20210303042044.shtml。
⑤ 更多信息请参考：http://ba.mofcom.gov.cn/article/jmxw/202111/20211103218508.shtml。

二、中波经贸关系发展近况①

(一) 中波双边贸易近况

2020年4月，中国与波黑在波黑签署《中华人民共和国国家卫生健康委员会和波斯尼亚和黑塞哥维那民政部卫生和医学科学领域合作谅解备忘录》。

据中国海关统计，2021年中国和波黑双边贸易额为2.8亿美元，同比增长42.6%。其中，中国对波黑出口1.4亿美元，同比增长14%；自波黑进口1.4万美元，同比大增89.8%；中方逆差101万美元，也是13年来的首次贸易逆差。

2020年中国和波黑双边贸易额为1.93亿美元，同比增长0.4%。其中，中国对波黑出口额为1.2亿美元，同比增长4.3%，自波黑进口额为0.73亿美元，同比下降5.5%；中方贸易顺差0.47亿美元。

据中国海关统计，2020年中国对波黑出口商品主要包括：①锅炉、机械器具及其零件；②电机、电气、音像设备及其零附件；③钢铁；④光学、照相、电影、计量、检验、医疗或外科用仪器及设备、精密仪器及设备；⑤其他纺织品；⑥家具、寝具、灯具等制品，活动房；⑦橡胶及制品；⑧塑料及制品；⑨铝及制品；⑩车辆及其零件、附件。

中国从波黑进口商品主要包括：①木及木制品，木炭；②非针织或非钩编的服装及衣着附件；③车辆及其零附件；④鞋靴、护腿和类似品及其零件；⑤家具、寝具、灯具等制品，活动房；⑥锅炉、机械器具及其零件；⑦电机、电气、音像设备及其零附件；⑧纸及纸板；⑨盐、硫磺、泥土及石料，石膏料、石灰及水泥；⑩钢铁制品。

(二) 中波相互投资近况

中波相互投资较少。据中国商务部统计，2020年，中国对波黑直接投资流量为858万美元；截至2020年底，中国对波黑直接投资存量为2286万美元。山东对外经济技术合作集团有限公司以特许经营方式在波黑投资高速公路建设，此外有华商在波黑开办石材厂、酒店、小型贸易公司等。

2020年中国企业在波黑新签承包工程合同9份，新签合同额3.55亿美元，完成营业额8783.1万美元；累计派出各类劳务人员187人，年末在波黑劳务人员270人。

目前，中国在波黑开展的相关项目有：

---

① 中国商务部国际贸易经济合作研究院，中国驻波黑大使馆经济商务参赞处，中国商务部对外投资和经济合作司. 对外投资合作国别（地区）指南波黑（2021年版）[R]. 2022.

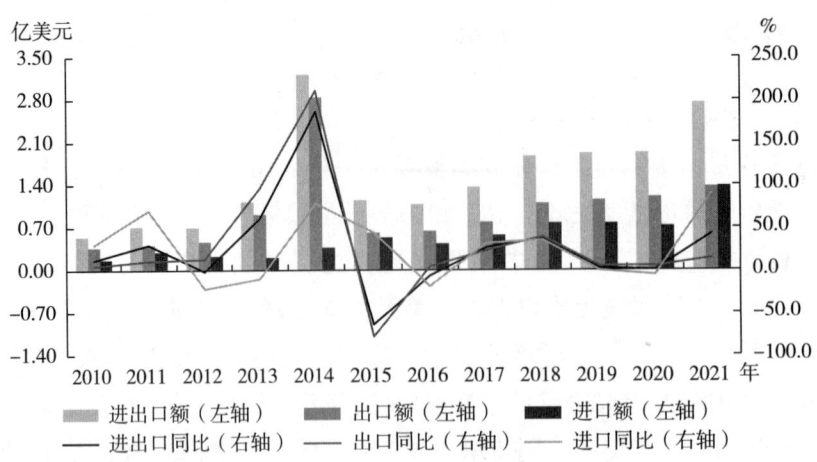

图 9-2　2010—2021 年中波双边贸易概况

（资料来源：中国海关、Wind 资讯）

2018 年 11 月，中国国药集团中标波黑多博伊医院设计、采购、建造项目。2019 年 3 月，双方签署项目商务合同并奠基。2021 年 9 月 20 日，多博伊医院新建项目举行封顶仪式。

2019 年 4 月，中国建筑和中国电建集团分别中标波黑 5C 走廊高速公路项目（波契泰利 POCITELJ—兹维罗维契 ZVIROVICI 段）的两个标段，并均于 2019 年 11 月正式开工。截至 2021 年 9 月底，计划修建的 278 公里泛欧 5C 走廊高速公路已建成 122 公里。

2020 年 4 月，葛洲坝集团中标达巴尔水电站项目；5 月，双方签署了达巴尔水电站项目 EPC 合同，总金额约 17 亿元人民币。2022 年 1 月 24 日，中国信保正式承保该项目，承保金额 2.44 亿欧元。达巴尔水电站是中资企业在中东欧地区承建的最大水电项目。项目位于波黑塞族共和国特雷比涅大区，主要工作内容为设计采购施工 160 兆瓦径流式水电站的全部设施，合同工期 48 个月。2022 年 3 月 16 日，达巴尔水电站项目水轮机设备采购合同正式签署，合同额 3000 多万欧元，标志着中企承建的波黑最大水电站项目进入履约快车道。[①]

2020 年 6 月，由中国能建葛洲坝集团牵头，与中国能建广东省电力设计研究院组成联合体，以 EPC 总承包模式建设的波黑图兹拉火电站 7 号机组工程正式开工。图兹拉火电站 7 号机组是波黑国家历史上最大的基建投资项目。中国进出口银行为该项目提供融资。

2021 年 6 月，国机集团中国电力工程有限公司与 Sunningwell International LTD

---

① 更多信息请参考：https://www.chinca.org/sjtcoc/info/22031815593611。

公司签订了波黑乌格列维克 3 号电站项目及配套 420 万吨露天煤矿建设项目设计采购施工（EPC）合同。

第三节 黑山

一、黑山经济环境和政策回顾

与大部分中东欧国家类似，从 2021 年第二季度开始，黑山在工业生产、零售、货物出口和旅游业等经济领域均实现了大幅的增长。据 2022 年 4 月 IMF 修订数据，黑山 2021 年经济增速高达 12.4%，是中东欧地区增长最快的国家。2021 年第一季度，黑山 GDP 增速仍然为负 (-6.4%)，但 2021 年第二和第三季度，黑山出现了经济复苏的迹象，其中第二季度同比增长 19%，这主要受出口和消费的推动；2021 年 7—8 月，在黑山过夜游客较 2020 年同期增加了 4 倍，仅比 2019 年同期水平低 13%，反映出黑山旅游业几乎已从疫情危机中恢复。2021 年黑山政府预算赤字和公共债务水平仍然在一个较高水平，两者占 GDP 比重分别为 4.6% 和 91%，但是值得一提的是，这两个指标较 2020 年有了一定的改善。[①]

在经历了 2020 年的通货紧缩之后，2021 年黑山物价有所上涨。由于黑山经济发展的特点是依赖进口，国际市场的趋势已经影响到黑山市场的形势。2021 年前 6 个月的年通胀率为 1.2%，而 6 月份的通胀率则达到 2.4%。涨幅最大的是食品、燃料、住宿服务等价格，这不仅直接影响到人们的生活水平，也影响到商业发展。为了减少价格上涨对居民生活水平的影响，黑山政府通过了《关于确定白粒小麦面包最高零售价格的决定》。根据该决定，政府已经规定了所有从事面包生产的公司在 2021 年 12 月底之前必须遵守的面包最高价格。[②]

鉴于 2020 年新冠肺炎疫情对黑山经济的严重影响，黑山政府为改善经济状况和人民生活水平，于 2021 年通过一项名为"此刻欧洲"的改革计划，根据制订者的意图或可称为"马歇尔计划"。该计划旨在在提高公众生活水平，改善劳动力市场状况，由此意味着该计划也将在增加就业、减少非正规就业和灰色经济，以及改善商业和投资环境方面发挥作用。该计划包括提高最低工资、实行累进税制，并通过降低劳动力税负来降低雇主成本。[③]

2021 年 11 月，中国—中东欧国家合作框架内重要基础设施建设项目——黑

[①] WIIW. Recovery Beating Expectation. Forecast Reports, AUTUMN 2021.
[②] 中国—中东欧研究院. 黑山经济改革计划："马歇尔计划"[R]. 2021-10.
[③] 中国—中东欧研究院. 2021 年通胀增长：黑山经济面临新挑战 [R]. 2021-10.

山南北高速公路优先段项目主体工程顺利完工，标志着两国在中国—中东欧国家合作框架内交通基础设施建设领域合作取得具有里程碑意义的重大成果。项目全长40.8公里，共16座隧道，20座桥梁，4座互通立交，桥隧比高达60%，是黑山历史上首条高速公路，被誉为"世纪工程"，也是中国企业在欧洲实施的海拔最高、地质条件最复杂、桥隧比最高、施工难度最大的高速公路项目。项目由中国进出口银行提供融资支持，由中国路桥承建。中国路桥秉承共商共建共享原则，克服施工规范差异、材料供应短缺和新冠肺炎疫情影响，于11月30日按期完成建设任务，从而填补了巴尔干国家中最后一块高速公路空白。11月29日，黑山资本投资部部长博亚尼奇向媒体宣布，黑山南北高速公路优先段项目主体工程完工，项目将进入调试、验收阶段。①

二、中黑经贸关系发展近况②

（一）中黑双边贸易近况

中国对黑山长期保持贸易顺差。据中国海关统计，2021年中国和黑山双边贸易额为1.1亿美元，同比下降36.9%。其中，中国对黑山出口9614万美元，同比下降15%；自黑山进口1153万美元，同比下降79.9%；中方顺差8461万美元。

2020年中国和黑山双边贸易额为1.7亿美元，同比增长8.7%。其中，中国对黑山出口1.1亿美元，同比下降0.6%；自黑山进口5737万美元，同比增长32.5%；中方顺差5579万美元。

据黑山方统计，2020年黑山与中国进出口贸易额为2.4亿欧元，与2019年基本持平。其中，黑山出口额为2213万欧元，增长27.1%；进口额为2.2亿欧元，下降1.8%。

（二）中黑相互投资近况

据中国商务部统计，2020年中国对黑山直接投资流量为6725万美元；截至2020年末，中国对黑山直接投资存量为1.53亿美元。

2020年中国企业在黑山新签承包工程合同2份，新签合同额7713万美元，完成营业额1.59亿美元；累计派出各类劳务人员684人，年末在黑山劳务人员703人。

主要在建合作项目有两个。

---

① 更多信息请参考：http://www.mofcom.gov.cn/article/zwjg/zwxw/zwxwoz/202112/20211203222580.shtml。
② 中国商务部国际贸易经济合作研究院，中国驻黑山大使馆经济商务参赞处，中国商务部对外投资和经济合作司. 对外投资合作国别（地区）指南黑山（2021年版）[R]. 2022。

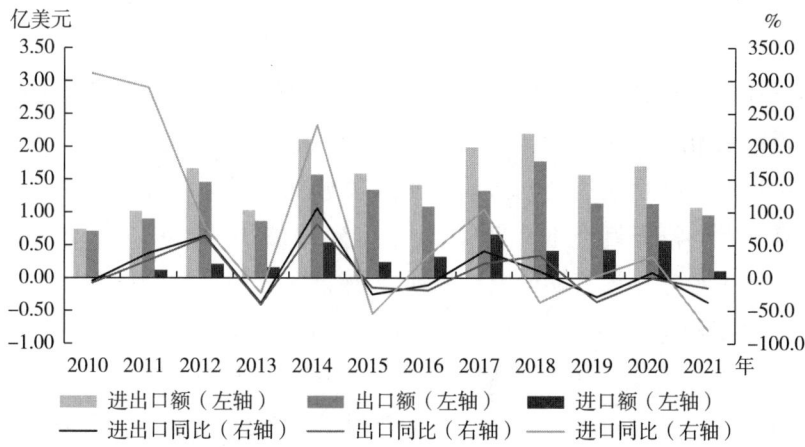

图 9 – 3　2010—2021 年中黑双边贸易概况

（资料来源：中国海关、Wind 资讯）

一是南北高速公路优先段项目。该项目（南部港口城市巴尔至北部边境城市博利亚雷高速公路）是黑山首条高速公路建设项目，主干道全长约 180 公里，拟分 5 段建设。中国路桥承建的南北高速公路优先段（斯莫科瓦茨至马泰塞沃路段）是项目的一期工程，全长约 41 公里，桥隧比高达 60%，合同额约 8 亿欧元。项目目于 2015 年 5 月 11 日正式开工，2021 年 11 月 30 日项目主体工程顺利完工。

二是普列夫利亚热电站一期生态改造项目。2019 年底，东方电气与黑山企业组成的联合体中标普列夫利亚热电站一期生态改造项目。项目包括 3 个系统改造（除灰渣系统改造、启动锅炉改造、消音降噪功能改造）和 4 个新建系统（脱硫脱硝系统、机力通风冷却塔系统、污水处理系统、供热系统），总预算约 5445 万欧元，合同设计工期 5 个月，施工总工期 39 个月。2020 年 6 月，东方电气与黑山电力公司签订项目 EPC 总包合同。

新签项目包括：2020 年 12 月 18 日，中国电建与波黑全球绿色能源公司（Global & Green Energija D. o. o.）签署波黑德荣拉（DERALA）168.2MW 风电项目 EPC 合同，项目总金额约 2 亿美元；2021 年 7 月 23 日，中国水电建设集团国际工程有限公司签署了"波黑布拉加伊熟料水泥厂项目"的商务合同。

第四节　北马其顿

一、北马其顿经济环境和政策

相较于其他西巴尔干国家，2021 年北马其顿的经济复苏势头较弱，IMF 数据显示，北马其顿GDP增速在2020年下滑6.1%的情况下，2021年仅反弹了4%，远低于西巴尔干地区7.6%的平均水平。从经济领域来看，北马其顿的工业2021年上半年增速为6.6%。北马其顿三个重要的经济部门——采矿业、能源与服装制造业恢复形势相对较差，其中，能源和采矿业是因可再生能源投资不足而下降，服装制造业的问题在于技术落后，附加值偏低，已无法跟上发展趋势。与之对比，北马其顿的汽车制造业在2021年上半年增加了11.5%，呈现出较强的增长趋势。整体来看，北马其顿的财政政策支持力度较弱，这对该国经济的复苏造成了影响。2021年上半年，北马其顿政府总支出占GDP的比重为34.8%，低于2020年的38.4%，由此反映了政府对企业和家庭的支持措施在减少。尽管财政支持较弱，但公共债务占GDP比重在2021年继续上升，截至2021年第二季度末，该数值已达到64.4%，比2020年提高了4.2个百分点。①

北马其顿劳动力市场的疲软同样反映出该国经济增长势头的不足。2021年第二季度的就业水平比2020年第一季度低2%，这意味着约1.6万人在疫情期间失去了工作。下降幅度最大的部门是农业、工业、交通和旅游业，所有这些部门都具有相当大比例的非正式工作职位。尽管就业率在下降，工资却在继续增长，WIIW统计数据显示，2021年前7个月，工资名义增速为6.1%，其推动因素包括物价上涨和最低工资上涨（2021年4月上涨1.7%）、文化领域的工资上涨、保健部门工资因疫情而提高、IT行业的薪酬因其繁荣而上升、疫情复苏促使旅游业工资上涨。2021年第三季度，北马其顿经济出现了较为积极的进展，一方面，7—8月的政府总支出同比增长了11.7%，资本支出同比增长57%；另一方面，9月北马其顿组织了一次自2002年以来的人口普查，这有助于该国政府更加准确地进行此后的经济统计。②

2021年10月26日，政府通过了财政部与其他有关政府部门联合制订的《2022—2026年增长加速计划》（GAP）。据财政部长称，该计划旨在实现财政整合和稳定的公共债务，预计将使北马其顿国内生产总值年增长率多出5个百分点，并且为公共和私营部门带来120亿欧元的新投资和15.6万个工作岗位。③

2021年北马其顿共进行了两轮地方选举，分别在10月17日和10月31日举行。80个市镇和首都斯科普里市（Skopje）的市长和市议员由民众投票选举产生。2021年第一轮选举结果已经预示着本年度将出现重大政治变局：2017年地方选举胜出者为当今的执政党社民盟，但是在2021年的选举中，反对党北马其顿内

---

① WIIW. Recovery Beating Expectation. Forecast Reports, AUTUMN 2021.
② WIIW. Recovery Beating Expectation. Forecast Reports, AUTUMN 2021.
③ 中国—中东欧研究院.2021年北马其顿经济状况回顾［R］.2021-12.

部革命组织民族统一民主党（VMRODPMNE）在斯科普里市等主要城市取得了巨大的胜利。北马其顿社会民主联盟遭遇惨败，说明社会公众不仅对市议会和市长的工作不满意，而且对整个政府更是大失所望。从政治层面看，这也将破坏中央政府执政的稳定性，这一点在政府总理扎埃夫于10月31日提出辞职时，显得尤为明显。扎埃夫的辞职一石激起千层浪，北马其顿政坛此后数周内动荡不安。11月6日，反对党声称组成了新的多数党执政联盟，但是11月11日反对党未能如愿发动对政府不信任案投票。尽管本届政府设法保住了执政地位，但为此进行的政治交易和面临的不利环境，进一步削弱了其执政的稳定性和合法性。①

二、中北马经贸关系发展近况②

（一）中北马双边贸易近况

由于统计方法不同以及转口等原因，中北马两国对双边贸易的统计数据差异较大。据中方统计，2021年中北马双边贸易额为6亿美元，同比增长56.3%。其中，中方出口2.2亿美元，同比增长43%；从北马进口3.8亿美元，同比大幅增长65.5%。中方逆差1.5亿美元。

2020年中北马双边贸易额为3.84亿美元，同比增长36.3%。其中，中方对北马出口1.57亿美元，同比增长16.3%；从北马进口2.27亿美元，同比增长54.5%。

据北马方统计，2020年中北马双边贸易额为7.6亿美元，同比增长7.4%。其中，中方对北马出口6亿美元，同比增长10.0%；从北马进口1.6亿美元，同比下降1.4%。2020年，中国成为北马其顿第五大贸易伙伴。

据中国海关统计，近年来，中国对北马其顿出口商品主要有手机、通信设备、便携式电脑等。中国从北马其顿进口商品主要有矿物、钢铁及其制品等。

（二）中北马相互投资近况

据中国商务部统计，2020年中国对北马其顿直接投资流量为-400万美元。截至2020年末，中国对北马其顿直接投资存量为1710万美元。

2020年中国企业在北马其顿新签承包工程合同1份，新签合同额5156万美元，完成营业额9194万美元；累计派出各类劳务人员32人，年末在北马其顿劳务人员396人。新签大型工程承包项目包括水电国际工程承包北马其顿肯切沃—

---

① 中国—中东欧研究院. 2021年北马其顿政治回顾［R］. 2021-12.
② 中国商务部国际贸易经济合作研究院，中国驻北马其顿大使馆经济商务参赞处，中国商务部对外投资和经济合作司. 对外投资合作国别（地区）指南北马其顿（2021年版）［R］. 2022.

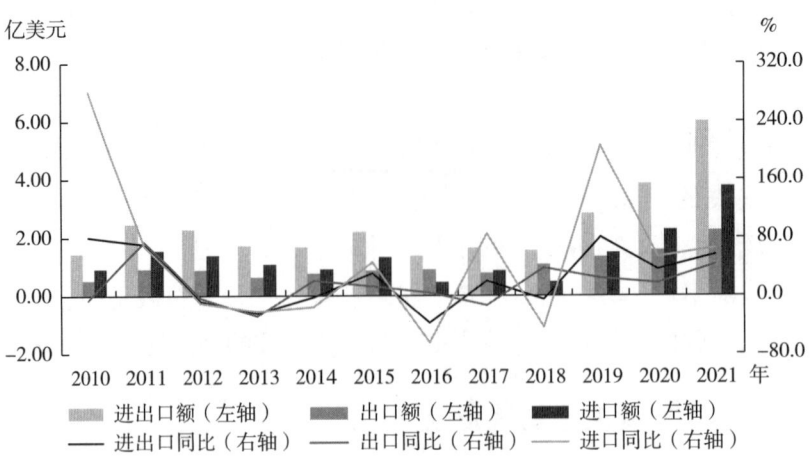

图 9-4 2010—2021 年中北马双边贸易概况

(资料来源：中国海关、Wind 资讯)

奥赫里德高速公路项目变更与新增、水电国际工程承包北马其顿肯切沃—奥赫里德高速公路项目 3 号补充协议等。

进入 21 世纪，中国企业与北马其顿经贸交流增多，中国水利电力对外公司承建了北马其顿科佳水电站项目，科佳水电站被誉为北马其顿的"小三峡"。2007 年以来，中国企业在北马其顿连续中标一些重要项目，如海关集装箱检测设备项目、教育部电脑采购项目、电信 DWDM 国家骨干传输网项目、信息部笔记本电脑项目、双层巴士项目、米拉达蒂诺维奇—斯蒂普和基切沃—奥赫里德高速公路项目、动车组项目和电力机车项目等。

2022 年 3 月，中国能建签约北马其顿首座垃圾发电站项目 EPC 合同。该项目总装机容量为 40 兆瓦，是北马其顿境内首座垃圾发电站，也是该国能源战略项目，项目建成后将可处理该国 70% 的生活垃圾。

第五节 塞尔维亚

一、塞尔维亚经济环境和政策回顾

得益于政府的全力支持以及疫苗的大范围推广，塞尔维亚 2021 年 GDP 增速恢复至 7.4%，高于中东欧地区 6.6% 的平均水平。2021 年第二季度，政府支出同比下降 3.8%，这主要是由 2020 年较高的基数所致；2021 年上半年的政府预算赤字仅为 GDP 的 1.3%，远低于 2020 年的 8.1%。塞尔维亚的公共债务在 2020 年大幅增加后，于 2021 年企稳，截至 7 月底，公共债务占 GDP 比重为 55.2%，略低于 2020 年底的 57.4%；9 月，塞尔维亚政府发行了两只欧元计价的债券，第一只是 7 年期的绿色债券，总额为 10 亿欧元，所筹资金将用于绿色项目；第二只是 15 年期债券，总额为 7.5 亿欧元，用于帮助偿还旧债务。塞尔维亚良好的经济复苏势头同样为其劳动力市场提供了稳定的基础。据 WIIW 的统计数据，2021 年第二季度，塞尔维亚就业率达到 48.3%，创历史新高，比 2020 年第一季度的就业人数增加了 7.1 万人。劳动力市场的改善也体现在平均工资水平上，2021 年前 7 个月，塞尔维亚名义平均工资同比增长 8.2%。虽然这种改善可能是由于最低工资和公共部门工资的提高而引起的，但改善的基础是广泛的，即包括了所有行业和地区、公共及私营、全职或半职员工。①

欧盟一体化进程的推进加快了塞国内相关法律的制定和通过。2021 年 3 月，塞尔维亚政府通过了关于可再生能源资源、能源、能效和矿业的一套法案，并将其送交议会通过。塞尔维亚共和国国民议会通过了两项新的法律——《可再生能源资源法》和《能源效率和合理利用法》，并修订了《能源法》和《采矿和地质研究法》。②

2021 年 3 月 31 日，塞尔维亚总统武契奇和总理布尔纳比奇出席 E763 新贝尔格莱德—苏尔钦段高速公路开工仪式，该条公路将把贝尔格莱德与"米洛什大公"高速公路连接起来。陈波大使，塞尔维亚建设、交通和基础设施部部长莫米洛维奇，贝尔格莱德市市长德洛布尼亚克、副市长维西奇和新贝尔格莱德区主席沙比奇出席仪式。③

2021 年 4 月 14 日，刘恺参赞出席塞尔维亚诺维萨德绕城路及跨多瑙河桥梁合作谅解备忘录签字仪式并致辞。该备忘录由塞尔维亚建设交通和基础设施部部长莫米洛维奇、塞通道公司代理总经理安蒂奇和中国路桥工程有限责任公司副总经理张晓元签署。诺维萨德绕城公路项目包括建设诺维萨德绕城公路及新建一座跨多瑙河大桥。根据备忘录内容，中国路桥将开始对项目进行建设规划和技术研究，提供概念性解决方案以及环境影响评估。此项备忘录是实施诺维萨德绕城公路项目的关键一步，项目总价值预计为 1.3 亿欧元，将由中国路桥和塞通道公司合作完成。④

2021 年 4 月 24 日，中国延锋汽车饰件公司在塞尔维亚的第二座工厂在克拉古耶瓦茨竣工。第一座工厂于 2019 年底运营，生产部分汽车内饰，而新工厂将于

---

① WIIW. Recovery Beating Expectation. Forecast Reports，AUTUMN 2021.
② 中国—中东欧研究院. 塞尔维亚环保政策和措施 [R]. 2021-07.
③ 更多信息请参考：http://yu.mofcom.gov.cn/article/jmxw/202104/20210403049485.shtml.
④ 更多信息请参考：http://yu.mofcom.gov.cn/article/jmxw/202104/20210403052837.shtml.

5月开始运营,生产汽车座椅。延锋的客户包括德国奔驰等知名品牌。该工厂目前在克拉古耶瓦茨有约450名员工,最终目标是雇佣800名员工。这将解决1000多个家庭的生计,相对来说不是小数字。新工厂主要雇佣年轻人,他们对工作条件非常满意。延锋总部位于上海,在20个国家/地区拥有约110个工厂和技术中心,在全球拥有32000多名员工。[①]

2021年4月29日,由中国电建集团承建的贝尔格莱德绕城公路S4标段举行通车仪式,塞尔维亚总统武契奇,建设交通和基础设施部部长莫米洛维奇,陈波大使,塞尔维亚道路公司总经理德罗班亚克,通道公司代理总经理安蒂奇及贝尔格莱德市长拉多伊契奇、副市长韦西奇出席仪式。武契奇指出,当前在建的贝尔格莱德绕城公路奥斯特鲁兹尼卡—布班吉波托克附近萨瓦河桥段将于1年内全部完工。届时,大量经过贝尔格莱德市区的货车将被分流至该绕城路,有效缓解首都交通压力。贝尔格莱德绕城公路奥斯特鲁兹尼卡—布班吉波托克附近萨瓦河桥段,包括S4、S5、S6三个标段,全长20.34公里,完工通车的S4标段长度为7.72公里。该项目合同额为2.27亿欧元,中国进出口银行提供85%的贷款,塞提供15%的资金。[②]

2021年5月,塞尔维亚政府派出工作组对佩克河污染源进行调查,并确认紫金公司马伊丹佩克铜矿已采取相关措施提高污水处理效率,满足了所有减少对河水污染的监管要求。塞监管机构表示,紫金公司已采取了大量措施保护铜矿周边生态环境,逐步解决历史遗留的环保问题,包括建造沉淀池、回收并过滤浮选厂废水、清理佩克河河床污染等。塞尔维亚能矿部部长助理米利亚诺维奇表示,希望紫金公司能成为采矿业的先进典型,并证明塞尔维亚可以实现绿色可持续发展,所有行业都应遵守相关法律法规。政府工作组将继续加强对河流污染监管,争取做到零污染。[③]

2021年12月26日,塞尔维亚建设、交通和基础设施部部长莫米罗维奇和塞尔维亚道路公司总经理德罗布尼亚克同中交集团中国路桥塞分公司负责人在塞西南部谢尼察市市政厅签署E763高速公路波热加—杜加波利亚纳路段项目技术及施工准备商务合同。[④]

[①] 更多信息请参考:http://yu.mofcom.gov.cn/article/jmxw/202104/20210403055607.shtml。
[②] 更多信息请参考:http://yu.mofcom.gov.cn/article/jmxw/202104/20210403057500.shtml。
[③] 更多信息请参考:http://yu.mofcom.gov.cn/article/jmxw/202105/20210503059403.shtml。
[④] 更多信息请参考:https://www.mfa.gov.cn/zwbd_673032/wshd_673034/202112/t20211228_10476197.shtml。

二、中塞经贸关系发展近况[①]

(一) 中塞双边贸易近况

塞尔维亚是中国在巴尔干地区重要的经贸伙伴之一。双边贸易中,中方长期处于顺差地位。据中国海关统计,2021年,中塞双边贸易额为32.4亿美元,创历史新高,同比增长52.5%。其中,中国出口22.4亿美元,同比增长38%;中国进口10亿美元,同比增长100%。中方顺差12.4亿美元。

2020年,中塞双边贸易额为21.2亿美元,同比增长52.4%。其中,中国出口16.2亿美元,同比增长57.3%;中国进口5.0亿美元,同比增长38.2%。中方顺差11.2亿美元。中国是塞尔维亚第三大贸易伙伴。

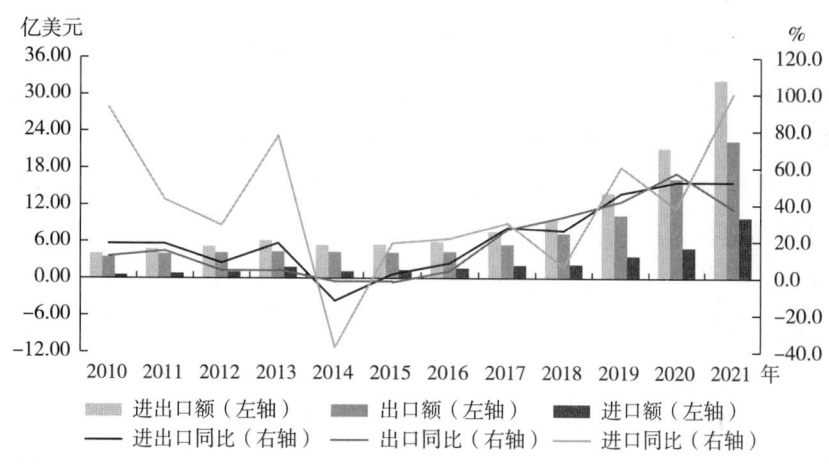

图9-5 2010—2021年中塞双边贸易概况

(资料来源:中国海关、Wind资讯)

(二) 中塞相互投资近况

据中国商务部统计,2020年当年中国对塞尔维亚直接投资流量为1.39亿美元。截至2020年底,中国对塞尔维亚直接投资存量为3.1亿美元。

中国在塞尔维亚较大投资项目包括:山东高速集团收购塞尔维亚一地产企业建设中国文化中心;江苏恒康家居科技股份有限公司与丹麦Everrest APS公司合资成立塞尔维亚艾瑞斯特制品有限公司;江苏嘉德纤维科技有限公司在丘普利亚市租赁厂房开设纤维产品生产厂;河北钢铁集团收购斯梅戴雷沃钢厂全部资产;

[①] 中国商务部国际贸易经济合作研究院、中国驻塞尔维亚大使馆经济商务参赞处、中国商务部对外投资和经济合作司. 对外投资合作国别(地区)指南塞尔维亚(2021年版)[R]. 2022.

山东玲珑轮胎、星宇车灯、延锋汽车先后在塞尔维亚投资设厂。

2018年，紫金矿业收购塞尔维亚波尔（RTB BOR）铜矿63%股权，产品为铜精矿，回收铜、金等金属。2020年，波尔铜矿项目实现销售收入6.96亿美元，同比增长33.8%，是塞尔维亚第三大出口企业。2018年，紫金矿业收购加拿大Nevsun100%股权，旗下拥有塞尔维亚Timok铜金矿项目。2019年，紫金矿业完成对自由港下部矿带72%股份的收购，持有丘卡卢佩吉铜金矿项目，2021年10月，佩吉铜金矿上部矿带正式投产。2022年1—3月，塞出口15强企业前三位均为中资企业，分别是塞尔维亚紫金矿业公司、河钢塞尔维亚公司和塞尔维亚紫金铜业公司。其中，塞尔维亚紫金矿业公司运营不到一年即跃居首位。

2020年中国企业在塞尔维亚新签承包工程合同59份，新签合同额15.67亿美元，完成营业额14.97亿美元；累计派出各类劳务人员3739人，年末在塞尔维亚劳务人员4615人。

2021年11月9日，中国电建签约塞尔维亚贝尔格莱德地铁项目车辆段场地填筑工程，贝尔格莱德地铁项目是塞尔维亚国家优先发展的重大基础设施项目，总金额约50亿美元。

2021年12月26日，中交集团中国路桥签署塞尔维亚E763高速公路波热加—杜加波利亚纳路段项目。

2022年3月11日，中国电建签约塞尔维亚乌日策绕城公路项目。

参考文献

[1] 安永．2020年全年中国海外投资概览［R］．2021-02．

[2] 安永．2021年中国海外投资概览［R］．2022-02．

[3] 东吴证券．欧盟碳中和进程［R］．2021-04-23．

[4] 电力规划设计总院，中国—中东欧国家能源项目对话与合作中心．中国—中东欧能源合作报告［R］．2020．

[5] 海尔智家股份有限公司．海尔智家股份有限公司2021年年度报告［R］．2022-03-30．

[6] 华红娟．中国与中东欧国家产业深度合作的实现路径研究［J］．区域经济评论，2020（5）．

[7] 姜建清．中东欧经济研究报告2018—2019［M］．北京：中国金融出版社，2019．

[8] 姜建清．中东欧经济研究报告2019—2020［M］．北京：中国金融出版社，2020．

[9] 姜建清．中东欧经济研究报告2020—2021［M］．北京：中国金融出版社，2021．

[10] 国泰君安．碳边境调节机制（CBAM）有望推动中欧碳交易体系对标［Z］．金融界，2021-07-20．

[11] 吴必轩．碳关税在欧洲议会内部暂时遇阻［N］．经济观察报，2022-03-01．

[12] 乔斯·德贝克，彼得·维斯．欧盟气候政策说明［R］．欧洲联盟，2016．

[13] 罗兰贝格管理咨询．深度洞见丨欧盟最新低碳发展政策"Fit for 55"一揽子计划解读［R］．2021-08．

[14] 刘作奎. 中国企业对中东欧国家营商环境看法调研报告（2020）[J]. 欧亚经济, 2020（4）.

[15] 欧盟中国商会，罗兰贝格企业管理咨询公司. 深化互利合作 共塑中欧未来[R]. 2021.

[16] 欧盟中国商会. 欧盟将出台碳边境调节机制"Fit for 55"减排一揽子方案下周揭晓[Z]. 周知, 2021-07-09.

[17] 浙商证券股份有限公司, 欧洲推出新能源新政, 加速拥抱新能源大时代——行业专题报告[R]. 2021-07-15.

[18] 中国贸促会研究院. 欧盟营商环境报告2021/2022[R]. 2022-01.

[19] 中国商务部，国家统计局和国家外汇管理局. 2020年度中国对外直接投资统计公报[R]. 2021-09.

[20] 中国欧盟商会. 商业信心调查2021[R]. 2021.

[21] 中欧陆家嘴国际金融研究院、中东欧经济研究所,《中东欧视界》, 2020（4）。

[22] 中欧陆家嘴国际金融研究院、中东欧经济研究所,《中东欧视界》, 2021（8）。

[23] 中欧陆家嘴国际金融研究院、中东欧经济研究所,《中东欧视界》, 2021（12）。

[24] 中欧陆家嘴国际金融研究院、中东欧经济研究所,《中东欧视界》, 2022（1）。

[25] 中欧陆家嘴国际金融研究院、中东欧经济研究所,《中东欧视界》, 2022（3）。

[26] 中欧陆家嘴国际金融研究院、中东欧经济研究所,《中东欧视界》, 2022（4）。

[27] 中欧陆家嘴国际金融研究院、中东欧经济研究所,《中东欧视界》, 2022（5）。

[28] 中国—中东欧研究院. 保加利亚2021年经济回顾[R]. 2021-12.

[29] 中国—中东欧研究院. 保加利亚2021年政治回顾[R]. 2021-12.

[30] 中国—中东欧研究院. 2021年度克罗地亚重要政治事件回顾[R]. 2021-12.

[31] 中国—中东欧研究院. 捷克2021年国民经济发展[R]. 2021-12.

[32] 中国—中东欧研究院. 欧盟委员会对希腊的强化监督报告[R]. 2021-10.

[33] 中国—中东欧研究院. 希腊对外关系：2021 大事件回顾 [R]. 2021-12.

[34] 中国—中东欧研究院. 2021 年匈牙利经济回顾 [R]. 2021-12.

[35] 中国—中东欧研究院. 拉脱维亚 2021 年地方选举结果揭晓 [R]. 2021-6.

[36] 中国—中东欧研究院. "波兰新政"的税收改革，国家重建计划和创纪录的通货膨胀 [R]. 2021-12.

[37] 中国—中东欧研究院. 10 月份斯洛文尼亚担任欧盟轮值主席国的动态及欧盟—西巴尔干国家领导人峰会 [R]. 2021-10.

[38] 中国—中东欧研究院. 2021 年罗马尼亚经济回顾：在财政赤字和复苏计划中寻找方向 [R]. 2021-12.

[39] 中国—中东欧研究院. 中国国务委员兼外交部长王毅访问阿尔巴尼亚 [R]. 2021-11.

[40] 中国—中东欧研究院. 2021 年波黑经济情况回顾 [R]. 2021-12.

[41] 中国—中东欧研究院. 黑山经济改革计划："马歇尔计划" [R]. 2021-10.

[42] 中国—中东欧研究院. 2021 年通胀增长：黑山经济面临新挑战 [R]. 2021-10.

[43] 中国—中东欧研究院. 黑山加强与邻国和中国的国际合作 [R]. 2021-05.

[44] 中国—中东欧研究院. 2021 年北马其顿经济状况回顾 [R]. 2021-12.

[45] 中国—中东欧研究院. 2021 年北马其顿政治回顾 [R]. 2021-12.

[46] 中国—中东欧研究院. 塞尔维亚环保政策和措施 [R]. 2021-07.

[47] 中国—欧盟能源合作平台. 支持中欧可再生能源发电建设，欧盟对外政策工具资助项目 [R]. 2020-06.

[48] 中国商务部、国家统计局、国家外汇管理局. 2020 年度中国对外直接投资统计公报 [R]. 2021-09.

[49] 中国商务部国际贸易经济合作研究院，中国驻保加利亚大使馆经济商务参赞处，中国商务部对外投资和经济合作司. 对外投资合作国别（地区）指南 保加利亚（2021 年版）[R]. 2022.

[50] 中国商务部国际贸易经济合作研究院，中国驻克罗地亚大使馆经济商务参赞处，中国商务部对外投资和经济合作司. 对外投资合作国别（地区）指南 克罗地亚（2021 年版）[R]. 2022.

[51] 中国商务部国际贸易经济合作研究院，中国驻捷克大使馆经济商务参赞处，中国商务部对外投资和经济合作司. 对外投资合作国别（地区）指南 捷克

（2021年版）[R]. 2022.

[52] 中国商务部国际贸易经济合作研究院，中国驻爱沙尼亚大使馆经济商务参赞处，中国商务部对外投资和经济合作司. 对外投资合作国别（地区）指南爱沙尼亚（2021年版）[R]. 2022.

[53] 中国商务部国际贸易经济合作研究院，中国驻希腊大使馆经济商务参赞处，中国商务部对外投资和经济合作司. 对外投资合作国别（地区）指南希腊（2021年版）[R]. 2022.

[54] 中国商务部国际贸易经济合作研究院，中国驻匈牙利大使馆经济商务参赞处，中国商务部对外投资和经济合作司. 对外投资合作国别（地区）指南匈牙利（2021年版）[R]. 2022.

[55] 中国商务部国际贸易经济合作研究院，中国驻拉脱维亚大使馆经济商务参赞处，中国商务部对外投资和经济合作司. 对外投资合作国别（地区）指南拉脱维亚（2021年版）[R]. 2022.

[56] 中国商务部国际贸易经济合作研究院，中国驻波兰大使馆经济商务参赞处，中国商务部对外投资和经济合作司. 对外投资合作国别（地区）指南波兰（2021年版）[R]. 2022.

[57] 中国商务部国际贸易经济合作研究院，中国驻罗马尼亚大使馆经济商务参赞处，中国商务部对外投资和经济合作司. 对外投资合作国别（地区）指南罗马尼亚（2021年版）[R]. 2022.

[58] 中国商务部国际贸易经济合作研究院，中国驻斯洛伐克大使馆经济商务参赞处，中国商务部对外投资和经济合作司. 对外投资合作国别（地区）指南斯洛伐克（2021年版）[R]. 2022.

[59] 中国商务部国际贸易经济合作研究院，中国驻斯洛文尼亚大使馆经济商务参赞处，中国商务部对外投资和经济合作司. 对外投资合作国别（地区）指南斯洛文尼亚（2021年版）[R]. 2022.

[60] 中国商务部国际贸易经济合作研究院，中国驻阿尔巴尼亚大使馆经济商务参赞处，中国商务部对外投资和经济合作司. 对外投资合作国别（地区）指南阿尔巴尼亚（2021年版）[R]. 2022.

[61] 中国商务部国际贸易经济合作研究院，中国驻波黑大使馆经济商务参赞处，中国商务部对外投资和经济合作司. 对外投资合作国别（地区）指南波黑（2021年版）[R]. 2022.

[62] 中国商务部国际贸易经济合作研究院，中国驻黑山大使馆经济商务参赞处，中国商务部对外投资和经济合作司. 对外投资合作国别（地区）指南黑山

（2021年版）[R]. 2022.

[63] 中国商务部国际贸易经济合作研究院，中国驻北马其顿大使馆经济商务参赞处，中国商务部对外投资和经济合作司. 对外投资合作国别（地区）指南 北马其顿（2021年版）[R]. 2022.

[64] 中国商务部国际贸易经济合作研究院，中国驻塞尔维亚大使馆经济商务参赞处，中国商务部对外投资和经济合作司. 对外投资合作国别（地区）指南 塞尔维亚（2021年版）[R]. 2022.

[65] AlfredKammer, Jihad Azour, Abebe Aemro Selassie, IIan Goldfajn and Changyong Rhee, How War in Ukraine Is Reverberating Across World's Regions, March 2022.

[66] Bezpartochnyi, M. (Ed.). Organizational – economic Mechanisms of Management Innovative Development of Economic Entities. Higher School of Social and Economic, 2019.

[67] BCG, How an EU Carbon Border Tax Could Jolt World Trade, June 2020.

[68] BCG, The EU's Carbon Border Tax Will Redefine Global Value Chains, October 2021.

[69] CaraLyttle, Poland Enjoys Record Year for FDI Attraction in 2021, January 2022.

[70] Chernoff, A. W., & Warman, C. (2020). COVID – 19 and Implications for Automation (No. w27249). National Bureau of Economic Research.

[71] Cieślik, E. (2014). Post – Communist European Countries in Global Value Chains. Ekonomika, 93 (3), 25 – 38.

[72] CEEBankwatch Network, Status of the Territorial Just Transition Plans in Central and Eastern Europe, December 2021.

[73] CREA and CEEBankwatch Network, Comply or Close, September 2021.

[74] Deloitte. CEE Banking M&A Study, December 2021.

[75] Deloitte. CEE Insurance M&A Study 2021, December 2021.

[76] EU, B. C. O. (2021). COVID – 19 Continues to Weigh on theEconomy. OECD ECONOMIC OUTLOOK, 2021 (1).

[77] European Central Bank. Macroeconomic Projections, March 2022.

[78] ECB, ECB Staff Macroeconomic Projections for the Euro Area, September 2021.

[79] European Commission. European Economic Forecast Winter 2022. Institu-

tional Paper 169, February 2022.

[80] European Commission. Business and Consumer Survey Results for April 2022, May 2022.

[81] European Commission, The European Green Deal, COM (2019) 640 final, Brussels, 11.12.2019.

[82] European Commission, European Green Deal Investment Plan, COM (2020) 21 final, Brussels, 14.1.2020.

[83] European Commission. Just Transition Mechanism and Just Transition Fund Allocation Table. January 2020.

[84] European Commission. Allocation Method for the Just Transition Fund. January 2020.

[85] European Commission. Initiative for Coal Regions in Transition in the Western Balkans and Ukraine, European Commission, last updated 22 October 2021, accessed 10 November 2021.

[86] European Commission. Western Balkans: An Economic and Investment Plan to Support the Economic Recovery and Convergence, 6 October 2020.

[87] European Environment Agency, Europe's Environment – An Assessment of Assessments, Publications Office of the European Union, 2011.

[88] Energy Community, Decarbonisation Roadmap, Energy Community, 30 November 2021.

[89] FitchRatings. Fitch Revises Czech Republic's Outlook to Negative; Affirms at "AA –", May 2022.

[90] FitchRatings. Fitch Affirms Romania at "BBB –"; Outlook Negative, April 2022.

[91] FitchRatings. Fitch Affirms Croatia at "BBB"; Outlook Positive, May 2022.

[92] IMF. World Economic Outlook: Rising Caseloads, a DisruptedRecouvery and Higher Inflation. January 2022.

[93] IMF. Regional Economic Outlook Europe, War Sets Back the European Recouvery. April 2022.

[94] Klein, C., Høj, J., & Machlica, G. (2021). The impacts of the COVID – 19 Crisis on the Automotive Sector in Central and Eastern European Countries.

[95] IPBES (2019), Global Assessment Report of the Intergovernmental Science – Policy Platform on Biodiversity and Ecosystem Service, Brondízio, E. S.,

Settele, J., Díaz, S., Ngo, H. T. (eds). IPBES secretariat, Bonn, Germany. 1144 pages. ISBN: 978-3-947851-20-1.

[96] International Energy Agency, Renewables 2021, December 2021.

[97] Jovan Duraškovic, Milena Konatar and Milivoje Radovic, Renewable energy in the Western Balkans: Policies, Developments and Perspectives, Energy Reports 7 (2021) 481-490.

[98] Kinstellar, Central and Eastern Europe: Exploring Emerging Healthcare Investment Opportunities, 2017.

[99] Lafortune G, Cortés Puch M, Mosnier A, Fuller G, Diaz M, Riccaboni A, Kloke-Lesch A, Zachariadis T, Carli E, Oger A (2021). Europe Sustainable Development Report 2021: Transforming the European Union to achieve the Sustainable Development Goals. SDSN, SDSN Europe and IEEP, France: Paris.

[100] Miklaszewska Ewa, Krzysztof Kil, and Marcin Idzik. 2021. How the COVID-19 Pandemic Affects Bank Risks and Returns: Evidence from EU Members in Central, Eastern, and Northern Europe. Risks 9: 180.

[101] Mazars, Investing in CEE, Inbound M&A Report 2021/2022, 2022.

[102] Moody's InvestorsService. Emerging Markets – Global, Russia – Ukraine Shock Amplifies Pandemicled Credit Deterioration for Many Sovereigns, SECTOR IN-DEPTH, April 2022.

[103] Moody's Investors Service. Moody's Upgrades Hungary's Ratings to Baa2, Changes Outlook to Stable from Positive, September 2021.

[104] Moody's Investors Service. Moody's Changes Romania's Outlook to Stable; affirms Baa3 Rating, October 2021.

[105] Onea, I. A. (2020). Innovation Indicators and the Innovation Process - evidence from the European Innovation Scoreboard. Management & Marketing, 15 (4), 605-620.

[106] OECD. OECD Economic Outlook, Interim Report—Economic and Social Impacts and Policy Implications of the War in Ukraine. March 2022.

[107] Pearce, D., Markandya, A. and E. Barbier, E., 1989, Blueprint for A Green Economy. Earthscan, London, Great Britain.

[108] Pakulska, T. Green Energy in CEE Countries. New Challenges on the Path to Sustainable Development. Energies 2021, 14, 884.

[109] Ruth Strachan, the State of Play: FDI in the Czech Republic,

October 2021.

[110] Raiffeisen Research, CEE Banking Report 2021, December 2021.

[111] S&P Global. S&P Global Eurozone Composite PMI. MARKET SENSITIVE INFORMATION, May 2022.

[112] S&P Global Ratings. Economic Outlook EMEA Emerging Markets Q2 2022: Weaker Growth, Higher Inflation, Tighter Financing Conditions, March 2022.

[113] S&P Global Ratings. Romania Outlook Revised To Stable From Negative On Decreasing Fiscal Risks; "BBB-/A-3" Ratings Affirmed, April 2021.

[114] S&P Global Ratings. Romania "BBB-/A-3" Ratings Affirmed; Outlook Stable, April 2022.

[115] S&P Global Ratings. Greece Upgraded To "BB+" On Improved Economic Policy Governance; Outlook Stable, April 2022.

[116] Sachs, J., Schmidt-Traub, G., Kroll, C., Durand-Delacre, D. And Teksoz, K. (2016): SDG Index and Dashboards - Global Report. New York: Bertelsmann Stiftung and Sustainable Development Solutions Network (SDSN).

[117] The Green Tank and CEEBankwatch Network (2021), A Just Transition Fund for the Western Balkan countries.

[118] UNCTAD. Investment Trends Monitor. January 2022.

[119] WIIW. Recovery Beating Expectation. Forecast Reports, AUTUMN 2021.

后　　记

《欧洲区域经济研究报告 2021—2022（中东欧卷）》是在主编姜建清先生和汪泓女士的主导和策划下完成的，同时也是中欧陆家嘴国际金融研究院、中东欧经济研究所集体研究的成果。具体撰写人员如下：前言、第一篇和第二篇由陈玺撰写；第三篇由蒋雪云撰写；第四篇由陈玺和蒋雪云共同撰写。本报告还得到多位中东欧研究领域专家的支持，其中，研究专题 1 由江西财经大学"一带一路"研究院副院长、副教授曹明春撰写，研究专题 4 由浙江金融职业学院捷克研究中心常务副主任张海燕撰写，研究专题 6 由上海社会科学院国际问题研究所助理研究员、上海社会科学院维谢格拉德集团（V4）研究中心副秘书长胡丽燕撰写。本报告初稿完成后，主编和副主编进行了多次修订。

我们还要向支持这项课题研究及其成果发布的所有领导、专家和机构表示感谢。这份报告得以顺利完成，尤其要感谢中欧国际工商学院以及中国—中东欧基金对课题研究的大力支持。在出版过程中，我们也得到了中国金融出版社的鼎力支持。本报告编辑王效端、张菊香为本书的出版和发行付出了很多努力，在此一并诚致谢忱。

在编写本报告过程中，我们参阅了中国政府有关部门、国内和国际各大研究机构、评级机构的公开信息，特此说明并致谢意。由于时间仓促及能力所限，其中一些研究还较为肤浅，不当之处在所难免，在此，恳请有关专家、读者批评指正为盼。

编者

2022 年 6 月